KB071589

UNDERSTANDING CURRICULUM

교육과정의 이해

| 신경희 저 |

학지사

머리말

저자가 교육학자로서 가장 열정을 갖고 지켜보는 장면은 학생과 교사가 만나 지식을 공유하는 배움의 현장이다. 학교 교육현장을 중심으로 배움이 일어나는 모든 장면에서 가장 중점적으로 제기되는 문제는 무엇을 어떻게 가르칠 것인가에 관한 것이다. 교육과정이라는 학문은 이와 관련된 여러 문제를 이론적으로 깊이 고찰하고 연구할 수 있는 기회를 제공한다.

그동안 '교육과정'은 예비교사를 양성하는 대학에서 교직과목 중 하나로 소개되어 왔다. 저자가 교육과정 교과목을 지도하면서 느낀 점은 많은 학생이 교육과정 분야에서 다루어지는 개념과 이론이 너무 많고 복잡하다는 선입견을 가지고 있으며, 현직교사들은 실제적인 측면보다는 이론적인 부분에 더 치중해 왔다고 생각한다는 것이었다.

이 책은 예비교사들이 교육과정의 전체적인 흐름 속에서 이론과 개념을 파악하고, 내용을 이해하며 서서히 체계를 잡아갈 수 있도록 조직하였다. 또한 저자는 교육과정 영역에 대한 다양한 이론을 소개하는 것에 치우치지 않고, 현장의 실무적인 문제를 해결하도록 도와주는 현장 위주의 적용하는 문제를 아울러 강조하여 집필하고자 하였다.

이 책은 총 12개의 장으로 구성되어 있다. 제1장부터 제7장까지는 예비교사들의 교육과정에 대한 이해와 적용을 도와주기 위해서 교육과정 분야에서 일반적으로 사용되는 개념과 이론을 소개하고, 이에 비추어 교육현상을 검토한다. 제8장과 제9장의 내용은 우리나라 교육과정의 변천과정에 관한 내용이다. 우리나라는 1954년 제1차 교육과정이 시작된 이후 모두 일곱 번의 교육과정 전면 개정을 거쳤다. 특히 제7차 교육과정은 지방분권형 교육체제를 기반으로 다양하고 획기적인 교육과정 운영방식의 도입으로 교육과정의 패러다임 변화를 주도하고 있다. 따라서 제8장에서는 제7차 교육과정 이전의 교육과정 변화를 분석하고 이후 제7차 교육과정은 제9장에서 본격적으로 논의될 것이다. 제7차 교육과정 이후부터는 국가 수준 교육과정보다는 학교 수준 교육과정이 강조된다. 따라서 제10장에서는 학교중심 교육과정에 관한 내용이 중점적으로 다루어진다. 또한 제7차 교육과정의 바탕을 이루고 있는 새로운 교육 패러다임의 입장을 대변하는 것은 구성주의라고 할 수 있으므로 제11장은 구성주의에 관한 내용을 다루고 있다. 최근 교육 패러다임의 변화 요인은 세계화와 다양화를 지향하는 교육체제의 변화다. 따라서 마지막 제12장에서는 세계화와 다문화교육에 대해 논의할 것이다.

끝으로 이 책이 완성되기까지 많은 격려와 도움을 주신 여러분께 감사 드린다. 그리고 항상 옆에서 격려해 주는 가족 JSM, JSY, JEY에게 감사를 전한다.

2014년 3월
빛고을 광주에서
저자 신경희

차 례

chapter 01

교육과정의 개념

1. 교육과정의 접근방법과 정의

1) 교육과정의 접근방법

교육과정에 대한 접근방법은 진리와 실재를 바라보는 인간의 인식 틀, 예를 들면 개념 체계, 이론적 준거, 삶의 양식 등 인간의 세계관 전체를 반영한다. 개별적인 교육과정 접근방법은 교육과정의 철학, 사회학, 심리학적 기초와 교육과정 구성의 원리와 원칙에 대한 총체적인 지향점을 표명한다. 각각의 교육과정 접근방법은 교육과정의 개발과 설계, 교육과정 계획에서 학습자, 교사 그리고 교육과정 전문가의 역할, 교육과정의 목적과 목표, 검토할 필요가 있는 중요한 쟁점 등에 대한 구체적인 방향을 설정하여 보여 준다.

Ornstein과 Hunkins(1998)는 교육과정의 연구 분야를 접근방법에 따라 기술적-과학적 관점과 비기술적-비과학적 관점의 영역으로 나누고 있다. 여기서 기술적-과학적 관점은 다시 행동주의적-합리적 접근방법, 체제-관리적 접근방법, 학문적 접근방법으로 나누어지고, 비기술적-비과학적 관점은 인본주의적-심미적 접근방법과 재개념주의자들의 접근방법을 포함한다.

(1) 행동주의적-합리적 접근방법

교육과정이 하나의 연구 분야로 독립된 이후 많은 접근방법들이 나타났다. 그중 행동주의적 접근방법은 Bobbitt, Tyler, Taba에 이르는 시카고 대학 학파에 뿌리를 두고 있다. 행동주의적-합리적 접근방법은 교육과정에 대한 가장 오래된 접근방법으로 현재까지도 가장 널리 통용되는 방법이다.

행동주의적-합리적 접근방법은 합리적-과학적 접근, 기술공학적 접근이라고도 하며, 기술적이며 과학적인 원리에 의존하고 교육과정을 명확히 설명하는 데 필요한 모형, 계획, 전략 등을 포함하고 있다. 목적과 목표의 명료화, 내용과 수업 활동의 계열화, 학업 성취도의 목적과 목표에 의한 사정이 포함된다. 이 접근방법은 수단-목적에 입각한 접근방법으로서 논리적이며 처방적인 성격을 띤다. 이것은 기술적이고 과학적인 원리에 의존하고 있으며, 교육과정을 명료하게 설명하는 데 필요한 패러다임과 모형 그리고 단계적 전략을 포함하고 있다. 또한 목적과 목표를 명세화하고 내용과 활동을 목표에 일치하도록 계열화하며, 목적과 목표에 비추어 학습결과를 평가한다.

현재 Pavlov와 Watson의 자극-반응(S-R) 이론의 전통을 따르는 교육학적 행동주의자는 거의 존재하지 않는다. 그러나 정확한 목표를 설정하고, 그 목표에 따라서 프로그램을 평가하며, 책무성 계획과 성과중심 교육 및 기준 중심 교육을 촉구하는 교육적 행동주의자는 여전히 많이 있다. 그리고 여전히 직접 전달 수업, 실습 및 반복 연습, 학생 감시 그리고 즉시적인 피드백을 신뢰하고 있는 교육학자도 많이 있다. 이 교육학자들은 개인이 교육과정을 어떻게 학습하고 있는지에 관해 보다 잘 분석하기 위하여 개인의 인지적 능력을 사회문화 맥락 안에서 상호작용하는 것으로 가정한다.

(2) 체제-관리적 접근방법

체제-관리적 접근방법은 학교를 하나의 사회체제, 즉 학생, 교사, 교육과정 전문가, 기타 여러 사람이 어떤 기준과 행동에 따라서 상호작용하는 장소로 가정하고, 관리적 측면에서는 교육과정의 감독적 측면과 행정적 측면, 특히 교육과정의 조직과 실행과정에 초점을 맞춘다. 즉, 학교라는 공간을 체계적이고 효율적이며 효과적으로 운영하는 데 강조점을 둔다.

이 접근방법에 의존하고 있는 교육자는 체계화된 방법과 프로그램, 스케줄, 공간, 자료, 설비, 인원, 자원 등에 비추어서 교육과정을 계획한다. 이 과정에서 무엇보다도 교육과정 결정에 관여하는 사람을 선정하고 조직하며 감독할 필요성을 강조한다. 또한 위원회와 집단 상호과정, 인간관계, 지도력 스타일과 방법, 의사결정 등을 최우선으로 고려한다. 체제-관리적 접근방법은 계획, 합리적 원리 그리고 논리적 단계에 의존하고 있으며, 교육과정의 감독적 측면과 행정적 측면, 특히 조직의 과정과 실행의 과정에 목표를 맞추고 있다.

인원과 정책을 편성하는 체제-관리적 접근방법에서 체제라는 것은 조직의 여러 단위와 하위 단위를 전체와의 관련 속에서 보는 것을 가리킨다. 교육과정 계획을 소개하고 점검할 때는 조직 일람표, 순서도, 위원회 구조가 도표로 표시되는 경우가 많다. '교육과정 공학'이라고 불리는 체제-관리적 접근방법은 교육장, 국장, 조정자, 교장과 같은 '공학자들'에 의해 교육과정을 계획하는 데 필요한 과정, 즉 개발 단계, 설계 단계, 실행 단계 그리고 평가 단계와 구조에 해당하는 교과, 교과목, 단원계획 그리고 수업 계획을 포함한다.

체제-관리적 접근방법을 평가하는 교육과정 전문가들은 교육과정에 관한 거시적 혹은 광범위한 관점을 취하면서 단순히 특정 교과나 학년이 아닌 전체 학교 혹은 학교체제와 관계있는 교육과정 쟁점과 문제점에 관심을 가지고 있다.

이러한 접근방법을 지지하거나 주장하는 사람은 교육정책 변화와 교육과정 개혁에 관심을 가지고 있으며, 동시에 교육과정 전문가와 장학사가 이러한 과정을 어떻게 효율적으로 운영할 수 있는가에 관심을 가지고 있다. 이 접근방법에서 교육과정 전문가는 이론가가 아니라 자료를 제공하며 변화를 도모하고 용이하게 만드는 실천가로 가정된다.

(3) 학문적 접근방법

학문적 접근방법 교육과정의 주요 입장, 경향 그리고 개념을 분석하고 종합하려고 하며 주로 역사적이며 철학적인 배경을 가지고 접근한다. 교육과정에 관한 논의는 학구적이고 이론적이며, 교육학 연구를 포함하여 학교 교육의 광범위한 측면과 관련을 맺고 있다. 이와 같이 학교 교과와 관련하여 교육과정의 범위를 확장하는 것과 교육과정을 지적 사고의 작업으로 간주하는 경향은 많은 개별 정보, 사태 및 사람 그리고 사건에 관한 광범위한 설명 속에 반영되어 있다.

이 지적인 학문적 접근방법은 1930년대부터 1950년대까지 널리 유행하였다. 이 기간 동안 이루어진 교육과정과 관련된 새로운 역사적, 철학적, 사회적 주제들은 교육과정 분야를 확대시켰다. 또한 교육과정 분야 내에 다양한 경향과 쟁점을 포함하게 하고, 다양한 교수-학습, 생활지도, 평가, 장학, 행정적 절차 등을 통합시켜 교육과정이 학문으로써 기틀을 다지는 데 도움을 주었다.

교육과정에 대한 학문적 접근방법은 우리의 관심을 교과와 교수방법을 넘어서는 영역까지 확대시키고 있다. 이러한 접근방법은 교육과정과 관련된 다양한 역사적 지식, 철학적 지식, 사회적 지식, 정치적 지식 등을 포함하여 교육과정에 대한 포괄적 관점을 제공하고 있다.

(4) 인본주의적 접근방법

인본주의적 접근방법은 그동안 전통적인 교육과정 접근방법이 지나치게 기술 관료주의적이고 경직된 것이라는 비판에서 출발하였다. 교육과정 학자는 교육과정에 대해 과학적이고 합리적으로 접근함으로써 교육과정과 수업의 개인적이고 사회적인 측면을 간과해 왔다는 것이다. 또한 전통적인 교육과정 접근방법은 교과의 예술적, 육체적, 문화적 측면을 무시하고 학습자들의 자기성찰과 자기실현의 필요성을 고려하지 않았으며, 그 결과 학급과 학교의 사회심리적 역동성을 간과하였다는 비판을 받게 되었다.

인본주의적 접근방법은 아동의 필요와 관심을 다루는 아동심리학과 가치화, 자아정체성, 심리적 건강, 학습의 자유, 자기실현 등의 문제에 관심을 가진 Rogers를 중심으로 한 인본주의 심리학의 성장과 함께 1940년대에 크게 유행하게 된다.

인본주의적 접근방법을 옹호하는 교육과정 전문가는 경쟁적이고 교사중심적인 학습이나 대집단 학습 그리고 인지적 측면만을 강조하는 수업을 반대하고, 협동학습, 자율학습, 소집단 학습, 사회적 활동을 더 신뢰한다. 인본주의적 접근방법은 각 아동의 목소리가 교육과정을 계획하고 입안하는 데에 상당 부분 투입되어야 하며, 각 아동은 그러한 과정에서 학부모, 교사, 교육과정 전문가들과 책임을 분담해야 한다고 가정한다. 이러한 접근방법을 따르는 학교에서는 교육과정 지도자와 감독자가 교육과정 결정 과정에 교사들의 참여를 더욱 허용하는 경향을 띠며, 동료 간 전문적 협조와 멘토링 시스템이 더욱 권장된다. 교육과정위원회는 '위에서 아래로(Top-down)'가 아닌 '아래에서 위로(Bottom-up)'이며, 학생들은 교육과정 회의에 자주 참여하여 교육과정 개발과 관련된 내용과 경험에 관하여 자신들의 견해를 발표할 수 있는 기회를 가져야 한다고 강조한다.

전통적인 교육과정 접근방법에서 교육과정은 교실 밖 외부 교육과정 전문가에 의해서 결정되었다면, 인본주의적 교육과정 접근방법에서는 학생이 교육과정의 중심으로 작용한다.

(5) 재개념주의자

초기 재개념주의자들의 사상적 기반은 철학과 사회적 활동에 기반을 두고 있다. 이들의 주요 관심은 종래의 교육과정 활동의 부적절성을 비판하는 한편, 현행 교육과정을 다시 분석하고 판단하며, 재개념화하는 일이다. 또한 교육과정을 위시한 교육현상 전반에 관련된 이데올로기나 도덕적 쟁점을 분석하는 데 초점을 맞추고 있다. 이 교육과정에 특이한 점은 교육내용의 이데올로기를 이해하는 것이며, 교육과정의 목표는 반드시 학습자들의 삶의 억압을 해체시키거나, 이에 도움이 되어야 한다고 본다. 교육과정에 대한 이들의 접근방법은 주관적이고, 정치적이며, 이데올로기적이다.

재개념주의자들은 전통적인 접근과는 달리 연구 영역을 확대시켜 논의를 학교 안으로부터 학교 밖으로 확장시킨다. 이들의 논의는 대략 네 가지 유형으로 나눌 수 있다. 종래의 기술공학적 모형에 대해 역사적으로 비판하는 접근, 교육목표에 대한 비판을 가하는 미학적-철학적 접근, 교육의 비인간화 현상에 관한 정신분석학적 비판 접근, 교육과정의 사회체제적 기능에 관하여 비판하는 사회적-정치적 접근이 있다.

2) 교육과정의 정의

교육과정의 다양한 접근방법은 교육과정의 기본 정의와 관련된 질문, 즉 교육과정이란 무엇인가, 교육과정의 목적은 무엇인가, 교육과정은 학생과 교사에게 어떠한 영향을 미치는가에도 영향을 미친다. 이 질문은 교육과정을 사전에 조직된 교육계획, 학습경험, 체제, 연구 분야, 교육내용 등의 다섯 가지로 구분하는 데 도움이 된다. 이들 교육과정의 기본적인 견해 혹은 정의는 구체적이고 처방적인 정의에서 포괄적이고 일반적인 정의까지로 구분될 수 있다.

첫째, 교육과정은 바람직한 목적 혹은 목표를 성취하기 위한 전략을 포함하는 활동계획 또는 문서라 정의할 수 있다. 이것은 Tyler와 Taba가 대중화시킨 정의로서 교육과정에 대한 직선적인 관점을 예시한다. 계획자가 밟아야 할 단계는 미리 계열화되어 있고, 계획은 과정뿐만 아니라 처음과 끝이 있으며, 처음은 끝으로 나아간다. 교육과정에 대하여 행동주의적, 관리적, 체제적 접근방법을 옹호하는 대부분의 사람은 이러한 정의에 동의한다.

이는 교육과정을 사전에 계획된 일련의 활동계획이나 프로그램으로 보는 방식으로, 교육과정에 대해 어떠한 활동을 해야 하는지에 대한 사전 계획이나 프로그램이라는 이미지로 보는 것이다. 즉, 교육과정은 구체적으로 학습을 위한 계획이라고 볼 수 있다. 따라서 교육목적을 성취하기 위하여 혹은 교육적 결과를 초래할 목적으로 학교가 학습자에게 제공하는 모든 계획이 교육과정이 된다. 학생들에게 제공되는 계획은 문서화된 것뿐만 아니라 문서화되지 않은 계획도 포함한다.

둘째, 교육과정은 보다 포괄적으로 학습자의 '경험'을 다루는 것으로 정의하기도 한다. 이러한 관점은 학교에 있는 것이면 무엇이든지, 심지어 학교 밖에 있는 것도 그것이 계획되어 있다면 교육과정의 일부로 간주한다. 이러한 견해는 교육과정은 '아동이 교사의 지도하에 가지게 되는 모든 경험'이라는 1930년대 이래의 Caswell과 Campbell의 견해뿐만 아니라 경험과 교육에 관한 Dewey의 정의 속에 뿌리를 두고 있다. 인간주의적 교육과정 학자들과 초등학교 교육과정 학자들은 이 정의에 찬성하며, 해를 거듭하면서 이 정의는 교과서 저술가들에 의해 보다 포괄적으로 해석되고 있다. Shepherd와 Ragan(1982)은 "교육과정은 학교의 지도하에서 아동들의 계속적인 경험으로 구성된다."라고 말한다. 즉, 교육과정은 '아동이 학교 안에서 능동적으로 참여함으로써 자기실현을 성취하도록 도와주는 특별한 환경' 이라는 것이다. Eisner(1994)에 의하면 교육과정은 "학교가 학생에게 제공하는 프로그램"이다. 그것은 '사전에 계획된 일련의 교육적인 장애물과 아동이 학교 안에서 갖게 되는 전반적인 범위의 경험'으로 구성된다.

셋째, 교육과정은 사람과 교육과정 전 과정을 다루기 위한 체제 혹은 그 체제를 실행하기 위한 인원과 절차를 조직하는 것으로 정의할 수 있다. 체제는 직선적일 수도 있고 비직선적일 수도 있다. 직선적 체제는 단순한 수단-목적 관계로서 과정 혹은 수단은 바람직한 목적을 달성하기 위해 결정된다. 그러나 비직선적 체제는 교육과정 전문가가 융통성을 가지고 모형의 다양한 지점으로 들어가 몇몇 구성요소나 부분을 생략하고 순서를 반대로 조작할 수 있도록 하며, 하나 이상의 구성요소를 동시에 다룰 수 있도록 한다. 대부분의 체제-관리적 접근방법의 학자는 이 정의를 채택하고 있다.

넷째, 교육과정은 그 자체의 연구, 이론, 원리와 이러한 지식을 해석할 수 있는 전문가를 가지고 있을 뿐만 아니라 그 자체의 기초와 지식의 영역을 포함하고 있는 하나의 '연구 분야'로 정의된다. 이러한 의미의 교육과정에서 이루어지는 논의는 대체로 실제적인 것이 아니라 학문적이고 이론적이며, 광범위한 역사적, 철학적, 사회적 쟁점과 관련된다.

다섯째, 교육과정은 수학, 과학, 국어, 역사와 같은 교과 혹은 그 내용으로 정의되기도 한다. 이러한 의미의 교육과정, 즉 교과 혹은 내용은 다양한 학년 수준에 걸쳐 논의될 수 있어야 한다. 교육과정에 이와 같이 정의될 경우, 특정 교과나 교과군의 사실이나 개념이 더 강조되면서 교육과정 전반에 걸친 총론적인 영역에 해당하는 교육과정 개발의 포괄적 개념이나 원리는 강조되지 않는다는 문제점이 있다.

2. 교육과정의 철학적 이해

　교육과정의 조직뿐만 아니라 교육과정의 목적과 내용은 특정 학교나 행정가의 철학에 의하여 결정된다는 점에서 철학은 교육과정 연구에서 매우 중요한 위치를 차지한다. 학교교육은 대개 다양한 철학적 입장을 반영하여 이루어지며, 그러한 철학적 입장은 학교 교육과정을 운영하는 원동력이 된다. 철학을 이해하는 것은 학교와 학교 교육과정을 이해하는 데에 도움이 될 뿐만 아니라 지각, 신념, 가치 등과 관련된 개인적인 인지체계를 아는 것, 즉 외부 환경을 어떻게 이해할 것이며, 자신에게 중요한 것이 무엇인지를 정의하는 데에 도움이 된다.

　철학은 교육자, 특히 교육과정 연구자에게 학교와 교실을 조직하는 데에 필요한 이론적 틀을 제공한다. 또한 철학은 학교교육의 목적이 무엇이고 어느 과목이 배울 만한 가치가 있으며, 학생의 학습은 어떤 과정을 거쳐 이루어지고 어떤 교육방법과 수업자료를 사용할 수 있는가에 대한 대답을 찾는 데 도움을 준다. 즉, 교육목적과 교육내용의 결정, 교육내용의 조직, 교수-학습 과정, 학교와 교실에서 어떤 경험과 활동이 중요한지 등과 같은 교육의 포괄적 문제와 과업에 대한 인수체계를 제공한다.

　교육의 본질적 기능에 대한 성찰이나 서로 갈등하는 가치 또는 복잡한 사실에 대한 분석 비판은 교육현상을 이해하는 데에 필수적이다. 일반적으로 합의되는 교육철학의 유형은 항존주의, 본질주의, 진보주의, 재건주의다. 이 네 가지 교육철학은 관념론, 실재론, 실용주의, 실존주의와 같은 기존의 철학들 중 하나 또는 여러 철학이론에 뿌리를 두고 있다.

1) 주요 철학이론

(1) 관념론

관념론은 세계를 설명하는 주요 개념으로 절대정신을 강조한다. 진리와 가치는 절대적인 것이며, 시간의 구애를 받지 않으며 보편적인 것이다. 마음과 관념의 세계는 영원하고 균질적인 것이며 질서 정연한 것이다. 이것은 완벽한 질서를 나타낸다. 영원한 관념은 변화되지 않으며 시간의 구애를 받지 않는다. 안다는 것은 자신의 마음속에 이미 존재하는 잠재적 관념을 회상하는 것이다.

(2) 실재론

Aristotle는 관념론과 대비되는 또 다른 전통적 철학사상인 실재론의 계보에 속한 것으로 흔히 파악된다. 실재론자는 세계를 사물과 물질에 입각하여 파악한다. 인간은 그의 감각과 이성에 의거하여 세계를 알 수 있다. 모든 것은 자연에서 유래되며 자연의 법칙에 종속된다. 인간 행동은 자연의 법칙에 순응하고 물리적 법칙과 사회적 법칙에 의하여 지배될 때 합리성을 가진다.

(3) 실용주의

전통적 철학사상과는 대조적으로 실험주의라 부르기도 하는 실용주의는 변화, 과정, 상대성 등의 개념을 기반으로 성립한다. 관념론과 실재론이 교과, 훈련, 내용이나 아이디어 자체를 강조하는 데에 반해, 실용주의는 실재가 끊임없이 변화되는 과정 그 자체를 지식으로 간주한다. 학습은 개인이 스스로 문제해결의 과정에 참여함으로써 일어난다.

실용주의는 사회적 변화를 무시하고 변화되지 않는 것만을 중요하게 생각하는 관념론이나 인류의 문화유산만을 중요하게 생각하는 실재론에 반대한다. 20세기 문턱에서 과학의 발전은 실용주의 철학의 발전을 더욱 가속화하였다.

(4) 실존주의

실용주의가 20세기 시작 바로 전에 미국에서 발생한 철학이라면 실존주의는 20세기가 시작되기 수년 전에 유럽에서 발생하여 제2차 세계대전 이후에 유행한 철학이다. 실존주의 철학에 의하면 사람은 다양한 취사선택의 상황 속에 내몰린다. 어떤 선택이든 그것은 오로지 개인의 것이며, 그 선택이 어떤 선택이냐 하는 것은 개인이 자신을 어떻게 생각하는가에 영향을 미친다. 내가 누구인가를 정의하는 주체는 개인이며, 개인은 자기 자신을 정의함으로써 자신의 정체를 인식해 나간다.

2) 교육철학이론

(1) 항존주의 교육론

항존주의(perennialism) 교육론자들은 진보주의 교육론의 상대주의 진리관에 반대하고, 교육이란 학생들로 하여금 영원불변의 진리를 알게 하는 일이어야 한다는 견해를 중심으로 한 교육론을 제시하였다. 특히 이들의 교육은 미래를 위한 준비가 아니라 현재의 실생활이라는 진보주의 견해를 반대한다. 항존주의자들은 서구의 인문주의 교육전통을 계승하고, 교육의 기본원리는 변하지 않고 또 영원불멸한 것이라고 주장한다. 항존주의는 과거, 특히 보편적으로 합의된 지식과 사회적으로 인정되는 가치로 이루어진 과거의 문화유산에 의존하는 교육철학적 입장을 가리킨다. 또한 시간의 검증을 거친 지식의 영원성과 존재의 도덕적, 영성적, 육체적 항구성을 지지하는 버팀목이다. 따라서 항존주의는 우주, 인간, 본성, 지식, 진선미 등의 본질은 변하지 않는다는 견해를 대표한다.

항존주의 교육론자들은 종교적 세계관 위에서 철저한 반과학주의·탈세

속주의 · 정신주의로서 절대 불변하는 진리의 보편성과 이성적 존재로서의 보편적 인간에 대한 신념에 기초하고 있다. 즉, 절대성을 갖춘 계시된 진리가 있고, 시 · 공간을 초월하는 가치가 있다.

항존주의의 오랜 옹호자인 Hutchins에 의하면, "시민 또는 주체의 기능은 사회에 따라 다를 수가 있다. 그러나 사람의 기능은 어느 시대에 있어서나, 어느 사회에 있어서나 동일하다. 왜냐하면 이는 사람으로서 그의 본성으로부터 만들어진 것이기 때문이다. 따라서 교육제도의 목적은 이런 제도가 존재할 수 있는 어느 시대, 어느 사회에 있어서나 같은 것이다. 그 목적이란 곧 사람을 사람으로 개선하는 일이다." 이러한 견해에 의하면 교육은 항구적인 것이며, 절대적이고 보편적인 것이다.

항존주의자가 생각하는 교육과정은 교과중심적인 성격을 띤다. 그것은 분과 학문이나 논리적으로 조직된 지식의 체계로 주로 이루어지며, 언어, 문학, 수학, 예술, 과학에 중점을 둔 자유교육적인 성격을 띤다. 교육과정을 결정하는 사람은 해당 분야의 권위자이며 그의 전문가적 지식과 견해는 의심의 여지가 없는 것으로 인정된다. 일반 자유교육은 모든 학생에게 동일하게 적용될 수 있는 최선의 교육이다. 즉, 보편화된 동일한 교육과정과 동일한 교수-학습 과정이 모든 학생에게 적용되어야 한다.

(2) 본질주의 교육론

항존주의와 함께 전통적이고 보수적인 교육철학의 하나는 본질주의(essentialism)다. 본질주의는 1930년대 진보주의에 대한 반격으로 부상하여 1950년대와 1960년대 냉전시대와 스푸트니크 쇼크 시대에 주도권을 잡았다.

본질주의는 1938년 Bagley를 중심으로 한 '미국 교육 향상을 위한 본질자 위원회'가 조직되면서 일어났고 그 이후 Bestor와 Rickover에 의하여 발전되었다. 본질주의의 사상적 근거는 관념론과 실재론에 있다. 이 두 학파는 존재문제에 있어 서로 상반되는 견해를 가지고 있다. 즉, 관념론에서의 궁극적 실재는 정신적인 것이고, 그 정신이야말로 우주의 근원적인 것이고 창조 사색하는 자아가 곧 실재라고 한다. 실재론은 외적 세계가 인간정신과 독립적으로 존재하며 자연이야말로 자명한 실재이고, 경험의 근본적 성질은 물질적 세계에 존재하는 것이며 정신은 물질의 세계로부터 형질을 받아들이는 거울과 같은 것이라고 한다. 이와 같이 대립하는 두 학설이 실재의 고정성을 인정하고 있는 점에서 서로 공통점을 가진다. 즉, 실재란 신의 의지이든 또는 자연의 법칙이든, 우연적이고 변화적인 것이 아니며 확정적, 고정적인 것이라는 점에서 두 학파의 견해가 일치하고 있으므로 필연적으로 전통을 중시하고 항구적인 가치를 추구하는 것이다.

본질주의자에 의하면 학교 교육과정은 기본과 본질에 충실해야 한다. 다시 말해, 초등학교 수준에서는 읽기, 쓰기, 셈하기의 3R 교육에 충실해야 하며, 중등학교 수준에서는 국어, 수학, 과학, 역사, 외국어 교육 등 5개 주요 교과에 충실해야 한다. 항존주의와 마찬가지로 본질주의도 교육과정의 내용을 강조하지만, 과거의 문화유산에 뿌리를 두지 않고 동시대적인 것을 더 강조한다.

본질주의 교육학자들은 교육이란 문화유산 가운데 정수의 것, 본질적인 것을 전해야 한다고 주장한다. 이들은 교육내용이 정신적 문화유산이어야 한다고도 주장한다. 그런데 수없이 많은 인류의 문화유산 모두를 교육을 통하여 전할 수는 없다. 이에 많은 문화유산 가운데 정수의 것, 본질적인 것을 선정해야 하며, 일단 선정된 문화유산은 가르치고 배우기 쉽게 조직하여 학생들에게 전해야 한다. 문화유산을 선정하여 가르치고 배우기 쉽게 조직한 것을 '교과'라고 하며, 이 교과가 서책에 담겨 있기 때문에 '교과서'라고 한다.

본질주의 교육론과 항존주의 교육론 곧 진보주의 교육론을 비판하고 지적 사고력을 강조하는 인문적 교육전통에 뿌리를 두고 있으며, 교사중심의 훈육교육을 지향한다. 그러나 항존주의 교육론은 초월적 세계를 중시하는 이상주의적 교육의 입장에서 인문학을 강조하는 반면, 본질주의 교육론은 실제 세계를 중시하는 실재주의 교육의 입장에서 자연과학을 강조한다는 점에서 두 교육론은 다르다.

(3) 진보주의 교육론

진보주의(progressivism) 교육사상가들은 유럽의 인문적 교육전통을 비난하고 유럽의 교육이 인간의 구체적인 삶과 동떨어진 '진리탐구' '인격함양'에 치우쳐 있음을 지적하였다. 이들은 전통적인 인문교육의 대안으로 도구주의, 상대주의, 행위주의를 특징으로 하는 실용주의 철학에 입각한 교육이론을 구상하였다. 전통주의 교육론은 학습자가 절대적으로 존재하는 가치체계에 동화되느냐(assimilate)로 학습의 성공과 실패를 결정한다. 이원론적인 원리로 아동을 결정하는 전통주의 교육과 달리 진보주의는 다름(difference), 개방성(openness) 및 반권위주의(anti-authoritarianism) 원리에 입각하여 학습자의 모든 측면을 고려한다.

실용주의(pragmatism)에 의하면 인간이 진리를 위하여 존재하는 것이 아니고, 진리가 인간을 위하여 존재한다. 진리는 절대적 권위를 지니고 존재하는 것이 아니라 주관성의 문제이며, 구체적으로 인간의 삶에 도움이 되는 것이다. 즉, 진리는 인간을 위한 도구이며 관조적 사색이 아닌 인간의 실천적 행위를 통하여 확인할 수 있다.

실용주의에 합의된 교육방법은 실천적 활동중심이다. 진보주의 교육자들은 전통적인 수업방법인 교과서 읽기중심의 수업과 강의와 암기를 중심으로 하는 교사중심 수업을 거부한다. Dewey가 강조하였듯이 학습은 "행함으로써 배운다(Learning by Doing)."라는 원리에 입각하여 이루어진다고 할수 있다. 진정한 학습은 실제 경험을 통해 이를 재구성하는 일이며, 이와 같은 경험을 기초로 성취된 행동이 확실한 지식이라 할 수 있다. 따라서 학생들이 생각(Thinking)하도록 하고, 그것을 행동(Doing)할 수 있게 연계되는 수업이 요청된다.

　진보주의 교육자에 의하면 학생 흥미중심의 교육내용을 학습자 활동중심으로 진행하기 위해서 교사는 학생 학습활동의 보조자, 안내자의 역할을 수행하여야 한다. 진보주의는 진리가 상대적이며 인간을 위해서 존재한다고 가정하기 때문에 교사가 지식의 전문가 또는 절대적인 지식을 전달하는 권위자의 위치에서 학습자를 통제하고 일방적으로 학습을 운영할 수 없다. 학습활동은 어디까지나 학습자중심으로 이들의 개별적인 흥미에 따라 이루어지며 이 과정에서 교사는 학습자에게 다양한 경험이 끊임없이 일어날 수 있는 환경을 제공해야 한다.

　진보주의 교육론은 1957년 구소련이 미국보다 먼저 인공위성을 쏘아 올리면서 그 영향력이 쇠퇴하고 대신 항존주의 교육론, 본질주의 교육론 등 서양의 주류적 교육철학인 인문적 교육전통을 계승한 보수주의 교육론이 영향력을 가지게 된다.

(4) 재건주의 교육론

　재건주의(reconstructionism) 철학은 20세기에 나타난 초기 사회주의적 · 유토피아적 아이디어에 입각해 있다. 그러나 그것에 새로운 부흥과 활력을 부여한 것은 경제불경기였다. 그 당시 진보주의적 교육운동의 인기가 절정에 달해 있었지만, 진보주의 교육자 중 소수의 의식 있는 사람들은 미국 사회에 대한 환상을 벗어 던지고 개혁에 대한 갈망을 포기하지 않았다. 이들은 개별 아동과 중산층에 봉사하는 아동중심 교육보다는 개인의 필요가 아닌 모든 계층의 필요를 고려하는 사회중심 교육이다.

　1923년 진보주의 교육학회의 연례학회에서 Counts는 진보주의 교육자에게 작금의 사회적 · 경제적 문제에 주목하고 학교가 사회를 개혁하는 데에 도움을 주어야 한다는 사실을 인식시켰다. 그는 'Dare the school build a new social order'라는 연설에서 학교가 사회적 변화의 주체가 되어야 하며 사회 개혁의 제도적 장이 되어야 함을 제안하였다. 그는 아동의 흥미와 자발적 참여를 강조했던 진보주의 교육자들 외에 사회 변화에 주요 관심을 가졌던 급진적 진보주의자들 중 한 명이었다. 재건주의자들이라고 불리는 이런 유형의 진보주의자들은 진정한 진보주의 교육이란 현 상태의 교육과 사회를 개혁하는 것이라고 주장한다. 재건주의 교육사상가들은 진보주의 교육학자들이 학교교육의 사회 개혁 기능에 소홀했다고 주장한다. 이들은 인류문화가 위험한 상태에 있다는 문명비평가들의 주장을 수용하여 교육을 통한 새로운 사회의 창조를 추구한다. 이들은 새롭게 재건된 사회의 모습으로 민주적 복지사회를 제시한다.

아동·학교·교육 그 자체는 사회적, 문화적인 힘에 의해서 재구성되어야 한다. 즉, 교육은 사회적 자아실현인 그것을 통해 개인의 사회적 본성을 개발할 뿐만 아니라 사회 계획에 참여하는 방법을 학습하게 된다. 물론 진보주의도 교육의 문화적, 사회적 성격 및 협동적 성격 배양을 중시하였지만, 근본적으로는 개인주의적 입장에서 아동의 자유를 강조한 반면에 재건주의에서는 아동·학교·교육이 사회와 문화에 의해 규정되어야 한다고 보고, 본질주의자들이 말하는 개인의 자아실현을 사회적 자아실현으로 전환시켜야 한다고 주장한다.

재건주의 교육론도 진보주의 교육운동의 한 부분이었으므로 재건주의에 큰 영향을 미친 것은 진보주의라고 할 수 있다. 하지만 재건주의는 무엇보다도 목표중심의 미래 지향적인 철학이다. 사회적 재건주의는 인류가 심각한 문화의 위기상태에 있음을 전제로 하는 교육철학이다. 그래서 교육의 일차적인 목적도 현대와 같은 문화의 위기를 해결하기 위해서 사회를 재구성하도록 하는 데에 있다고 본다. 이들은 학교에서 인류를 괴롭히는 사회적 병폐는 다루어야 한다고 본다. 이런 입장에서 재건주의자들은 형이상학적인 지식보다는 경제학, 인류학, 사회학, 심리학 등과 같은 사회과학적인 지식을 유용한 도구라고 본다.

3. 교육과정의 개념과 유형

교육과정의 유형은 학자에 따라서 그 분류가 상이하며, 분류기준 또한 다양하다. 교육과정은 공식화 정도, 교육의 진행과정 그리고 교육내용 선정에 따라 그 내용과 형식이 분류될 수 있다.

1) 공식화 정도

(1) 공식적 교육과정

국가교육과정 기준을 담은 문서, 시 · 도 교육청의 교육과정 지침, 지역교육청의 장학 자료, 교과서를 비롯한 수업용 교재, 학교 교육과정 운영 계획, 교사의 수업 계획, 실시된 수업, 특별활동, 조회 등은 교육적 목적과 목표에 따라 의도되고(intended) 계획된(planned) 공식적인(official) 교육과정이다. 달리 표현하면 가시적이며 표면적인 교육과정이라고 할 수 있다. 공식적 교육과정은 의도되고 계획된 실천으로 학습자들이 뚜렷이 경험하는 교육과정이다. 교과서에 제시된 내용이면서 교사들이 수업을 통해 표현한 것이 공식적 교육과정의 전형적인 예다.

공식적 교육과정은 학생들에게 경험됨으로써 그 소임을 다하나 필연적으로 부산물을 낳는다. 즉, 공식적 교육과정의 그림자라고 할 수 있는 잠재적 교육과정과 가르쳐지지 않고 소홀히 취급되고 금기시되는 영 교육과정이 그것이다.

(2) 실제적 교육과정

공식적 교육이 아무리 잘 마련되어 있다 하더라도 교사가 교육현장에서 실행하지 않는다면 문서로만 존재하는 교육과정이 된다. 실제적 교육과정은 가르친 교육과정(taught curriculum), 학습된 교육과정(learned curriculum), 평가된 교육과정(tested curriculum) 등으로 나누어진다.

이영덕(1991)은 교육과정을 국가 및 사회 수준의 교육과정, 교사수준의 교육과정, 학생 수준의 교육과정 등 세 수준으로 분류한다. 학생수준의 교육과정은 학생들이 학교생활을 하는 동안에 가지는 모든 경험을 말한다. 이 수준의 교육과정은 교육과정의 모든 유형 중에서 가장 중요하지만, 가장 통제하기 어려운 부분이다. 교사가 아무리 의도적으로 가르쳐도 학생들이 교사가 의도한 경험을 가지게 될지는 별개의 문제라고 할 수 있다. 이 수준의 교육과정의 특징은 교육과정을 학생의 경험 자체로 본다는 점이다. 따라서 학생수준의 교육과정은 교육과정의 개별성을 인정한다. 경험은 교사가 의도한 경험과 교사가 의도한 바는 없지만, 학생들이 학교생활을 하는 가운데 가지게 되는 경험으로 나누어진다. 전자는 표면적 교육과정으로, 후자는 잠재적 교육과정으로 분류된다.

(3) 영 교육과정

영 교육과정(null curriculum)이란 Eisner(1994)가 개념화한 용어로서, 이는 가르쳐지지 않은 교육과정을 의미한다. 학생들이 학교에 있는 시간은 매우 제한적이므로 학생이 학교에 있는 동안 무엇을 배워야 할지를 결정하는 일은 신중하게 이루어져야 한다. 그러나 아무리 신중을 기한다 하더라도 학생들이 복잡하고 다양한 사회를 살아가는 데 필요한 모든 지식을 교사가 가르칠 수 없기 때문에 영 교육과정은 항상 존재할 수밖에 없다.

즉, 영 교육과정은 학생이 배워야 할 것을 학교 당국이나 교사가 가르치지 않는 교육내용을 가르친다. 여기에는 특정 사회의 역사, 문화, 정치적 배경으로 인하여 학교나 교사가 고의적으로 가르치지 않는 금기시하는 교육내용도 포함된다.

영 교육과정은 다음과 같은 특징을 지닌다.

첫째, 영 교육과정은 학교에서 소홀히 하거나 공식적으로 가르치지 않는 교과나 지식 또는 사고양식 등을 일컫는다.

둘째, 교육과정이 선택과 배제, 포함과 제외의 산물이기 때문에 영 교육과정은 공식적 교육과정의 필연적 산물이라고 할 수 있다.

셋째, 영 교육과정은 학생들이 공식적 교육과정을 배우는 동안에 놓치게 되는 '기회학습내용' 이라고 할 수 있다.

넷째, 영 교육과정에는 교사가 일부러 특정 내용을 배제 또는 약화시켜 가르침으로써 학생들이 제대로 배울 기회를 놓치게 만드는 것도 포함된다.

(4) 잠재적 교육과정

잠재적 교육과정(latent curriculum)은 학교나 교사에 의해 의도되지 않았지만, 학생들이 학교생활을 통해 은연중에 얻게 되는 경험을 말한다.

학생들이 학교의 계획이나 의도와는 관계없이 또는 계획과 의도에 반하

표 1-1 표면적 교육과정과 잠재적 교육과정 비교

표면적 교육과정	잠재적 교육과정
• 계획된	• 숨겨진
• 구조화된	• 비구조적
• 공식적	• 비공식적
• 외현적	• 내현적
• 가시적	• 비가시적
• 외면적	• 내면적
• 조직화된	• 비조직화된
• 기대된	• 기대되지 않은
• 형식적	• 비형식적

※ 잠재적 교육과정 개념의 등장으로 교육과정과 교육평가의 개념이 확장되었다. 즉, '계획되고' '구조화된' 계획에서 '숨겨지고' '비구조적인' 산출로 관심이 옮겨짐에 따라 교실에서 어떤 일이 벌어지고 있으며, 실제적으로 어떤 결과가 산출되는가가 교육연구의 중요한 관심의 대상이 되었다.

여 여러 가지 행동 특성을 은연중에 배우는 경우가 많은데, 이처럼 학교의 계획과 의도와는 아무 관계없이 학습하게 되는 교육과정을 잠재적 교육과정이라고 부르게 되었다.

잠재적 교육과정은 공식적 교육과정과 병행하는 경우가 많으며, 학교교육에서 통용되는 상과 벌, 장려와 억제, 사회적 관행, 문화적 편견, 인간적 차별, 물리적 배치 등은 잠재적 교육과정을 형성하는 주된 근원이다. 표면적 교육과정과 잠재적 교육과정의 특징은 〈표 1-1〉과 같이 정리될 수 있다.

2) 교육의 진행과정

(1) 계획된 교육과정

계획된 교육과정 교실수업이 이루어지기 전에 계획된 교육과정을 의미하며 중앙 정부, 지역 교육청 그리고 개별학교 수준별로 나누어진다. 중앙 정부에서 의도하고 계획하는 교육과정은 일반적으로 교육에 대한 국가나 사회 일반의 요구를 반영하여 한 국가의 위치, 문명사적 전망, 국가 사회적 맥락이 포괄적으로 고려되어 만들어진다. 여기에 학교급별, 교과별 교육과정이 교과교육 전공자, 교육과정학자와 같은 전문가 집단에 의해 제안되고 추천되고 조직된다. 지역교육청 개별학교의 교육과정은 각 지역과 개별학교의 특색을 살리고 지역 교육수요자의 요구를 반영하여 운영되는 특색이 있다. 국가수준의 계획된 교육과정은 교육과정 개발이 중앙집권적으로 이루어지는 국가에서 지역 개별학교 수준에서 운영되는 교육과정 계획은 지방분권이 발달한 국가에서 주로 이루어진다.

(2) 실천된 교육과정

학교의 교육활동 및 교사의 수업 측면을 강조한 교육과정이다. 교사들이 전개하고 실천하는 과정을 중심으로 보는 교육과정이다. 이는 학교의 여건,

교사 집단과 개인, 학교를 둘러싼 지역사회 맥락의 특수성을 직접적으로 반영하는 교육과정이다. 가르친 교육과정은 교사에 의해 실제로 전달되는 교육과정이다. 즉, 이것은 실행되고 실제로 수행되는 교육과정이다. 표면적으로는 같아 보이는 교육과정도 교사들에 따라 차이를 보인다.

실천된 교육과정은 계획된 교육과정, 특히 국가수준에서 계획된 교육과정에서 주변적 역할을 수행하는 교사에게 중심적인 역할을 기대하는 교육과정이다. 특히 실천된 교육과정은 학교중심 교육과정 개발운동이 일어나면서 교육과정의 다양한 운영과 자율화를 촉진하고 다양한 학습자들의 욕구를 충족시키기 위해 실질적인 변화가 기대되는 교육과정이다.

(3) 경험된 교육과정

학습자의 학습경험 결과 측면을 강조한 교육과정이다. 경험된 교육과정은 학습자 개인과 그가 처한 환경에 따라 편차가 큰 교육과정으로, 계획된 교육과정과 실천된 교육과정이 동일할지라도 경험된 교육과정은 학생에 따라 차이를 보인다.

학습된(learned) 교육과정은 학생들이 배우는 데 가장 기초가 되며 중요한 교육과정이라고 할 수 있다. 교육을 통해 학생들이 결과적으로 습득한 품성과 능력이 중요하기 때문에 여러 교육과정 중에서 가장 중요한 것이라고 할 수 있다. 교육과정이 뛰어난 계획과정과 실천과정을 거치더라도 학생에 의해서 습득이 되지 않으면 그 교육과정은 의미가 없다고 할 수 있다. 즉, 경험된 교육과정은 교육과정의 궁극적인 목적이라고 할 수 있다. 경험된 교육과정은 교육관계자들이 가장 관심을 기울이는 부분으로 평가의 대상이 된다. 일련의 교육과정이 계획, 실행되고 그 결과를 평가한(tested) 교육과정은 구체적으로는 국가, 지역, 학교, 교사가 작성하여 시행한 시험결과 성적으로 드러난 교육과정이다. 평가된 측면이 부각될 경우 학습성과로서의 교육과정으로 이해되기도 한다.

3) 교육내용 선정

(1) 교과중심 교육과정

교과중심 교육과정은 교과의 지식체계를 존중하는 것으로 학교의 지도하에서 학생이 각 교과에 의해 배워 나가는 일련의 지식체계를 말한다. 여기에서 교과란 학문 또는 지식체계를 학생의 발달단계에 맞추어 취사선택한 것이다. 교과중심 교육과정은 주로 전통적인 인문교과중심의 교육을 강조하는 학자들에 의해 지지되고 있다.

교과중심 교육과정은 형식도야이론에 그 이론적 토대를 두고 있다. 형식도야이론은 20세기 초에 이르기까지 일반적으로 수용되어 온 교육이론으로, 이 이론에 따르면 우리의 정신은 지각, 기억, 추리, 상상, 감정, 의지 등과 같이 뚜렷이 구분되는 여섯 가지 능력으로 이루어져 있는데, 이러한 능력들은 우리 몸의 근육에 비유할 수 있는 것으로서 마음의 근육인 심근에 해당하는 것으로 인정되고 있다. 인간의 정신을 이렇게 설명하는 심리학 이론을 능력심리학(faculty psychology)이라고 부른다.

즉, 형식도야이론에서 '형식'이란 능력심리학에서 설명하는 일반적인 능력(faculty)을 뜻하며 형식을 도야한다는 것은 여섯 가지 정신능력을 훈련한다는 것이다. 형식도야이론에 토대를 둔 교과이론은 교육의 목적은 능력의 연마에 있고, 교육의 내용 또는 교과는 이 목적에 비추어 결정될 필요가 있음을 지지한다. 형식도야이론에서 말하는 도야는 교육의 방법을 나타내기도 하는데, 이는 특정한 교과가 나타내고 있는 능력들을 반복적으로 연습하는 것이다. 이런 연습을 통하여 도야되는 능력들은 일반적인 능력들이므로, 그것은 일단 획득되고 난 뒤에는 그 능력을 요구하는 어떤 내용에도 적용될 수가 있다. 그러므로 형식도야이론은 인간에게 중요한 능력들은 몇 가지에 불과하며, 이 능력들을 훈련함으로써 다른 다양한 인간 활동에 모두 능통한 인간을 길러 낼 수 있다고 가정한다.

　　이와 같은 교육이론에 의거한 교육과정은 일반적인 정신능력을 함양하는 방향으로 운영되며, 일반적 정신능력은 일련의 지식체계로 이루어진 교과에 담겨 있기 때문에 교육과정은 정해진 교과를 얼마나 잘 습득하느냐를 중심으로 이루어진다. 이런 측면에서 형식도야이론은 아동의 정신능력을 단련시켜야 할 수동적 대상으로 간주하게 되고 교사중심의 강의식 교육방법과 반복 연습이 주가 되는 경향이 있다.

(2) 경험중심 교육과정

　　경험중심 교육과정은 20세기 초 미국에서 진보주의 교육사조가 등장함에 따라 교과중심 교육과정에 대한 회의를 느끼고 등장한 교육과정이다. 경험중심 교육과정은 전통적인 교과중심 교육과정이 지식의 체계를 중요시함으로써 아동의 개별성을 무시하고 획일적인 주입식 교육으로 일관해 왔음을 비판하였다. 전통적 교육의 한계에 대한 대안으로 등장한 경험중심 교육과정은 학습자의 흥미, 요구, 능력을 토대로 자발적 활동에서 생기는 경험의 체계를 중시한다. 여기에서 교육내용은 아동의 실질적인 삶과 동떨어져 존재하고 비판과 고려의 대상이 되지 않으며 절대적인 권위를 가지며 학생들이 무조건 도달해야 할 완전한 '인류의 사회적 유산'으로 이해된다.

　　경험중심 교육과정은 교과중심 학습내용이 학생의 외부에서 부과됨으로써 학생들의 구체적인 삶과 유리되어 있다고 비판하고 교육내용을 학생의 주변 사회생활에서 찾으며, 그것을 조직하고 계통화하여 아동에게 그것을 직접 경험하게 할 것을 주장한다. 이 과정에서 교육과정의 중심은 절대적인 지식이 아니라 아동의 흥미나 욕구, 경험적인 배경이 된다. 개별적인 아동에 맞는 개별적인 교육과정이 형성되도록 경험중심 교육과정의 모든 활동은 아동의 적성과 능력에 맞게 구조화된다.

　　마지막으로 경험중심 교육과정은 교과중심 교육과정의 패러다임과는 완전히 다르기 때문에 두 패러다임을 다음과 같이 비교할 필요가 있다.

표 1-2 교과중심 교육과정과 경험중심 교육과정 비교

교과중심 교육과정	경험중심 교육과정
규범화된 교과	생활
지식	행동
분과	통합
미래 생활의 준비	현재 생활 적응
교사의 교수활동	학습자의 자발적 학습

전통적인 교과중심 교육과정 패러다임이 절대적인 지식을 최대한 효과적으로 습득하는 것을 최고 목표로 두었다면, 이에 대한 반성으로 등장한 경험중심 교육과정은 아동의 개인차를 중시하고 그들의 전인적 발달을 중시하며 자신의 삶 속에서 문제를 해결할 수 있는 능력을 함양할 것을 강조하고 있다.

(3) 중핵교육과정

중핵교육과정은 전통적으로 각 학문 또는 지식의 체계에 따라 분화된 교과를 체계적으로 가르치려는 것이 아니라 학교의 교육과정에서 가장 중요하다고 생각되는 활동을 중심에 놓고 그 이외의 것을 주변에 조직하는 교육과정의 형태다. 중핵교육과정이라는 용어에서 특정 사물이나 대상의 중심(본질)을 의미하는 중핵(core)이란 추상적인 지식이 아니라 일상생활에 필요한 경험과 활동을 의미한다. 즉, 경험과 활동이라는 중핵을 중심으로 기존의 분화된 교과들이 통합되어 동심원을 그리며 '주변과정'으로 통합된다. 교육과정의 중심이 되는 생활이나 경험은 단편적인 지식체계로 이루어지는 것이 아니기 때문에 중핵교육과정은 기존의 교과별 교육과정 운영을 파기하고 학습활동을 융통적으로 운영할 수 있도록 도와준다.

중핵교육과정은 학습자의 필요와 흥미 존중, 일상생활의 내용과 사회문

제 학습, 개인적 능력에 따른 수업, 비판적 사고력 학습 등의 장점을 가지고 있으나, 실제 교육과정 운영에서 교과의 구분을 허물기 어렵고, '중핵'과 '주변과정'의 구분이 명백하지 않으며, 교과의 지식이 소홀히 되어 학력이 저하된다는 비판 등의 문제가 있어 교육현장에서 널리 보급되지 못했다.

(4) 학문중심 교육과정

1950년대 미국과 구소련은 두 냉전 세계의 중심축으로 경쟁 상태에 있었다. 이런 상황에서 구소련의 1957년 스푸트니크 인공위성의 발사는 미국이 과학기술 전반에 걸쳐서 구소련에 뒤처졌다는 충격을 미국 사회에 안겨 주었다. 미국 사회에는 당시 미국교육이 진보주의 교육의 영향으로 일차적인 중요 지식을 충분히 학습시키지 못했다고 비난하며 아동중심의 교육원리는 국제경쟁시대에 적합하지 않다는 주장이 거세지게 되었다.

학문중심 교육과정은 진보주의 교육의 문제점을 비판하여 진보주의 교육의 한계를 극복하기 위해 대두된 교육과정이다. 학문중심 교육과정은 '구조화된 일련의 지식체계', 즉 '지식의 구조'를 교육과정의 중심으로 가정하고 모든 학문(교과)에 내재된 고유한 구조가 무엇인지를 밝혀 그것을 학생들이 파악하도록 가르치는 것이 무엇보다 중요함을 강조하였다. 학문중심 교육과정에서 강조하는 지식의 구조란 각 학문의 기본구조로 그 학문 가운데 기본이 되는 핵심 개념과 원리 및 법칙이 체계화되어 있는 하나의 양식이다.

지식의 구조를 중요시하는 학문중심 교육과정은 교과내용의 선정에 있어 보다 적절한 기준을 찾아내고, 그것을 보다 더 효율적으로 학습할 수 있도록 조직한다. 진보주의 교육이 진리의 상대성과 아동의 흥미를 강조하는 교육방법을 강조하였다면, 학문중심 교육과정에서는 각 학문 또는 교과 영역에 따라 핵심 개념, 원리, 법칙을 발견하고 검증하는 과정을 주요 교수방법으로 삼고 있다. 지식의 구조를 발견하는 교수방법의 가장 중요한 특징은 어떤 교과라도 학습자가 발달단계상 어디에 있든지 간에 그것을 효과적으로 가르칠 수 있다는 것이다.

특히 학문중심 교육과정의 주요한 학자인 Bruner는 어떠한 교육내용이라도 지적 성격을 그대로 두고 어떤 발달단계에 있는 아동에게라도 그것을 효과적으로 가르칠 수 있음을 강조한다. 아동의 흥미보다는 지식의 구조를 강조하는 학문중심 교육과정에서는 아동의 자발적인 참여보다는 교사의 중심적인 역할을 강조한다. Bruner는 지식의 구조를 강조하는 수업이 학생들에게 일방적으로 강요됨으로써 부정적인 영향이 있을지라도 아동의 준비도(readiness)를 기다린다는 것은 무용하다고 보며, 학습자들의 발달에 적당한 경험을 마련해 줌으로써 그들에게 해가 없이 준비도를 발달시킬 수 있다고 강조한다. 즉, 학문중심 교육과정은 어떤 과목이라도 적절한 방식으로 제시하기만 하면, 특정 발달단계에 있는 아동 누구에게나 가르칠 수 있음을 강조한다.

chapter 02

교육과정의 역사

1. 교육과정의 초기 발달시기

교육과정의 학문적 기초는 19세기 중반 영국의 사회학자 Spencer가 '어떤 지식이 가장 가치가 있는가?' 라는 질문을 제기하면서 본격화되기 시작하였다. 역사적으로 교육은 철학과 신학의 범주 안에 갇혀 있어 교육과정 논의 역시 철학과 신학의 논의와 융합되어 왔다고 할 수 있다. 19세기 이후 산업의 발달과 사회구조의 변화로 인해 공식적 학교기관이 출현하고 교육이 보다 체계화되면서 교육과정 분야는 학교중심 교육목표와 내용을 다루는 하나의 연구 분야로 인식되게 되었다.

19세기가 교육과정 논의가 시작되는 시기라면, 20세기 초기는 교육과정이 형성되어 가는 시기(The formative years)라고 할 수 있다. 과학적인 연구방법, 심리학의 영향, 아동 연구의 움직임, 산업적 효율성, 머크레이커(Muckraker) 사건과 진보주의 운동 등이 모두 교육과정 논의에 영향을 미쳤다. 여기에서 나오는 많은 쟁점이 그대로 교육과정에 적용되었고, 교육과정과 관련된 다양한 이론적 관점과 방법적 관점이 발전되었다. 이와 같은 과정을 거치면서 교육과정은 단순히 교육내용이나 교과를 가르치는 것이 아니라 원리와 방법론을 가진 하나의 과학으로 생각되었다.

교육과정의 초기 발달단계에서 20세기 초 공교육과 함께 자리매김하기까지 많은 교육과정학자의 학문적인 기여가 있었다. 특히 19세기 중반 Spencer를 시작으로 1930년대까지 McMurry 형제, Dewey, Bobbitt, Charters, Rugg, Caswell과 같은 학자들의 기여가 주목할 만하다.

1) Spencer: 현대 교육과정 논의의 시작

앞에서 논의했듯이 최초로 교육과정 논의를 본격적으로 벌인 사람은 영국의 사회학자 Spencer였다. Spencer는 서양의 전통교육은 상류귀족층의 지적 허영심을 만족시키는 형식적 교육으로 여겨 훈육과 암송에 치우친 고전적 교육을 비판하였다.

Spencer는 1860년 그의 저서 『교육론: 지, 덕, 체(Education: Intellectual, Moral, and Physical)』에서 고전적 교육을 반대하고 실용적 실리주의 교육을 주장하였다. 그는 교육론에서 '어떤 지식이 가장 가치가 있는가?' 라는 논의와 함께 인간의 온전한 삶의 활동을 순서에 따라 다섯 가지로 나누었다.

- 직접적 자기보존에 기여하는 활동
- 간접적 자기보존에 기여하는 활동
- 자녀의 양육과 교육에 관한 활동
- 적절한 사회적·정치적 관계 유지에 관련된 활동
- 생활의 여가를 즐기는 활동

Spencer는 교육은 완전한 생활준비를 위한 수단이어야 한다는 점을 강조하고 교육의 목적을 어떻게 살 것인가 하는 실제적 물음에 답하는 것에서 찾고 있다. 그는 교육은 유기체의 구조를 완성하고, 그 유기체를 인생이나 사회생활 임무에 적합하도록 만드는 과정이기 때문에 우리의 온 재능을 자신과 타인의 최대 이익이 되도록 활용할 것인가, 어떻게 하면 개인과 사회의 행복을 위한 준비, 곧 완전한 생활을 누리도록 준비시킬 수 있는가 하는 생활준비설을 강조하였다.

Spencer의 교육론은 전근대 사회와 근대 사회를 가름하면서 근대 사회에 필요한 교육을 기능적으로 파악하고 지상에서 완전한 삶(complete living)을 위한 활동과 이에 관련된 교과목 위계 순으로 제시하고 교사들이 따라야 할 아동지도 원리를 제시함으로써 교육과정의 과학적 기반을 마련했다는 교육사적 의의가 있다.

2) McMurry 형제: 교육과정과 수업의 집합

Charles A. McMurry(1857~1929)는 동생 Frank W. McMurry(1862~1936)와 1890년대 당시 학문의 중심지였던 독일에서 유학하며 Herbart의 교수이론에 깊은 영향을 받았다. Herbart는 과학적인 교육학의 설립자로서 교육의 원리를 이론화함에 있어 목적이 무엇인가 생각하고 그 목적을 달성화하기 위한 방법론을 체계화시켰다. 그의 교육학은 목적을 규정하는 윤리학과 방법을 규정하는 심리학을 기초로 한다. 윤리학으로부터 추론하는 그의 교육목적은 '강한 도덕적 품성'에 있다. 심리학 입장에서 실천적 경험 위주의 방법론을 중심으로 덕과 행동을 연결하였다. 그는 흥미를 통하여 의지를 도야하고 그것을 통해 도덕적 품성에 도달하는 교육만을 교육적 교수(teaching)로 보았다. 그가 개발한 5단계의 형식적 교수단계는 다음과 같다.

• 예비: 학생의 이해와 흥미 촉진

- 제시: 구체적 사물 제시
- 비교: 신·구 개념을 비교하여 유목화 촉진
- 개괄: 감각적 경험에서 법칙 제작
- 적용: 일반화된 것 적용

Herbart는 수업에서 교수의 핵심은 아동의 흥미를 확충하고 관심을 일깨워 도덕적 품성을 도야하는 것이라고 하였다.

McMurry 형제는 Herbart의 교육관을 접하고 난 뒤 미국으로 돌아왔다. 그들은 미국의 학교교육이 교육과정을 체계적으로 선정, 배열, 조직하는 방법이 부족하다고 판단하였다. 특히 Charles McMurry는 30권의 책을 집필하면서 학습경험의 조직을 교육과정의 주된 관심사로 보았으며, 초등학교 8개 학년을 위한 수업자료를 선정, 조직하는 방법을 기술하였다.

McMurry 형제의 교육 혹은 교육과정에 대한 이론은 다음의 다섯 가지 기본 질문에 대한 대답으로 요약된다.

첫째, 교육의 목적은 무엇인가? 그들은 도덕적 발달이 교육의 목적이라고 본 Herbart보다 한 차원 높여서 선량한 시민의 도리를 다하도록 아동을 유도하려는 의도와 사회에 대한 현명한 신체적·사회적·도덕적 적용까지 포함하였다.

둘째, 교육적 가치가 가장 높은 것은 어떤 교과인가? 초기에 McMurry는 문학은 미적·지적 고양을 가져와 연합을 이루는 데 가장 효과적인 공부가 되며, 지리는 가장 보편적이고 구체적인 연결을 가능하게 해 주는 공부라고 가정하였다.

셋째, 교과는 교수방법과 어떤 관계가 있는가? McMurry 형제는 지리, 수학, 문학 등 어떤 교과든지 형식적 요소와 개념에 상응하는 최적의 교육방법이 있다고 믿었다. 아동은 전문가와 마찬가지로 각 분야의 이런 요소를 갖고 생각하는 방법을 배워야 하는데, 당시의 교사들은 각 교과의 기본 개념조차 잘 모르는 수준이었으므로 수업에서 이를 체계적으로 적용하기를 기대하기는 어려웠다.

넷째, 가장 좋은 학습결과를 낳는 학습 순서는 어떻게 정할까? McMurry 형제는 교과는 나이에 따른 발달단계에 맞는 수준이 있다고 믿었다. Herbart주의자로서 이들은 초기에는 개인-인류발달상응론(Theory of Culture Epochs)을 지시하였는데, 이에 따르면 아동의 발달은 인류나 문명이 거쳐 온 발달단계를 똑같이 거친다. 즉, 교육과정은 계통발생을 되풀이한다는 발생반복설에 기초하여 설계되어야 한다는 것이다.

다섯째, 교육과정을 가장 잘 조직하는 방법은 무엇인가? 새로운 교과의 등장, 아동에게 강요된 학문적 교과, 고립된 교과 등과 관련해서 Charles McMurry는 교육과정의 조직문제에 가장 큰 중점을 두었다. 교육과정의 조직문제에 대한 그의 해결책은 학교 공부를 학생의 생활에 근거하여 조직하라는 것이라고 할 수 있다.

3) Dewey: 아동중심 교육과정 논의의 구체화

Dewey(1859~1952)는 교육학자로서 미국 시카고 대학에서 '교육과정의 평가' 과목을 가르쳤고, 현장교육자로서 시카고 대학에 실험학교를 세워 자신의 교육이론과 철학을 실천에 옮겼다. 그는 시카고 대학의 주요 학자이면서 교육학을 보다 실천적인 방법론으로 발전시킴으로써 이론과 실제를 결합시킨 보기 드문 학자였다. 그의 주요 저서인 『학교와 사회(The School and Society)』(1900), 『아동과 교육과정(The Child and the Curriculum)』(1902), 『민주주의와 교육(Democracy and Education)』(1916), 『교육과 경험(Experience and Education)』(1938)은 그의 교육에 대한 종합적인 실천사상을 보여 준다. 여기에서 그가 주장한 여러 가지 개념과 교육 관련 생각들은 미국 전역 공립학교에 도입되었고, 이후 현대 교육에 지대한 영향을 끼쳤다. 그의 주요 개념들은 다음과 같다.

(1) 교과와 아동의 변증법적 이해

Dewey는 교과를 우위에 두는 전통적인 입장과 아동의 경험을 지나치게 옹호하는 진보주의 입장이 대립적 관계에 있음을 보고 이를 변증법적으로 극복하려고 하였다. 그에 따르면, 교육은 경험이며 경험은 아동과 환경 간의 상호작용 현상이다. 경험의 성장은 상호작용의 과정에서 인식된 경험의 의미가 후속하는 다른 경험과의 관계에서 재구성되어 그 의미가 증가된 현상이다. 인간이 경험을 성장시킬 수 있으려면, 환경과 상호작용하는 과정에서 발생되는 충동이나 욕망의 문제를 환경에 대한 관찰과 지성을 사용하여 해결할 수 있어야 한다.

아동은 실제적 · 정서적 삶을 누리는 데 반해 교과는 논리적 구분과 조직의 추상적 원리를 담고 있다. 아동은 교육의 출발이고, 중심이며 목적이 되고, 이때 아동의 발달과 성장은 교육의 이상이며 기준을 제공해 준다. 아동은 사회적 · 구성적 · 표현적 · 예술적 본능을 지닌 존재다. 따라서 모든 교과는 아동의 성장을 위해서 존재한다고 할 수 있다. Dewey는 참된 교과는 과학, 수학, 역사, 지리보다는 아동의 사회적 활동이라고 보았다. 교과는 아동이 사회활동 전반에 의지적이고 목적적이고 호기심을 가지고 능동적으로 참여하도록 해야 한다. 이 과정에서 학교는 정리된 환경을 제공하는 사회적 기구다. Dewey가 말하는 교육이란 지식 교과의 전달이 아니라 유희와 작업과 지적활동의 결합으로 경험을 개조시켜 나가는 변증법적인 관계이어야 한다.

(2) 교과의 심리화

교육과정에서 끊임없이 이루어져 왔던 논의 중 하나는 아동과 교육의 내용인 교과 사이에서 교사는 어떠한 역할을 담당해야 하는가 하는 문제였다.

아동의 심리적인 측면과 교과의 논리적인 측면에 대한 논의에 있어서 Dewey는 특이하게 이 두 가지의 요소가 분명히 다르지만, 대립된 관계에 있는 것이 아니라 오히려 연속적인 관계에 있음을 주장하였다. Dewey에게 있어서 '교과'는 인간이 주변 세계에 대한 경험을 통해 세상에 대한 이해와 앎을 논리적이고 체계적으로 정리해 놓은 지식의 총체로 교육은 학습자와 교과를 관련시키는 역할을 다해야 한다고 보았다. 그는 '교과의 심리화(psychologization of subject matter)'와 '교과의 점진적인 조직(progressive organization of subject matter)'의 논의를 전개하면서 심리와 논리의 관계를 '심리화된 교과'와 '논리적인 교과'의 관계로 설명하고자 하였다(김재춘, 2005). 이렇게 볼 때, 아동과 교과는 한편으로 모두 '교과'라는 공통성을 지니며 다른 한 편으로 각각 '심리적인 조직'과 '논리적인 조직'이라는 차별성을 지닌다.

아동의 심리적인 측면과 교과의 논리적인 측면의 만남을 주선하는 것이 교사다. Dewey는 논리적으로 조직되고 추상적이고 분류체계가 뚜렷한 성인의 경험 세계로 대표되는 교과와 즉흥적이고 혼란스럽지만 연속된 아동의 세계를 '경험'으로 연결 짓는다. 교사는 한편으로 아동의 과거와 현재의 발전 가능성 있는 경험에 착목하면서, 다른 한편으로 논리와 추상의 집합체인 교과내용을 훤히 꿰뚫고 있어야 한다.

> "교사들은 현재 경험을 적절히 활용하면서 학생들의 경험으로부터 사실이나 원리를 이끌어 내도록 해야 하며, 그렇게 함으로써 학생들이 쉽게 이해할 수 있도록 한 걸음 한 걸음씩 과학적 지식으로 학생들을 인도해야 할 막중한 책임이 있다." (Dewey, 1938; 박철홍 역, 2002)

학습자는 경험을 심리적으로 축적하며, 교과는 인간 경험과 탐구결과를 논리적으로 축적해 나간다. 경험의 심리적 측면을 지닌 학습자와 경험의 논

리적 측면을 지닌 교과를 만나도록 하기 위해서는 교과가 심리화되어야 한
다. 즉, 교과에 들어 있는 교육내용은 '심리화' 되어 학습자의 흥미, 관심, 발
달단계, 일상경험 속에서 해석되고 이해되어야 하며, 이때 교과의 조직은
학습자에게 보다 더 넓고 더 정돈되고 더 조직화된 세계로 인도하기 위해서
점진적으로 조직되어야 한다.

(3) 교육경험의 진보적 조직

교과가 범위를 넓혀 가고, 수준을 더해 가면서 전지적 조직이 되어 있다
고 볼 때, 아동 경험의 계속적인 재구성으로서 교육의 과정에서 아동의 경
험을 어떻게 발전적으로 조직해 갈 것인가가 가장 큰 과제가 된다. Dewey는
처음에는 아동의 심리적인(psychological) 것에서 점차 교과의 논리적인
(logical) 것으로 옮겨가는 교육의 과정의 진보적 조직에 대해 언급하였다.
여기서 심리적인 것이란 학습자들의 흥미와 관심을 뜻하며, 논리적인 것은
성인 교사가 종종 대변해 주는 교과의 체계적 지식이다. 개인적 · 주관적 ·
심리적인 아동과 사회적 · 객관적 · 논리적인 교과의 만남을 주선하는 것이
실제적 경험이다. 교과의 내용이 범위와 수준을 더해 가면서 확대되듯이 아
동의 경험도 계속적으로 재구성되면서 성장, 발전해야 하는 것이다. 경험이
계속적으로 성장하기 위해서는 학습자의 내면과 외부 환경이 상호작용해야
하며, 과거-현재-미래의 경험은 계속적으로 이어져야 한다. 이전 경험은 보
다 나은 경험의 수단이 되며, 목적이었던 보다 나은 경험은 다시 그 후속으
로 계속될 경험의 수단으로 쓰인다.

(4) 학습과 생활의 통합

Dewey는 교실 밖에서 계획, 개발되어 교실현장에 적용되는 전통적인 형
태의 교육과정에 반대한다. 그는 교사가 학생의 관심과 흥미가 어디에 있는
지 파악하고 실제적 탐구를 통해 교육과정을 시작해야 한다고 주장한다. 학

교의 이성적·과학적 방법과 민주주의는 개인의 성장과 사회의 발달을 가져온다. 학습과 생활 경험, 학교와 사회는 긴밀히 연결되어야 한다. 학교와 사회는 아동에게 가치 있는 경험을 제공하고 이러한 환경을 만들어 주어야 한다. Dewey가 말하는 가치 있는 경험은 실생활에 관한 것이며 연속성과 통합성을 지니고 있어야 한다.

Dewey의 교육적 아이디어는 진보교육협회의 교육관에 잘 반영되어 있다. 이 협회가 추구하는 아동중심의 원리에 따른 진보주의 원칙은 자연스럽게 발달하는 자유, 모든 공부의 동기로서의 흥미, 안내자로서의 교사, 아동발달에 대한 과학적 연구, 아동의 신체발달에 영향을 미치는 모든 요인에 대한 주목, 아동의 생활 요구를 들어주기 위한 학교와 가정의 협조, 교육운동의 선구자로서의 진보적 학교다(Kliebard, 2004).

4) Bobbitt: 교육과정 구성의 과학화·전문화

미국은 산업화를 거듭하며 사회적 효율성을 추구하는 움직임(Social Efficiency Movement)이 강해지고 있었다. 이와 같은 사회적 분위기 속에서 교육에 대해 효율성의 증대와 통제라는 관점으로 접근하는 학자들이 등장하였다. 교육에서도 과학은 효율성과 같은 것이며, 교육문제를 해결하기 위해서 실험과 통계기술을 활용하고자 하였다. 교육과정을 보다 '과학'적으로 만드는 일은 이들의 주요 관심사였다. 그중에서 사회적 효율성을 달성하려는 입장에서 교육과정을 구성한 이는 Bobbitt이었다.

Bobbitt을 이해하기 위해서는 먼저 그의 사상적 조상인 Smith와 Taylor를 이해할 필요가 있다. 일찍이 Smith는 『국부론(An Inquiry into the Nature and Causes of the Wealth of Nations)』(1776)에서 노동의 생산성 향상 방법으로서 분업의 위력에 대해 언급하였다. Taylor(1856~1915)는 모든 육체적·사무적 작업이 분석되고 재조직될 수 있으며, 이를 통해 근로자의 생산성이 향상될 수 있다고 본다.

 Bobbitt(1924)에 따르면 교육은 "인간이 원만한 성인생활을 꾸리는 데 또는 꾸려 가야 하는 데 요구되는 온갖 활동을 준비시켜 주는 것"을 의미한다. 즉, 교육은 성인의 삶을 위한 것이지, 아이들의 삶을 위한 것은 아님을 강조한다. 그에 따르면 교육의 기본적인 책무는 성인기의 50년을 위한 것이지 청소년기 20년을 위한 것이 아니다. 그는 교육을 성인생활을 위한 준비로 보고, 교육과정을 성인이 되어 할 일을 미리 준비시켜 주는 과정으로 본다. 또한 그는 교육과정을 "성인생활의 일을 잘하기 위한 능력과 성인으로서 갖추어야 할 품성을 개발할 목적으로 아동과 청소년들이 반드시 행해야 하고 경험해야 하는 일련의 일"(1924: 42)로 정의한다. 그에게 있어 교육과정의 목적은 각 교과에서 중요한 지식을 개괄하는 일이었고, 학습자들을 훈련시키고 그들의 수행능력을 끌어올리기 위해 다양한 활동을 개발하는 것이었다.

 Bobbitt이 말하는 과학적인 방법이란 특정 대상에 대해 일일이 열거하고, 분명히 밝혀내고, 구성요소를 상세화하는 것이다. 성인들의 경험과 활동 영역을 확인하고 분석하여 그 경험 영역들이 특별한 교육과정 활동의 일부가 될 때까지 보다 더 작은 단위로 분할하는 것이다. 즉, Bobbitt은 교육과정을 만드는 절차나 순서 그리고 그것을 진술하는 방법을 연구하는 것이 얼마나 중요한 일인가를 처음으로 강조한 사람으로 교육과정을 가장 잘 만들 수 있는 과학적 방법을 논의하였다.

5) Charters: 교육과정 구성의 과학화

 Charters(1875~1952)는 Bobbitt과 마찬가지로 Taylor의 과학적 경영이론의 영향을 받았다. 그는 Bobbitt이 제안한 것과 동일한 행동주의적이고 명확한 접근방법을 옹호하였다. 그는 교육과정을 학생들이 일련의 학습경험을 통하여 획득하게 될 일련의 목표로 보았다. 그는 그의 저서 『교육과정 구성

(Curriculum Construction)』에서 교육과정을 기계 작동에 포함하는 명확한 작업 기능을 분석하는 것으로 보고 있는데, 이를 그는 '직업분석' 이라고 불렀다.

　　Bobbitt과 함께 교육과정에서 행동주의적이고 과학적인 운동을 처음 시도한 Charters는 교육과정에 중요한 영향을 끼쳤다. 이들은 목적, 목표, 요구, 이들이 말하는 활동으로서 학습경험을 포함하는 교육과정 구성을 위한 원리를 개발하였고, 행동목표 제시를 강조하였다. 목표는 요구 연구(나중에 요구 사정이라고 부른다)의 대상이 되어야 한다는 생각을 소개하였고, 교육과정 구성은 교과를 가로질러 이루어져야 함을 주장하였다. 그의 행동주의적 생각은 당시 그의 조교였던 Tyler의 『교육과정과 수업의 기본원리(Basic Principles of Curriculum and Instruction)』(1949)에 영향을 미쳤다.

6) Rugg: 사회개조주의

　　Rugg(1886~1960)로 대변되는 사회개조주의자들로서, 이들은 교육과정에 대해 학생들에게 사회정의와 평등에 대한 새로운 전망을 심어 주어 사회를 변화시키기 위한 수단을 제공하는 것으로 본다. 사회개조주의자들은 공통적으로 당시의 사회가 위기상황에 처해 있다고 인식한다.

　　Rugg가 활동한 1920년대 초반 미국은 정치, 경제, 사회적으로 시급히 해결해야 할 어려운 문제들에 둘러싸여 있었다. 또한 인종, 국적, 계급, 종교 등의 차이로 인해 다른 문화를 가진 집단들 사이에 상호 이해 부족으로 사회는 분열상태에 놓여 있었다. 이와 같은 미국 사회의 현실 속에서 Rugg는 공립학교의 교육은 특별한 사명을 지니고 있으며, 이 사명은 다음 세대의 시민들이 사회적 논쟁 사항에 보다 더 많은 관심을 가지고, 편견이 아니라 반성(refelction)을 통하여 이러한 사회적 논쟁을 해결할 수 있도록 교육하는 것이라고 강조하였다. Rugg와 마찬가지로 사회개조주의자들은 당면한 사회적 위기상황을 극복하고 보다 나은 사회를 건설하는 데 학교가 앞장서야 한다고 주장한다. 따라서 학교 교육과정은 이러한 학교의 사명을 달성하기 위하여 중요한 역할을 담당해야 한다고 보았다.

7) Caswell: 수업 개선을 위한 교육과정 개발

Caswell은 미국 버지니아 주 교육과정 개정에서 교육과정 제작과정을 새롭게 구안하였다. 교육목적 수립, 원리, 정의, 교수요목 산출 등 4개의 위원회를 만들었으며, 수백 명의 교사로 구성된 교수요목 작성위원회는 적절한 경험을 선정하였고 심의위원회는 학년별, 교과별로 재조직하였다. 그는 수업개선을 위한 교육과정 개발의 다섯 가지 측면을 강조하였다.

첫째, 교육과정은 학습자의 경험으로서의 교육과정만이 의미 있다. 즉, 교사의 안내를 받은 바람직한 경험만이 교육과정적으로 가치가 있다.

둘째, 교육과정 구성자들의 작업과정으로서 교육과정 개발은 경험의 요소들 사이의 조직이며 조율이다.

셋째, 교육과정 개선은 교육과정 관여자들이 교육과정 개발에 대한 기술, 방법론적 지식을 축적해 가는 과정이다.

넷째, 교육과정 개선과정에서 가장 넓은 참여는 교육과정 프로그램에의 참여다. 교육과정 프로그램이란 학습자 경험의 모든 요소를 조직해 놓은 발전적 계획이나 설계라고 할 수 있다. 이 프로그램은 관련된 참여자들의 관계를 조율하는 행정활동도 포함한다.

다섯째, 학습자의 과정으로서의 행동통제다. 교사들은 학습자들이 행한 경험이 민주적 이상을 구현하는 방향으로 이루어지도록 지도해야 한다.

Caswell은 특히 교육과정 내용의 체계적 구성을 위한 범위(scope)와 계열(sequence)을 강조하였으며, 다양한 분야에서 나온 내용이 학교 교육과정으로 적절한가를 판단하는 식견, 교육과정 개발과정에 대한 종합적 이해, 교육과정 개발과정에 직접 참여함으로써 얻는 실제적 경험을 통해 수업을 개선할 수 있다고 보았다.

　이상의 일곱 명의 학자는 미국 교육과정 역사에서 특정 시기에 주도적인 역할을 수행하였다. 전통적 인문주의자들은 19세기에, 사회적 효율성을 추구하면서 교육과정을 과학적으로 구성할 것을 시도한 학자들은 20세기 초반 20여 년 동안에, 자기주도적 실제 과제해결학습을 통한 지적 발달과 경험 및 활동 중심 교육과정을 주창한 아동중심주의자들은 1920년대에 교육과정 논의의 주류를 형성하였고, 사회개조주의자들은 1930년대 미국교육을 주도하였다.

2. 교육과정 개발의 시기

　1930년대 그리고 1940년대 초기까지 교육과정 원리 및 과정, 교육과정구성에서 교사를 돕기 위한 기술에 대한 많은 중요한 연구가 실시되었다.

　이 시기는 개별화, 세분화, 비등급화, 교실 합반, 학급 자치회, 노작중심교육 등 다양하고 혁신적인 교육과정 및 수업 계획과도 결합되어 있다. 또한 이 시기는 학교의 수평적, 수직적 조직을 변형시키고자 각 학교장이 다양한 학교 지역구 계획을 소개하던 시기였다. 이러한 계획은 뉴욕 주의 바타비아와 콜로라도 주의 덴버 등과 같이 그 지역의 이름을 따거나 조직의 이름을 따서 명명되었다.

1) 8년 연구: 중등 교육과정 개선

　20세기 전반 현대적 교육과정의 연구 개발 성과가 초등학교에서는 가시

적으로 드러났던 데 반해, 중등학교에서는 대학입시 등으로 교육과정 개선
과 실질적 수업 개선에 진전을 보기 어려웠다. 초등학교에서와 같은 진전을
중등학교에도 가져올 수 있는가에 대한 질문은 곧 진보주의적 교육이 중등
학교에서도 성공적으로 적용될 수 있는가를 확인 검증하는 실례를 요구하
였다. 20세기 전반 교육과정 논의의 교육적 실효성을 검증하는 자리가 된
것이 바로 8년 연구(The Eight Year Study)다. 이는 대규모 현장실험 연구로
서 미국에서 1933년부터 1941년까지 고교과정에서 3년간, 대학과정에서 5년
간 실시되었다.

(1) 8년 연구의 목적

제1차 세계대전 후 경제가 좋아지면서 교육에 대한 투자가 급격히 증가하
였고, 대공황으로 청소년들이 사회에서 일자리를 얻기가 어려워지게 되면
서 1930년대 고교진학률이 50%까지 급상승하였다. 교육받은 학생인구 구
성은 과거 대학진학을 목적으로 하는 소수 정예에서 중등학교 해당연령 인
구의 대다수가 그 대상이 되는 것으로 변화되었다. 그러나 이와 같은 변화
에도 불구하고 대부분의 중등학교에서 교육과정을 지배한 것은 교과중심
교육과정이었다.

1930년 4월 워싱턴 D.C.에서 열린 진보교육협회의 연차 학술회의에서 진
보주의 교육자들은 어떻게 하면 고등학교에서도 미국의 청소년들에게 더
나은 교육 서비스를 제공할 수 있을지를 고민하였다. 8년 연구는 기본적으
로 진보주의 교육을 중등학교에도 확산시키기 위한 것으로서 다음과 같은
질문을 제시하고 있다.

첫째, 초등과 중등의 연계로서, 초등에서와 같은 진보주의 교육을 중등학
교에서 시행해도 성공할 수 있는가?
둘째, 중등과 고등과 연계로서 진보주의식 중등교육을 받은 학생들이 대

학에 가서도 성공적으로 학습하고 생활할 것인가?

중등학교가 교장, 교사, 학부모의 희망대로 변화해야 하지만 가장 큰 장애는 대학진학 문제였다. 대학입시에서 요구하는 과목과 단위를 이수하지 않으면 대학입학이 안 되는 상황에서 진보주의식 중등교육을 고집할 수 없기 때문이었다. 결국 진보주의 교육자들은 '중등학교 교육의 근본적인 변화는 대학과 중등학교의 협조 없이는 불가능하다'고 판단하고, 중등학교의 재구조화를 허용하는 방향에서 대학과 중등학교의 관계를 새롭게 정립하게된다. 이를 위하여 300개 이상의 주요 대학의 협조를 바탕으로 8년 연구에참여한 29개 실험학교와 학교구 졸업생들에게는 대학이 정한 고등학교 이수과목 요건이나 입학시험에 관계없이 입학을 허락할 것을 협의한다.

(2) 실험학교의 교육과정

8년 연구의 가장 큰 특징은 특정 유형의 교육과정이 실험학교들에게 획일적으로 강요되지 않았다는 점이다. 학교마다 특색이 달라 일률적으로 말하기는 어려우나 전통적인 교과과정으로부터 떠난 정도의 차이는 서로 달랐다. 실험학교들은 여러 가지 형태의 교육과정 개정을 보였는데, 전통적 교과목을 약간 수정한 교육과정을 가진 학교, 광역 교육과정을 개발한 학교, 전체 문화권을 중심으로 교육과정을 개발한 학교, 진로와 직업준비 중심 교육과정을 가진 학교, 중핵교육과정(core classes)을 가진 학교로 나눌 수 있다 (Aikin, 1942).

전체 학교가 실험학교로 된 것으로 알려진 것과는 달리 초기에 각 학교는 1개의 반이 실험반이 되어 8년 연구에 참여하였다. 그 반들은 주로 평균 혹은 평균 이상의 학력으로서 숫자로 보면 전체 학생의 30% 이하였다. 그들의 교실은 학교의 한편에 따로 배정되었고, 두 명의 '중핵' 교사들이 하루 1~3시간 정도 '실험반'을 지도하였다. 교육 프로그램의 내용은 학교마다 달랐다.

표 2-1	덴버 시 이스트 고등학교의 1938학년도 시간표

교 시	월	화	수	목	금
1~4	전교 공통수업(일반학급과 동일한 수업)				
5	특별관심반	자유독서	특별관심반	집단상담	특별관심반
6	중핵과정				
7	교직원연수	특별교실	특별교실	개인상담	특별교실

출처: Our Education: A Report written by the students of care classes of East High school(Denver, Colorado: East High school, 1939)

연구에 참여한 덴버 시 이스트 고등학교(East High School)의 수업시간표는 다음과 같았다(Cuban, 1984).

교육과정의 내용을 결정하는 데 있어 교육과정의 내용과 조직의 중심구조는 성인사회의 요구와 청소년들의 관심사였다. 그 반영 정도는 학교와 교사에 따라 조금씩 달랐다. 특별관심반(special interest groups)은 학생들의 중핵내용에 관한 관심에 따라 편성되는 것으로 학생들은 읽기, 음악, 공작, 미술, 시사, 과학, 연극, 작문반 중 하나에 속하였다. 특별교실(laboratories)은 각 교실에 설치되어 학생들이 개인 또는 소집단으로 '중핵' 교사들을 찾아가 도움을 받았다. 청소년의 관심을 끄는 사회적 문제나 쟁점으로 구성되는 중핵교육과정은 영어, 미국사, 세계사 등 개별 교과의 벽을 헐어, '개인생활, 지역사회에서 개인과 사회의 관계, 사회-시민적 관계, 경제관계' 등 네 영역으로 나누어 통합하였다. 교사들이 모여서 중핵교육과정을 마련할 때 단원의 핵심 아이디어는 민주사회에서 청소년들이 당면한 주요 문제였다.

8년이 지난 뒤 교육과정의 근본적인 변화가 일어났다(Cuban, 1984). 의도한 대로 교육과정은 개정되었고, 학생들은 진로 안내를 받아 나름대로의 과정을 운영해 나갔으며, 학생들의 관심과 흥미는 그들이 어른이 되어 직면할 사안들과 긴밀하게 연계되어 있었다. 8년 연구에서 가장 큰 변화는 학교의 강조점이 교과에서 학생으로 변화했다는 것이다. 교육과정의 내용은 여전히 중요하지만, 민주주의적 생활에서 직면한 문제를 해결하는 데 도움을 줄수 있을 경우에만 가치가 있으며, 학교는 무슨 일을 하든 간에 그 일이 청소년의 교육에 가치가 있는 것이어야 한다고 보았다. 또 하나 중요한 발견은학생들이 교사를 도와 교육과정 결정에 참여하고 학교의 재편을 효과적으로 도와줄 수 있었다는 점이다.

8년 연구의 위원회는 1936년부터 1941년까지 매해 여름 6주간의 교사를위한 '실무 연수'를 개최하였다. 여기에는 교육과정 전문가, 교과 전문가, 청소년 발달 이론가, 교육평가 전문가 등이 참여하였다. 개발된 교육과정을학교에 적용하는 데 어려움을 덜어 줄 일부 교장들도 참여하였다. 실무 연수는 오전에는 여러 학교에서 온 같은 교과담당 교사들이 모여서 해당 교과교육과정을 개발하고, 오후에는 같은 학교의 여러 교과담당 교사들이 모여자기 학교 교육과정 개발 작업을 하였다. 그들의 목적은 보다 적절하고 효과적이며 실제적인 교육과정을 개발하는 것이었다. 필요한 경우 전체 모임이나 회의를 열어 여러 공동의 문제를 논의하고 새로운 자료나 정보를 공유하였다.

미국에서 1933년부터 1941년까지 고등학교 과정에서 3년간, 대학 과정에서 5년간 연구된 8년 연구는 20세기에 있었던 교육과정 개선을 위한 대규모현장 실험의 연구이면서도 한편으로는 잘 알려지지 않은 연구다. 그러나Tyler의 교육과정과 평가에 대한 연구가 무르익는 데 발판이 된 것이 8년 연구였고, 초등학교에서 시작된 진보적 교육이 중등학교로 파급된 계기를 이룬 것도 8년 연구였으며, 중등학교 교사들이 대학으로부터 교육의 주도권회복을 의미하므로 교육사적으로 매우 중요한 일이다.

2) Tyler: 20세기 교육과정 논의의 패러다임

미국 중서부의 학교행정가들과 행정적 배경을 가진 교수들이 정책을 입안하고, 우선권을 결정하고, 변화와 혁신의 방향을 설정하며, 교육과정과 수업을 계획하고 조직하는 일과 관련하여 교육과정 분야를 지배하고 있었다. 이러한 행정가들은 정치적으로 상당히 활동적이었다. 이들은 자신의 생각을 공표하기 위하여 장학 및 교육과정 협의회, 저널과 연감을 이용하였다.

Tyler(1902~1994)는 진보주의 운동을 Dewey와 함께 이끌었던 Bode를 만나 여러 고등학교와 대학교가 참여하여 경험중심의 진보주의 교육이 가능한가를 검토하는 연구에 참여하게 되었다. 그는 그의 8년 연구의 아이디어를 바탕으로 『교육과정과 수업의 기본 원리(Basic Principles of Curriculum and Instruction)』라는 책을 1949년에 출간하였다. 그는 이 책을 통해 교육과정 편성 절차 혹은 교육과정 개발에 대하여 보다 체계적인 접근을 하였다. 이 책은 이후 교육과정에 대한 연구 개발의 지배적인 패러다임으로 작용하였다. 20세기 중반기에 출간된 이 책은 20세기 전반기의 교육과정 논의를 종합, 정리하고 있으며, 20세기 후반기의 교육과정 논의나 개발은 Tyler를 부연설명하거나 이를 극복하려는 대안들로 이루어졌다고 할 정도로 Tyler 원리(Rationale)는 교육과정 논의의 지배적인 패러다임으로 작용하였다. 가령 Tyler 이후 Bloom, Mager 등에 의한 교육목표의 위계화와 상세화가 그의 지원에 힘입어 발전된 것이며, Taba, Tanner, McNeil 등의 교육과정 개발 논의는 그의 교육과정 개발에 대한 발전적 전개라고 할 수 있다.

그는 학생의 행동으로 표현되는 학습경험을 강조함으로써 흔히 객관식 지필 검사의 대가 행동적 목표에 평가의 지지자로 평가되기도 한다. 그러나 그의 평가개념은 지필 검사 이상의 매우 폭넓은 방법과 영역을 포함하는 것으로, 오늘날 말하는 포트폴리오나 참평가의 단초도 제공하였다고 할 수 있다. 그러나 Tyler의 교육과정 이론의 패러다임에 대한 비판도 상당하다. 1970년대 후반기에 와서 교육과정 의사결정 참여자와 그들의 배경 연구, 지배적 패러다임에 대한 연구, 교육내용의 정치이념성 분석을 강조하는 이론가들은 교육목표 설정단계에서 나타나는 이해당사자들의 역학관계에 주목

한다. 이들은 Tyler가 특정 목표가 다른 목표에 우선하여 설정되어야 하는
지를 설명하지 못했다고 비난하였다. 또한 Tyler의 목표-경험-조직-평가로
이르는 일련의 과정에 대해서 Zahorik(1975)에 의한 교사의 수업 계획에 대
한 연구는 극소수의 교사들만이 수업 계획 때 목표를 맨 먼저 세우고, 대부
분의 교사들은 내용 선정과 자료의 조달과 배열, 수업 흐름 조직 등 실제 수
업의 주요 요소를 중심으로 계획할 뿐 그의 처방을 따르지 않는 것으로 밝
히고 있다. Walker 등의 실제 교육과정 개발 절차에 대한 참여 관찰 연구도
많은 교육과정 개발 프로젝트가 Tyler식이 아닌 '토대 다지기-숙의-설계'
로 진행되고 있다고 하였다.

3) Bruner: 지식의 구조와 학문으로 견고해진 교과

(1) 학문중심 교육과정의 제창

　Bruner(1915~)는『교육의 과정(The Process of Education)』(1960)과『교수
이론 서설(Toward a Theory of Instruction)』(1966)을 통해 교육과정의 발달에
서 새로운 이정표를 연다. 그는 냉전기 소련과의 대결에서 미국 안보의 위
기 근원을 교육을 통해 찾았고, 위기를 수습하는 길 역시 교육을 재건하는
것에서 찾았다. Dewey의 경험주의 교육의 영향으로 학교는 학생들에게 생
활 주변의 것을 가르쳐 실생활에 적용하거나 활용하는 데 치우쳤기 때문에
개인과 국가의 경쟁력이 저하되었다고 본 것이다. Bruner는 사람의 인식,
개념화, 학습, 의사결정이 모두 일정한 범주화의 소산물이라고 본다. 그는
교육의 본래 기능 중 하나를 학생들로 하여금 교과의 논리적·근본적·학
문적 구조를 탐구해서, 이를 실제 상황에 적용할 수 있도록 하는 데 있다고
보았다. 이른바 학문중심 교육과정을 제창한 것이다. 이것은 각 학문을 구
성하고 있는 근본적인 개념이나 원리 및 이론을 구조적으로 파악하면, 습득
과 이해가 쉽고, 기억하기도 쉬우며, 이를 적용하기도 쉽다는 것이다.

(2) 학문중심 교육과정의 내용

학문의 구조를 가장 잘 갖추고 있는 교과는 수학이나 물리학과 같은 과학이라고 보았다. 이런 학문의 구조는 탐구적 방법, 발견의 방법을 통해 밝혀질 수 있다. 이런 점에서 각 학문은 지식의 구조를 가지고 있으며, 지식의 구조가 다르면 학문은 다른 종류의 것이 된다. 즉, 각 학문에서 유래되는 것이 교과를 이룬다고 본다. 이 점에서 대학의 학문과 초 · 중등학교의 교과는 쉽고 어려운 정도만 다를 뿐 같은 종류의 같은 특성을 지닌 것이라고 이해된다. 학문이나 교과는 초보적인 데서 가장 고도의 첨단에 이르기까지 폭과 깊이를 더해 가는 나선형 조직을 가지고 있다고 보았다. 낮은 수준에서는 간단하고 쉬운 것을 배우고, 나중에 더 어렵고 세부적인 것으로 옮겨가면서 학문과 교과의 구조를 발견하는 데로 이르는 것이다. 나선형 구조 속에서 지식은 구체적 행동에서 출발하여 이를 좀 더 추상적으로 형상화한 것으로 옮겨가고, 나중에는 가장 추상적이고 형식적인 것으로 표현된다. 학문에서 지식의 표현양식은 구체적 동작, 반추상적 영상, 추상적 · 형식적 상징으로 심화되면서 학습자의 인지양식의 발달과 조응한다. 그러므로 교사나 학생의 경우 해당 학문, 지식, 교과의 구조적 특징을 탐구하여 발견하는 것이 가장 중요한 과업이다.

(3) 학문중심 교육과정의 확산과 부작용

영국의 Hirst(1974)나 Peters(1966)도 Bruner와 비슷한 생각을 하였다. Hirst는 서양의 7자유과의 전통에 따라 가치 있는 교육활동은 내재적인 가치인 마음의 계발, 합리성의 추구라고 보았다. 합리적인 마음의 계발은 학생들이 몇 가지 지식의 형식(forms of knowledge)에 입문함으로써 가능하다고 보았다. 지식의 형식이란 인간의 경험이 구조화되고 명확해지며 확장되는 독특한 이해방식으로 수학, 물리학, 인문학, 종교, 문학, 순수예술, 철학 등의 학문으로 나타난다. Peters도 지식의 형식을 획득하여, 합리적인 마음을 갖도록 입문시키는 자유교육을 위해서는 교육을 추구하는 목적이나 내용 및 과정이나 방법도 모두 도덕적으로 온당하며 윤리적으로 타당할 것을 강조한다. 그는 교육을 특정 활동이나 과정보다 그것이 갖추어야 할 '기준'으로 본다. 즉, 가치 있는 것의 윤리적 전달이다. 후기에 이르러 이들은 교육에 대해 개인적 합리성의 추구보다 더 넓은 사회적 실제에 입문시키는 장기적 관점으로 옮겨갔다.

지식의 전달과정에서 학문중심 교육과정과 생활중심 교육과정은 대조적이다. 생활중심 교육과정은 낱낱의 지식을 전달하는 것을 교육이라고 보지 않는다. 생활중심 교육과정이 개별적인 사실이나 정보의 실용적 쓰임에 학습 초점을 분산하는 것에 반해, 학문중심 교육과정은 그 핵심적인 뿌리를 찾으려고 한다. 학문중심 교육과정은 상대적으로 추상적, 구조적, 종합적, 메타적 사고가 가능한 우수한 교사나 학생들에게 친화적이다. 그러나 보통의 능력을 지닌 학생들에게도 학문의 구조나 형식을 찾아내는 탐구활동이 적합한지에 대해서는 의문이 제기되었다. 이런 논의에 따라 수학과 과학만이 아니라 다른 교과들도 나름의 주요 개념, 원리, 이론을 가지고 지식의 구조를 확립하려고 노력하였다. 학문중심 교육과정은 각 교과마다 다른 지식의 형식과 구조가 존재하므로 그것들로서 독립적인 정체성을 인정받으려고 하였으나, 교과 간의 융합이나 통합에 큰 걸림돌로 작용하였다.

3. 교육과정 재개념의 시기

Tyler 이후 그의 영향 아래 있는 교육과정 개발이나 그의 영향을 벗어나려는 Pinar를 위시한 새로운 교육과정의 이해는 교육과정학 탐구의 지평을 넓혀 주었으며, 그것이 교육과정의 실제 현실을 이해하고 나아가 개선하는 데 기여한 만큼 주목할 만한 경향이다. Huebner, Macdonald, Apple,

Giroux, Pinar, Aoki 등은 교육과정의 재개념화 운동을 펼치게 된다. 이들은 개발론자에 비해 교육과정의 개념 분석, 개인적 의미, 사회적 관련성, 역사 등 개발된 교육과정의 내용 이해를 주로 다룬다. 뿐만 아니라 이들은 교육 과정 자체를 이론적으로 혹은 새로운 인문학적, 사회과학적 방법론을 기반 하여 분석한다. 교육과정 재개념화 혹은 이해는 역사학, 신학, 현상학, 정신 분석학, 자서전과 생애사, 네오마르크시즘, 미학적 비평, 포스트모더니즘 등을 통해, 불평등(inequality)과 억압(oppression)의 실체를 밝히고 평등 (equality)과 공평(equity)의 사회적 실현에 주목한다. 효율성이나 경제성의 이름으로 개인을 억압하고 희생을 강요하는 억압적인 기제를 인식하고 개 인이 자율적 존재(agents)로서 사회불평등에 저항하는 과정을 논의의 주제 로 삼는다.

1930년대 지식의 사회적 존재, 구속적 존재 구속성에 대한 연구를 되살리 는 연구가 1980년대 Apple 등을 중심으로 일어났다. 이것은 지식이 누구의 이해관계를 대변하고 있는가를 반성해 보는 것이었다. Apple에 따르면 지 식은 당대의 지배적인 정치적 권력관계, 경제적 부와 소득관계, 사회문화적 지위관계를 편파적으로 반영한다는 것이다. 이로 인해 지식은 지배집단의 지배를 영속시키는 데 기여한다는 것이다. 다시 말해, 지배집단의 이해를 정당화하는 지식이 자연스러운 상식이 되고 우리의 지식이 된다는 것이다. 학교의 교육과정은 중립적이거나 과학적이거나 합리적이라기보다 사회의 파당적 이해관계를 반영하고, 부당한 권력관계를 재생산하는 데 기여하게 된다.

Giroux, Pinar 등도 Freire 등의 영향을 받아, 불합리하고 불평등한 사회 를 대변하거나 영속화하는 데 기여하는 교육과정이 아니라, 사회를 구조적 으로 변혁하는 개혁자를 양성하는 교육을 제창하였다. 즉, 소수자의 자유, 민주, 평등, 공정, 복지에 기여하는 교육과정을 기대하는 것이다. 이 점에서 교육과정은 재개념화되고 새로이 정의되어야 한다. 이들은 전통적 교육과

정 개발론자들의 관심인 교육목표, 교육과정, 교육방법, 교육평가의 조율된
개발과 실행보다는 학교와 교사 및 교재의 사회적 기능 등을 통해 교육과정
을 재해석하고 비판적 이해를 통해 새로운 가치를 창조하며, 개인과 사회의
해방을 기획한다.

　교육과정 사상과 학교 실제에 대한 역사적 연구가 다시 관심을 끌면서,
이와 관련된 연구는 1980년대부터 1990년대까지 지속적으로 확대되었다.
역사적인 연구는 특정한 교육자, 학습자들의 삶에서의 사건과 제도를 다루
는 연구로 확대되었다.

chapter 03

교육과정 개발의 개념과 모형

1. 교육과정 개발의 개념

교육과정 개발(Curriculum Development)이란 교육목적과 교육내용의 체계 그리고 이를 효과적으로 전달하기 위한 교육방법, 교육평가, 교육운영 등에 대한 종합적인 계획을 세우는 활동이다. 또는 교육목표의 세 가지 원천인 학문, 사회, 학생의 구성요소를 고려한 교육목표를 세우고 이를 위해 참여집단을 선별하고 조직하여 물적 자원과 인적 자원을 이용하여 교육과정을 운영해 나가며, 이를 최종적으로 평가하는 일련의 과정으로 이해되기도 한다.

교육과정 개발의 전체적인 모습을 살펴보기 위해 이 장에서는 교육과정의 변화단계와 교육과정의 존립수준에 대해 살펴보기로 한다.

1) 교육과정의 변화단계

우리나라 국가수준 교육과정은 다섯 가지 교육과정의 변화단계는 교육과정 정책결정 및 의사결정 단계, 교육과정의 기준 개발단계, 교재 개발단계, 현장에서의 교육과정 운영·관리 단계, 평가 개선 단계를 통해 개정되어 왔다. 다음은 홍후조(2011)가 제시한 교육과정 개발단계의 전체적인 모습이다.

(1) 정책단계

각 존립수준과 구성영역의 교육과정에 대한 각종 정책결정 및 의사결정을 통해 영향을 미치는 단계다. 특히 현행 교육과정에 대한 유지, 개선, 폐지 등을 결정하는 단계이며, 필요한 경우 새로운 교육과정을 추가하거나 신설하는 것에 대한 정책을 결정하는 단계다. 이 단계에서는 각종 교육적 요구 중에서 수용할 것이 무엇인가에 대한 의사결정을 하게 된다. 마찬가지로 교육과정 구성영역에 대해서도 같은 정책결정을 하는 단계다. 이런 정책결정은 이후에 기준의 연구 개발에서 평가 개선에 이르는 후속 변화단계를 이끄는 중요한 결정을 하게 된다. 특히 교육과정의 정책이 되는 대상을 확인하거나 교육과정 결정 권한의 집권과 분권에 대한 결정, 다양한 수준에서 의사결정하기, 교육과정의 변화에 따른 각종 정책수단(교원인사, 법규, 재정조달, 시설과 설비 등)의 동원에 관한 중요한 결정을 포함한다.

(2) 기준 개발단계

각 존립수준과 각 구성영역의 교육과정 기준을 연구 개발하는 단계다. 이 단계에서 교육의 핵심적인 틀과 교육할 내용과 활동의 기준이 정해진다. 현행 기준에 대한 검토, 기준의 수정, 기준 개발 절차의 수립, 기준 개발의 주체, 기준 개발 참여자의 역할 분담과 협조, 기준의 장기 적합성과 단기 적합성, 기준의 전체 적합성과 부분 적합성, 각종 요구 분석과 교육목표 설정, 교육목표 수립의 원천과 원칙, 교육목표와 계획의 적절성, 교육목표의 표현, 다양한 수준의 교육목표 진술 등이 여기에 속한다. 각 지역수준과 기관의 교육과정 틀과 기준의 개발, 학교 전체의 교육 프로그램의 교과영역과 그 교과목 개발, 특정 교과영역의 과목 구성과 각 과목의 내용 범위 및 계열 개발, 한 강좌의 단원별·차시별 내용 개발, 교육과정 틀과 기준의 구성요소 및 진술 방식, 교육과정 총론과 각론의 변화 등이 여기에 속한다.

(3) 교재 개발단계

교육과정 기준을 교재로 구체화하는 단계다. 정책단계와 기준 개발단계의 교육과정은 실제 교실현장에 적용하기에는 어려움이 많다. 교재 개발단계에서 교육과정은 제정된 교육과정에 맞게 현장에서 직접 활용할 수 있는 교재 개발이 함께 이루어지는 단계다. 교과서와 같은 주교재와 이를 돕는 부교재를 생산하기 위한 각종 연구 개발이 이루어진다. 국정·검정·인정 등의 교과서, 교과서와 관련된 교사용 지도서, 각종 보조 교재, 교과서 발행 제도, 교재의 심의 기준, 교과 특성을 반영한 다양한 표현양식의 교재, 교재 내용체제, 교재 외형체제, 교재 공급 등이 이 단계에서 이루어진다.

(4) 운영단계

교육과정은 학교수준, 지역수준, 국가수준에서 운영되고 실천된다. 학교수준에서 개별 교사는 교실에서 교육과정을 운영한다. 또한 학교장은 교육과정의 운영이 원활히 이루어지도록 지원한다. 지역수준과 국가수준의 교육과정에서는 장학의 개념이 강조된다.

장학은 교육과정 운영 관리의 핵심적 표현이다. 교육과정 운영은 단순히 개별 교육과정의 수업과 동일하지 않다. 오히려 기관의 전체 교육 프로그램을 운영 관리한다는 것이 더욱 적절하다. 학교로 보면 시간표대로 적절한 교원, 적절한 시설과 설비, 적절한 자료 등이 조달되어 수업이 원만하게 돌

아가도록 하는 단계의 교육과정이다. 보다 효과적인 교육과정 관리는 수업
의 효과가 극대화되는 쪽으로 귀결된다. 각 존립수준과 구성영역에서 교육
과정 운영과 관리의 대상, 교육과정 운영의 원리와 절차 및 실태, 교육과정
계획과 결과의 격차 확인, 교육과정 운영의 장애와 촉진 요인 확인, 교육과
정 관리의 구체적 실현과정, 방법, 수단 등을 통해 운영됨으로써 교육과정
은 잘 드러난다.

(5) 평가단계

평가로서의 교육과정은 각 존립수준과 구성영역의 교육과정을 평가하고
이를 바탕으로 개선하는 단계에서 드러난다. 교육과정의 목표에 비추어 그
달성 여부를 평가하고 평가결과를 반영하여 그 개선안을 제안하는 단계의
교육과정이다. 각 존립수준의 교육과정과 구성영역의 교육과정에 대한 모
니터링과 평가를 통해 정보를 수집하고 분석하여 그 결과를 피드백한다. 이
단계의 의견은 모두 피드백을 거쳐 새로운 정책결정, 기준의 연구 개발, 교
재의 연구 개발, 운영과 관리에 반영된다. 교육과정 평가의 대상 규명, 교육
과정 평가도구 개발, 교육과정 평가의 주체, 교육과정 평가를 통한 질 관리
방안, 교육과정 평가결과의 피드백 등을 통해 평가로서의 교육과정의 면모
가 드러난다.

또한 공식적 교육과정은 교육의 진행과정에 따라 계획된 교육과정, 실천
된 교육과정, 경험된 교육과정으로 나뉜다. 이것은 교육과정의 변화단계를
축약한 것이다. 초ㆍ중등학교에 국한하면 교육과정은 단기적 목적에 따라
진학준비 교육과정과 직업준비 교육과정으로 나뉘며, 교육과정의 적용 및
부과방식에 따라 공통필수 교육과정과 상이선택 교육과정으로 나뉜다.

2) 교육과정 개발수준

이 교육과정은 교육내용을 결정하는 주체가 누구인가에 따라 '국가수준의 교육과정 기준' '지역수준의 교육과정 편성·운영 지침' '학교수준의 교육과정' 등 세 가지 수준의 교육과정으로 구분해 볼 수 있다. 우리나라의 초·중등학교 교육에서 적용되고 있는 교육과정은 '문서화된 계획'으로서의 의미를 지녀왔다. 우리나라 교육에서 문서화된 계획으로서의 교육과정은 해방 이후 최근까지 7번의 개정과정을 겪어 왔다. 제5차 교육과정까지 우리나라 교육은 중앙집권형의 국가수준의 교육과정 체제를 유지해 왔으나 제6차 교육과정부터 시·도 교육청과 학교의 자율·재량 권한을 확대하면서 지방분권형 교육과정으로 전환하여 교육과정 편성·운영의 역할 분담 체제를 개선하였다.

(1) 국가수준 교육과정

교육과정은 개발·개정 주체에 따라 이론적으로 국가수준 교육과정과 지방수준 교육과정으로 구분할 수 있다. 국가수준 교육과정은 교육과정을 개정하는 전 과정을 중앙 정부가 주도하는 방식을 의미한다. 교육과정 개정의 계획을 중앙 정부가 직접 수립하며, 계획에 따라 교육과정을 실질적으로 개정하고, 개정된 교육과정을 운영하는 데 필요한 세부적인 모든 지침을 작성할 뿐 아니라, 그 결과를 평가하는 일에 있어서도 국가가 직접 관여하고 시행하는 등의 교육과정 개정, 운영, 평가의 전 과정을 중앙 정부가 독점적으로 처리하는 방식을 의미한다.

우리나라의 경우 전통적으로 국가수준 교육과정을 채택해 왔다. 우리나라에서 국가수준 교육과정이란 교육에 대한 국가의 의도를 담은 문서내용으로 교육부장관이 교육법에 의거하여 결정·고시하며, 초·중등학교에서 편성·운영해야 할 교육과정의 목표, 내용, 방법, 평가, 운영 등에 관한 기준 및 기본 지침을 담고 있다. 국가수준 교육과정은 정치적, 사회적, 문화적 통합과 국가의 시대·사회적 요구를 충족시키며, 전문 인력, 막대한 비용, 장시간의 투자로 만들어진다. 일반적으로 국가수준 교육과정의 장점과 단점은 〈표 3-1〉과 같이 정리된다.

국가수준에서 표준화된 교육과정은 학교교육의 질 관리를 용이하게 하며, 지역마다 교육의 연계성을 보장하여 학생들이 진학하거나 학교를 옮겼을 때도 교육과정의 일관성과 연속성을 보장할 수 있다. 중앙집권 체제의 또 다른 장점은 국가와 사회가 새로운 메커니즘을 도입하고자 할 때 총체적으로 대응할 수 있다는 점이다.

반면 국가수준 교육과정은 각 지역이나 학교의 특성을 반영하지 못하며, 너무 구체적이거나 상세하게 규정되면 지역이나 학교의 자율성과 교사의 전문성이 발휘될 수 있는 영역이 축소된다. 개별 교실수업의 세부 절차가 중앙 정부에 의해 결정되면 교사가 전문적인 지식과 경험을 이용하여 의사결정할 수 있는 영역이 사라지게 된다. 이 과정에서 교사는 탈기술화되어 (deskilled) 외부에서 정해진 지식을 단순히 전달하는 역할만을 담당하게 된다.

표 3-1 국가수준 교육과정

장 점	단 점
• 전국적으로 통일된 교육과정 • 교육과정의 연계성을 충족(표준화) • 질 높은 수준의 교육과정 개발 • 대변혁 시기에 총체적 대응을 도움	• 교육과정 운영의 획일화, 경직화 • 권위주의적 교육풍토 가능성 높음 • 즉각적 수정의 어려움 • 교사의 전문성 저해 • 지역, 학교, 학습자의 특수성에 부합되는 다양한 교육과정의 어려움

(2) 지역수준 교육과정

지역수준 교육과정은 교육에 대한 지역의 의도를 담은 문서내용을 말하며, 국가수준의 기준과 학교의 교육과정을 연결하는 교량 역할을 한다. 지역수준 교육과정은 각 시·도와 지역의 특성과 실정, 필요, 요구, 교육기반, 여건 등의 여러 요인을 조사·분석하여 전국 공통의 일반적 기준인 국가수준 교육과정을 조정하고 보완하여 그 결과를 학교 교육과정에 반영하도록 하는 데 목적이 있다.

지역수준 교육과정은 교육과정 개발과 운영이 중앙 정부에 의하여 이루어지는 것이 아니라 지역의 특성과 필요에 맞추어 이루어지는 방식을 의미한다. 이 방식을 전통적으로 택하는 영국과 미국의 경우 우리나라와 같은 세부적인 국가수준 교육과정이 존재하지 않고, 여러 개의 다양한 지역수준 교육과정만이 존재한다. 이러한 지방분권형 교육체제하에서는 지역의 특수성이 고려된 다양한 교육과정이 개발되어 지역 단위의 교육문제 해결의 자율능력을 키울 수 있고, 지역 단위의 교육 인사들의 교육 전문성을 높일 수 있으며, 선택적인 교육과정을 제공할 수 있다는 특징이 있다. 일반적으로 지역수준 교육과정의 장점과 단점은 〈표 3-2〉와 같이 정리된다.

교육과정 개발 운영 권한이 지역수준에 있다는 것은 지역사회가 지역의

표 3-2 지역수준 교육과정

장점	단점
• 지역, 학교의 특수한 상황에 부응하는 교육과정 개발 • 교사들이 교육과정에 대해 주인의식을 가지고 개발, 운영 • 급속한 변화에 대응하여 교육과정 신속, 유연하게 수정, 운영 가능 • 학습자들의 자발적 학습기회 촉진	• 수준 높은 교육과정 개발 어려움 • 학교 간 교육과정 연계 어려움 • (학교중심, 교사중심) 교육개혁 전파의 어려움

특수성을 반영하여 독자적인 교육과정을 개발하여 운영하며 이 과정에서 교육문제 해결능력과 전문성이 신장된다는 장점이 있으나, 중앙 정부수준의 물적 자원과 인적 자원을 기대할 수 없기 때문에 이에 따른 수준 높은 교육과정 개발이 어렵다는 단점이 있다. 즉, 시간, 인력, 비용 등의 부족으로 질이 낮아지고, 지역 간의 교육격차가 심화될 수 있다는 위험도 가지고 있다.

(3) 학교수준 교육과정

학교수준 교육과정은 학교의 실태를 반영하며 학부모와 학생들의 특성과 요구를 고려하여 교육에 대한 학교의 의도를 담은 문서내용을 의미한다. 우리나라 제6차와 제7차 교육과정에서 강조하는 학교수준 교육과정은 국가가 결정한 교육목적을 실현하기 위하여 국가수준, 지역수준 그리고 학교수준의 교육과정과 관련하여 [그림 3-1]과 같은 역할 분담체제를 제시한다. 국가수준에서 고시한 교육과정의 공통적, 일반적 '기준'을 가장 상위 수준으로 볼 때, 이 국가 기준에 의거하여 각 지역별로 그 지역의 특성, 역사, 전통, 자연, 산업, 사회, 문화 등과 주민·학부모의 요구, 의견 등을 충분히 고려한 각급 학교의 교육과정 편성·운영 '지침'을 중간 수준으로 볼 수 있다. 그리고 국가 기준과 교육과정 편성·운영 지침에 근거를 두고 각 학교의 실정, 학습자의 실태, 학교 환경, 교원의 실태 등을 감안하여 작성한 교육과정으로 나누어 세 가지 수준의 교육과정으로 그 위상을 정립하는 것이 필요하다고 하겠다. 우리나라가 전통적으로 유지하던 국가수준 교육과정을 학교수준 교육과정 체제로 전환하기 위해서는 교육부, 시·도 교육청, 학교, 교사가 각각 담당하고 있는 역할, 기능의 수준과 위상에서 질 높은 교육의 실현을 위하여 역할을 분담하고, 이에 대한 책무성을 가지도록 하면서 단계적으로 교육과정을 변화시켜 나가야 할 것으로 보인다.

[그림 3-1]에서 보이듯이, 국가, 시·도 및 지역 교육청, 개별 학교가 교육과정 편성·운영에 관한 역할을 분담하여 교육의 과정과 결과의 질적 수준

- 교육부: 국가수준 교육과정 기준 고시
- 시·도 교육청: 지역수준 교육과정 편성·운영 지침 작성 제시
- 지역 교육청: 교육과정 편성·운영 장학자료 작성 제시(신설)
- 학교: 교육과정 편성·운영

↓

- 자율과 창의에 바탕을 둔 다양한 운영
- 자기주도적 능력을 촉진하는 창의적인 교육
- 교수–학습 개선을 위한 다양한 교육의 실천
- 교육의 질 관리를 위한 교육과정 평가 체제 확립

↓

교육과정 중심의 교육

[그림 3-1] 교육과정 편성·운영의 역할 분담체제

을 유지·관리하고, 국가수준의 공통성과 지역, 학교, 교사 수준의 다양성을 동시에 추구하고자 하였다. 즉, 현재 우리나라 교육과정은 국가수준 교육과정을 근간으로 지역수준 교육과정을 보완하는 절충형으로, 기본적으로 국가수준 교육과정 체제를 유지하는 가운데 교육과정의 특정 부분을 중앙 정부에서 관장하고, 다른 부분은 지방 정부에서 담당하는 체제를 유지하고 있다. 교육부가 법률에 의거하여 결정, 고시하는 국가수준 교육과정 '기준' 과 시·도 교육청에서 지역의 특수성과 교육 중점을 반영한 지역수준의 개별 학교 교육과정 편성·운영 '지침' 그리고 개별 학교의 실정과 학생의 실태에 알맞게 조정한 각 학교수준 교육과정 중심 교육과정을 모두 포함하여 교육과정의 의미를 제시하고, 그 기능과 역할을 부여하고 있다.

2. 교육과정 개발을 위한 접근 방식

교육과정 개발을 위한 접근방식으로 이분법적으로 기술·과학적 접근과 비기술적·비과학적 접근으로 나누어 볼 수 있다. 먼저 기술·과학적 접근 방식의 대표적인 예는 20세기 중반에 등장한 Tyler의 모형으로 목표의 설정, 교육경험의 선정, 경험의 조직, 학습경험의 평가의 네 가지 단계로 이루어진 접근방법이다. 이 모형은 이후 기술적·과학적 접근방식의 근본적인 패러다임으로 작용하였다. 반면 교육과정 개발을 위한 비기술적·비과학적 접근은 주관적인 것, 개인적인 것, 심미적인 것, 발견적인 것, 거래적인 것을 강조한다. 학습과정에서 학습자를 강조하며 교육과정 개발이 그 개발과정 속에 있는 사람이나 교육과정을 경험하는 사람과 분리될 수 없다고 하였으며, 포스트모던적이라고 자처하고 교육과정 개발의 핵심이 내용 및 교과 자체가 아니라 개인의 요구와 상황에 있다고 보는 견해다.

1) 기술적·과학적 접근

(1) Bobbitt의 과학적 방법

교육과정 개발모형은 이와 같은 질문을 통해 교육과정을 보다 논리적이고 체계적으로 접근할 수 있도록 한다. 교육과정의 학문적 출발은 Bobbitt에서부터 시작되었기 때문에 교육과정 개발모형이 발달해 온 과정역시 Bobbitt을 시작점으로 살펴볼 필요가 있다. 1918년 『교육과정(Curriculum)』을 저술할 당시 그는 시카고 대학 교수이면서 미국 전역 학교구의 교육과정 자문위원으로 교육과정 이론과 실제의 모든 적용 영역에서 영향을 끼쳤다.

교육과정 영역에서 Bobbitt이 가장 중요시한 원리는 Tyler의 과학적 관리의 원칙(Principles of Scientific Management)이었다. 과학적 관리 이론은 당시

미국 내의 시대적, 사회적 상황의 필연적인 요청에 의한 것이었다. Bobbitt
은 작업의 과학화를 통해 생산성 향상을 이루는 데 적용되어 온 과학적 관
리의 원칙을 교육과정 영역에 적용하였다. Bobbitt은 1912년에 '교육에서
의 낭비의 추방'이라는 논문에서 교육과정은 산업현장과 마찬가지로 효율
성을 높이고 낭비를 제거하는 원리 안에서 진행되어야 한다고 주장하였다.
과학적 관리는 미국의 제조업이 다른 나라를 추월하는 상황을 설명해 주는
원리로 이해되었기 때문에 교육과정에도 적용되어야 한다는 주장이 강해지
게 되었다. 즉, 교육과정을 과학적으로 관리한다면 미국의 학교교육은 세계
수준으로 향상될 것이라는 전망이 우세하였다. Bobbitt은 이러한 시대적 분
위기를 민감하게 포착하여 효율성을 강조하는 과학적 관리론의 관점을 그
대로 교육과정에 적용하여 '교육과정의 과학적 운동'에 반영하였다. 그는
과거의 교육학자들이 철학과 심리학에만 의존하여 교육과정을 연구하였던
것을 시대에 뒤떨어진 것으로 비판하였다. 그의 책 『교육과정』은 당시 새로
운 과학에 발맞추지 못하는 교육상황에 대한 해결책이었다. 그는 책을 통해
교육과정 운영에서 과학적 원리가 최대한 적용되기 위해서는 다음과 같은
과학적 원칙이 지켜져야 한다고 주장하였다.

- 가능한 한 모든 시간에 모든 교육시설을 사용한다.
- 교직원의 작업능률을 최대로 유지하며 교직원 수를 최소로 감축시킨다.
- 교육에서 낭비를 최대한 제거한다.
- 교직원에게 학교행정을 맡기기보다는 학생들을 가르치는 데 교원을 활
  용한다.

Bobbitt은 앞의 원칙에 맞추어 학교는 학생을 이상적인 어른으로 배출해
낼 때 효율적인 학교라고 할 수 있다고 주장하였다. 학교는 이상적인 어른
을 제대로 배출하기 위해 교육과정의 모든 절차를 체계적으로 구성하여야

하고 교육과정 내용 역시 효율적으로 조직할 필요가 있다. 이를 위해 그는 다음과 같은 절차를 제안하였다.

- 모든 성인생활을 검토하고, 이를 열 가지 영역으로 구분한다.
- 직무 분석을 실시해야 하는데, 앞 단계에서 구분한 각 영역에서 구체적으로 어떤 일을 수행해야 하는지를 분석한다.
- 직무 분석을 통해 얻은 자료로부터 교육목표를 추출하는데, 여기에서는 특정 활동을 수행하는 데 필요한 능력을 진술한 것으로부터 교육목표를 도출하게 된다.
- 추출된 교육목표로부터 적절한 교육목표를 선택해야 하는데, 여기에서는 교육목표의 목록으로부터 아동의 활동을 계획하는 데 유용한 교육목표를 선택해야 한다.
- 세부 계획을 수립하는데, 여기에서는 교육목표를 성취하는 데 필요한 구체적인 활동이나 경험 및 기회의 유형을 결정해야 한다.

(2) Tyler의 목표모형

Tyler(1949)는 『교육과정과 수업의 기본 원리(Basic Principles of Curriculum and Instruction)』라는 저서에서 교육과정 개발의 4대 구성요소로서 교육목표 설정, 교육경험 선정, 교육경험 조직 그리고 교육평가를 제안하였다. 그는 교육과정과 수업을 하나의 과정으로 보아 이를 계획하는 사람은 누구나 교육과정 개발의 4대 구성요소에 해당하는 다음 네 가지 질문을 탐구하여야 한다고 주장한다.

- 학교에서 달성하고자 하는 **교육목표**는 무엇인가?
- 수립된 교육목표를 달성하는 데 유용한 **교육경험**은 어떻게 선정하는가?
- 효과적인 수업을 위해 선정된 교육경험은 어떻게 **조직**할 수 있는가?

• 학습경험의 효과성은 어떻게 평가할 수 있는가?

이와 같은 일련의 과정이 제대로 이루어질 때 적절한 교육내용을 선정·조직할 수 있고, 수업활동을 원활히 펼칠 수 있을 뿐만 아니라, 평가의 근거와 기준을 토대로 학습 성과를 명확히 알 수 있게 된다. Tyler는 교육과정 개발단계 중 첫 번째 단계인 교육목표를 명확히 설정하는 작업을 가장 중요시여겼다. 그는 교육목표를 개발할 때 학습자에 대한 체계적인 연구, 학교 밖의 사회생활에 관한 연구, 교과의 분석 등을 통해 잠정적인 교육목표를 도출하고, 교육과정 개발자는 학교의 교육적·사회적 철학과 학습심리학에 근거하여 최종적으로 의미 있고 타당한 교육목표를 정해야 한다고 주장하였다.

(3) Tyler의 교육과정 개발모형에 대한 평가

20세기 후반기 교육과정 개발에 가장 지속적이고 심각한 영향을 끼친 Tyler 모형은 실증주의, 경험주의, 성과주의, 기술공학적 절차를 강조한 시대정신에 힘입어, 교육과정의 계획과 개발에 대한 합리적-선형적 접근의 유행을 통해 더욱 강화되었다. 지배적 교육과정 모형으로서 Tyler 모형의 장점을 열거하면 다음과 같다.

• 어떤 교과, 어떤 수업 수준에서도 활용, 적용할 수 있는 폭넓은 유용성이 있다.
• 논리적이고 합리적인 일련의 절차를 제시하고 있어 교육과정 개발자나 수업 계획자가 이를 따라 하기가 비교적 쉽다.
• 학생의 행동과 학습경험을 강조함으로써 평가영역에 매우 광범위한 범위를 제공해 주고 있다.
• 교육과정과 수업을 구분하지 않고 통합적으로 목표-경험 선정-경험 조

직-평가를 포괄하는 광범한 종합성을 띠고 있다.
- 경험적, 실증적으로 교육성과를 연구하는 경향을 촉발하였다.

반면 Kliebard, Walker 등이 제시한 Tyler 모형의 단점을 열거하면 다음과 같다.

- 목표의 원천은 제시하고 있으나 무엇이 교육목표이고, 그것은 왜 다른 목표를 제치고 선정되어야 하는지를 밝혀 주지 못한다.
- 목표를 미리 분명히 설정한다는 것은 수업 진행과정 중에 새롭게 생겨나는 부수적, 확산적 목표의 중요성을 간과한 것이다.
- 목표를 내용보다 우위에 두고, 내용을 목표달성을 위한 수단으로 전락시킨 면이 있다.
- 교육과정 개발 절차를 지나치게 절차적, 체계적, 합리적, 규범적으로 처방하였다.

Tyler의 모형은 목표중심 모형, 종합 모형, 합리적 교육과정 모형 등으로 불리며 교육과정 개발자들이 어떤 순서로 어떻게 해결할 것인가에 대한 절차를 제시하였으나, 지나치게 직선적이고 원인-결과의 사고방식에 의존한다는 비판을 받았다.

(4) Taba의 교육과정 개발모형: 귀납적 개발모형

Taba는 일찍이 Tyler와 함께 8년 연구를 통해 교육과정에 대한 이론적 · 실제적 연구 개발을 익혔으며, 당시의 공교육에 대한 비판적 진단을 기반으로 1962년『교육과정 개발: 이론과 실제(Curriculum Development: Theory and Practice)』를 저술하였다. 당시는 제2차 세계대전 후 공교육의 양적 성장에 따라 학교교육이 시스템화되는 데 비해 교육과정 개발에 관한 이론 정립은 여전히 미성숙한 상태로 파악되었다. 이 책에서 Taba는 먼저 학교의 사회적 기능을 탐색하고, 사회와 문화, 학습자의 발달과 지능, 학습의 성격, 지식의 성격 탐색을 기초로 하는 교육과정 개발과정을 제시한다. 교육과정 개발 또는 계획은 교육목표 설정, 교육과정 경험의 선정, 교육과정 내용의 조직, 교육과정 결과에 대한 평가결과의 고려, 교수학습 단원 개발의 순서를 밟는다. 교육과정 구체적인 설계의 종류로는 교과 교육과정, 광역 교육과정, 사회기능 교육과정, 경험 혹은 활동 교육과정, 중핵교육과정으로 나눈다. 끝으로 교육과정의 변화 전략과 참여집단의 기능과 관계를 다룬다.

Taba(1962)는 Tyler의 4단계 개발모형으로 교육목표 설정, 교육경험 선정, 교육경험 조직, 교육평가를 더 세분화하여 보다 현실적이며, 이론과 실제를 연계시킬 수 있는 7단계의 교육과정 개발모형을 제안하였다. Tyler가 교사의 측면을 강조했다면, Taba는 학습자의 측면을 강조했다고 할 수 있다.

Taba의 교육과정 개발모형은 역시 Tyler의 모형과 마찬가지로 개발자들이 따라야 할 절차를 제시하였다는 점에서 '처방적 모형'이지만, 단원 개발에서 출발하여 교과구성으로 진행된다는 점에서 '귀납적 모형'의 특징을 지니고 있다고 할 수 있다. '귀납적'이란 각 단원을 모아서 하나의 목표를 설정함을 의미한다.

표 3-3 Taba와 Tyler의 교육과정 개발모형의 비교

Taba의 교육과정 개발모형	Tyler의 교육과정 개발모형
• 1단계: 요구진단 • 2단계: 목표설정	• 교육목표 설정
• 3단계: 내용 선정 • 4단계: 내용 조직 • 5단계: 학습경험 선정 • 6단계: 학습활동 조직	• 교육경험 선정 • 교육경험 조직
• 7단계: 측정도구 및 준거 결정 및 평가	• 교육평가

Taba는 교사에 의한 교육과정 개발을 주장하였고, 교사가 교육과정의 구체적인 측면에 관한 실험을 행하고, 그 실험을 기반으로 하여 틀이 개발되면 새로운 역동성을 갖게 될 것이라고 보며, 교사에 의한 교육과정 개발을 강조하고 있다. Taba는 교육과정 개발은 외부 전문가에 의해 만들어져 실행하거나 위에서 아래로 하향식으로 적용되기보다 교원들에 의해 만들어지는 현장지향적인 것이 되어야 한다고 여겼다. 교육과정은 실제로 수업을 담당하는 교원들에 의해 구체적으로 개발되어야 한다고 보았다. 즉, 교육과정 개발과 교육과정의 실천을 하나의 과정으로 이해하였다. 교육과정은 이를 실제로 사용할 교사들에 의해 개발되는 것이 적절하다는 것이다. 교육과정 개발과 운영의 주체를 동일하게 함으로써 양자의 분리에서 오는 이론과 실천, 이상과 현실 사이의 괴리를 극복하려 하였다.

2) 비기술적 · 비과학적 접근

(1) Schwab: 공학적인 언어에서 실제적인 언어로의 변환

Schwab은 사회과학자들이 당시에 시대정신으로 유행하던 자연과학의 이론과 방법을 모방하는 것을 반대하였다. Schwab은 사물과 자연세계의 질서와 경험을 체계화하는 과학기술의 세계와 구체적인 인간과 인간이 개인적 혹은 집단적으로 만나는 인간세계를 탐구하는 사회과학의 세계는 다른 것이라고 보았다. 더구나 자연과학의 이론적 세계와 사회과학의 실제의 세계는 다른 세계이며, 전자가 일반적이고 보편적인 법칙을 창출하는 것이라면 후자는 독특하고 실천이 어떠해야 한다는 지침을 주는 것이기 때문에 다른 것으로 보아야 한다.

Schwab(1971)은 교육과정 전문가들이 이론적 문제에만 몰두하는 것에 대하여 비판하면서, 교육과정은 특정 상황에서 일어나는 실제적인 문제중심으로 개발되어야 한다고 역설하였다. 그는 교육과정을 전체적인 교실 문화로 보고, 그 교육과정이 활용될 특수한 상황에 초점을 맞추어 개발되어야 한다고 보았다. 이 경우 전체적인 교실 문화에서 발생하는 것, 학생에게 영향을 줄 수 있는 교육과정의 공통적인 구성요소들 간의 상호작용을 고려해야 한다는 것이다.

Schwab에 따르면 교육과정은 보다 현실의 구체적인 장면에서 연구와 개발이 이루어져야 하며, 구체적인 교실 장면을 구성하는 학습자, 교사, 교재, 환경을 중심으로 탐구되어야 한다는 것을 알 수 있다. Schwab은 이 네 가지 구성요소를 교육과정의 필수 구성요소로 보고 교육과정은 이들 요소들 간의 끊임없는 상호작용의 결과라고 주장하였다.

(2) Walker: 숙의모형

Schwab의 아이디어를 따라 교육과정을 실제적 장면에서 연구한 Walker (1971)는 여러 교육과정 개발 프로젝트에 참여하면서 교육과정 개발이 정말로 Tyler가 처방한 대로 혹은 묘사한 대로 이루어지고 있는가를 조사하였다. 교육과정 개발 위원회에 속한 사람들은 교육과정의 기본 원천인 교과, 학습자, 사회에 대한 탐구를 철저히 하는 것도 아니고, 목표를 먼저 세우고 시작하는 Tyler식으로 일을 진행하지 않는다는 것이다. Walker는 자신이 발견한 것을 교육과정 계획의 과정을 설명하는 틀로 개발하고 이를 자연주의 모형(Naturalistic Model)이라고 이름 지었다. 그가 자연스럽다고 이름을 붙이게 된 것은 실제 상황에서 교육과정 계획이 어떻게 일어나는가를 기술한 것과 교육과정 계획에 대해 Tyler식으로 규범적으로 처방한 것을 대조해서 묘사하고 싶었기 때문이다.

1단계: 출발점

Walker가 출발점(platform)이라는 용어를 사용한 이유는 그것이 앞으로의 토론에서 기준 또는 기초 혹은 합의의 발판이 되기 때문이다. Walker에 의

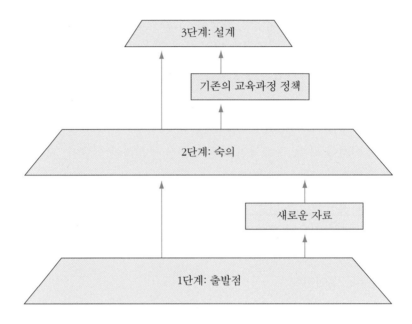

[그림 3-2] Walker의 자연주의 모형

하면 각 교육과정 개발 참여자들이 가진 교육적 강령 혹은 토대는 이미 가지고 있는 다양한 개념, 이론 그리고 상대적으로 잘 설정되고 심사숙고된 목적으로 구성된다. 교육과정 개발자는 교육과정에 대한 타당한 결정을 내리기 위하여 새로운 자료(data)를 탐색하게 되며, 이러한 바탕 위에서 숙의의 단계로 들어선다.

2단계: 숙의

참여자들이 출발점에서 합의가 이루어지든 이루어지지 않든, 교육과정 개발은 다음 단계인 숙의(deliberation)로 넘어간다. 출발점과 숙의단계에는 명확한 구분이 없다. 숙의단계에서 개발자들은 공통적인 그림을 찾기 위하여 주어진 교육과정 문제를 가장 설득력 있고 타당한 방법으로 논의하고, 가장 유망한 실천 대안을 검토하며, 대안과 관련된 지식과 정보를 검토하면서 공통된 그림을 찾기 위해 상호작용한다. 숙의단계와 더불어 교육과정 개발자들이 이미 알고 있는 기존의 교육과정 정책(policy)이 설계과정에 영향을 미친다.

3단계: 설계

교육과정 설계(design)단계는 교육 프로그램의 상세한 계획을 수립하는 단계라고 할 수 있다. 이 단계는 명시적 설계와 함축적 설계로 구성되며, 구체적인 교과, 수업, 교수자료, 믿을 만한 집단활동 등을 포함하는 교육과정을 창조하게 된다. 출발점과 숙의단계를 거친 최종 단계이지만, 개발자의 신념체계와 가치체계가 여전히 영향을 미친다.

Walker는 교육과정의 설계를 특수한 상황에 맞추어야 할 필요성을 강조한다. 그러므로 교육과정 개발자는 교육목표 설정, 교육경험 선정, 교육경험 조직, 교육평가에 걸친 Tyler의 모형에서 벗어나는 것이 중요하다. 참여자들이 다른 입장에 반응하고 숙의하기 위해 대화에 상당한 시간을 보내야 할 필요성을 강조한다. 그러나 그의 모형은 교육과정 계획에만 초점이 맞추어져 있다. 교육과정 설계가 완성된 뒤에 무슨 일이 어떻게 일어나야 할지에 대한 언급이 부족하다. 계획에 초점을 맞추다 보니 현실상황과는 거리가 먼 경우가 있다.

Walker의 교육과정 개발모형은 교육과정 전문가들이 참여하여 개발을 위한 자금과 시간이 풍부한 대규모의 교육과정 개발 프로젝트를 참여·관찰하고 평가한 결과를 통하여 형성되었다. 그러므로 국가와 지역수준의 교육과정 개발과 달리 전문가, 자금, 인력이 부족한 학교에서는 적용되지 않는다는 지적을 받고 있다(Marsh & Willis, 2006). 이들 학교는 전문가, 자금, 인력이 넉넉하지 않아 격렬한 이해관계의 충동이나 상당한 시간을 요하는 충분한 숙의를 지속할 수 없기 때문이다.

(3) Eisner: 교육과정 개발의 예술적 접근

Eisner는 1960년대 이후 폭넓은 저술활동을 펼친 학자로서, 그의 주된 관심은 예술교육과 교육과정이었다. 그는 1960년대 행동적 교육목표와 전통적 학문교과를 지나치게 강조했던 당시의 합리적-과학적 입장과는 대비되는 입장을 고수하였다. Eisner는 질적인 연구양식을 개발할 필요성을 지적하였고, 1970년대 중반에 예술교육과 교육과정에 대한 자신의 관심을 질적인 형태로 조합시켰다. Eisner의 교육과정 개발모형은 인본주의, 심미주의 및 예술적 방식의 조합이라고 할 수 있다. 이러한 접근방법의 개요는 다음과 같다.

표 3-4 Eisner의 예술 교육과정 개발의 과정

교육과정 단계	특징
목표설정	- 명시적 목표만이 아닌 정의가 어려운 목표도 고려 - 행동목표 비판: 수업 후의 모든 활동을 행동목표의 형태로 구체화하는 것은 불가능, 과목의 특성에 따라 행동목표 진술이 불가능한 경우도 있음, 행동목표를 평가를 위한 측정의 기준으로 사용하는 것도 어려움 - 교육목표의 세분화와 교육과정 개발 전 목표설정도 한계가 있음 - 오히려 교육내용과 교육활동을 선정한 후에 결과를 확인하는 방식으로 수업이 진행됨 - 문제해결 목표제시: 수업 시 문제해결을 위한 형태로 수업목표를 진술, 문제해결법은 다양하기 때문에 사전 목표로 설정이 어려움 - 표현적 결과 중시: 목표를 설정하지 않은 교육적 행동이 유익한 결과를 유발, 어떤 목표는 교육활동이 전개된 이후 설정하는 것이 타당
교육과정의 내용 선정	- 영 교육과정에 대한 고려가 중요시 Eisner는 전통적, 학문적 교과만을 교육과정 내용으로 구성하는 교육과정 계획자들에 대해 비판을 가하면서 대중문화와 같은 아주 중요하면서도 학교 교육과정에서 전통적으로 배제되어 왔던 내용도 신중하게 고려해야 한다고 주장하였다.

학습기회의 유형	– 교육적 상상력의 중요성 강조 '교육적 상상력'이란 예술성(artistry)에 대한 은유적 용어로서, 교사들이 실제 학생들에게 의미 있고 만족스럽게 다양한 학습기회를 제공할 수 있도록 교육목표와 교육내용을 학생에게 의미 있는 것으로 변형하는 능력을 의미한다.
학습기회의 조직	– 다양한 학습결과를 유도하는 비선형적 접근법 – 학습경험과 학습결과의 폭을 넓히는 학습자료와 학습활동 제공 – 통제보다 참여
내용영역의 조직	– 다양한 교과를 통합하는 내용 조직의 강조 cross-curricula
제시양식과 반응양식	– 교육기회를 넓히기 위한 다양한 의사소통방식의 활용 – 시적 표현, 은유적 표현의 중요성
평가	– 다양한 평가 절차의 적용: Eisner는 합리적 모형의 평가는 완성품을 평가하는 객관적 · 획일적 평가로 보고 교육과정 개발과정의 다양한 단계에서 종합적인 평가 절차를 사용할 것을 강조하였다. 기존의 평가는 질적 판단을 최소화하고 관찰 가능한 평가 위주-선대형 시험 위주이며, 특히 실제적으로 필요한 문제해결 능력을 갖추었는지 파악하지 못하고 있다고 강조하고 참평가(authentic assessment)를 제안하였다.

교육과정 계획에 대한 Eisner의 예술 교육과정 개발모형은 Tyler의 합리적 교육과정 개발모형과 Walker의 자연주의 모형과 몇 가지 측면에서 대조된다.

첫째, 기존의 합리적 모형은 목표설정과 목표달성으로 끝나는 폐쇄형(closed-end)인 반면, Eisner의 모형은 교육과정 계획과 개발과정은 무제한적(openend)으로 계속되는 과정으로 묘사된다. 즉, 교육적 수단은 단순히 목표를 달성하기 위한 것이 아닌 목적을 갖는 과정으로 교육과정은 내재적 가치를 지닌다.

둘째, Walker는 오직 계획된 교육과정을 만드는 문제상황에서 숙의과정을 설명하고 있는 반면, Eisner는 숙의과정이 기존의 숙의와 달리 교육의 내재적 가치를 높이는 방법을 숙의할 것을 강조하였다.

셋째, Eisner는 사회적 실재는 끊임없이 재구성되는 것으로 교육과정도 이처럼 그 자체로 존재하는 것이 아니라 계속해서 재구성과정을 거쳐야 함을 강조하였다.

(4) 구성주의 모형

사람이 무엇을 알게 되는 과정, 다시 말해 지식을 획득하는 과정에 대해서는 크게 두 가지 대립되는 견해가 있다. 우선 그 하나는 그것을 갖고자 하는 인간이 있든 없든 간에 객관적으로 존재하며 따라서 지식을 획득하는 과정은 물체 덩어리를 가지듯 객관적 지식체를 갖는 일이라는 견해다. 우리는 이러한 견해를 '객관주의 지식관'이라고 부른다.

이에 비하여 객관주의 지식관을 거부하는 학자들은 덩어리 물체와 같은 객관적인 지식체는 있을 수가 없으며, 지식은 알고자 하는 사람이 만들어 가는 것이라고 주장한다. 지식을 획득하는 과정은 지식을 갖고자 하는 사람이 능동적으로 그것을 만들어 구성하는 과정이라는 것으로, 이러한 관점을 '구성주의적 지식관'이라 부른다. 구성주의(constructivism)의 특징은 다음과 같다.

첫째, 인식은 피동적인 지각활동이 아니다.
둘째, 지식은 인식 주체에 의하여 능동적으로 구성된다.
셋째, 구성으로서 인식은 느낌이나 의미 부여를 넘어서는 실재와 관련된 것이다.

구성적 인식이 궁극적으로 개인적 활동이기는 하지만, 동시에 구성은 사회적 활동이기도 한다. 우선 구성활동은 타인으로부터 영향을 받기도 하고 주기도 하는 사회적 공간 아래에서 이루어진다. 구성은 가상의 관념세계가 아닌 실재하는 사회적 공간, 사회적 맥락 속에서 이루어지는 것이다. 더욱이 구성으로서의 인식은 사회적 합의물인 언어체계 속에서 언어를 가지고 이루어지는 바, 구성적 인식활동에는 사회문화적 속성이 반영될 수밖에 없다.

구성활동이 사회적 맥락의 영향을 받는다고 하더라도 구성적 인식은 어디까지나 개인적 활동이다. 구성은 개인이 가진 정신(mind)이 개별적으로 이루어 내는 개별적 활동인 것이다.

이 같이 개인적 차원과 사회적 차원 모두를 가지고 있는 구성으로서 인식 활동에서 개인적 차원을 부각하여 강조하는 입장을 우리는 인지적 구성주의라고 하고 교육학 영역의 대표적 사상가로서 Piaget를 들며, 사회적 차원을 부각하여 강조하는 입장을 사회적 구성주의라 하여 그 대표적 사상가로서 Vygotsky를 든다.

구성주의 입장에서의 교육과정 또한 학생이 답습해야 할 주어진 주행코스이거나, 수용하여 머릿속에 집어넣어야 할 지식의 덩어리가 아니다. 이것은 객관주의 입장이다. 구성주의에서 교육과정은 학습자가 교사의 도움을 받아 엮어 가야 할 아이디어 네트워크다. 학습자가 능동적으로 구성하여 가는 인식의 네트워크가 곧 교육과정이 되는 것이다. 따라서 구성주의 관점에서의 교육과정은 고정된 것이 아니다.

구성주의 교육에 있어서 평가는 수업결과에 대한 단순한 수치의 변화보다는 교수-학습 과정에 있어서 학습자 내의 변화에 초점을 맞춘다. 구성주의적 평가는 수업과정의 마지막에 이루어지는 수업결과에 대한 활동이 아니라, 수업의 전 과정에서 지속적으로 이루어지는 학습 수행과정에 대한 평가활동이다.

구성주의 이론은 지식이 환경에서 수동적으로 습득된다는 행동주의 심리학의 전제를 거부하고, 학습은 학습자 외부에 이미 존재해 있는 세계를 발견하는 것이 아니라 학습자의 경험적 세계를 조직하는 적응과정이라고 가정한다. 구성주의 교육환경에서는 학생들이 활동을 통하여 아이디어를 구성할 수 있도록 조작물이 준비되어야 한다. 하지만 중요한 것은 조작물 자체가 아니라 신체적, 정신적 활동을 통하여 학생의 사고를 촉진하는 것이다. 교사는 다양한 해결방식이 있는 문제를 제시하여 학생들 스스로 개념이 새롭게 구성되는 방식을 알 수 있는 기회를 갖도록 해야 한다.

전통주의자들은 지식을 외부에서 오는 것으로 인식하는 반면, 구성주의자들은 지식이 학습자의 사회적, 물리적 환경과의 상호작용을 통해 창조된다고 본다. 따라서 구성주의적 접근법을 교사들은 전통적 교육과정 개발자와는 달리 교육과정을 학급 내에서 전개, 실천하는 것으로 본다.

chapter 04

교육목적의 설정과 진술

1. 교육이념, 목적, 목표

교육과정은 일반적 혹은 구체적 의도에 입각하여 다양하게 설계된다. 교육은 특별한 의도에 입각하여 이루어지는 활동으로 정의된다. 교육은 학생들이 특정 이해, 기술, 태도를 습득하도록 하고 특정한 방식으로 현재와 미래에 적응할 수 있도록 하며, 더 나아가 세상 속에서 상호작용의 방식을 직접 고안할 수 있도록 특정한 의도에 입각하여 이루어지는 활동이다. 교육은 의도적 활동이기 때문에, 교육은 목적을 가진 활동이다. 그러나 목적이 무엇을 의미하는가를 정확하게 정의하는 것은 쉽지 않다. 교육학자들이 어떻게 교육목적을 다루는가는 그들의 철학과 정치적 관점에 달려 있다. 교육목적에 대한 그들의 정치철학적 관점이 다양하기 때문에 이에 따라 교육과정을 개념화하고 의도화하고 전달하는 수많은 관점이 더불어 존재하게 된다.

교육의 의도는 몇 가지 다른 수준에서 표현된다. 가장 근원적이고 궁극적인 수준은 교육이념이다. 그리고 교육 목적과 목표는 다음 단계에서 교육의 출발점을 제공한다. 일반적인 수준은 목적(aim) 진술에 대한 수준이고, 구체적인 진술은 명세적 목표(objective)와 기준에 대한 것이다. 의도에 대한 자세한 진술이 교육자의 철학과 정치적 관점에 의해 영향을 받지만, 이러한 모든 진술은 교육 프로그램을 발전, 실행, 평가하는 지침을 제공한다.

　가장 포괄적인 의미인 교육이념은 국가가 나아가고자 하는 교육의 가치를 의미하며 교육목적을 설정하기 위한 가치적 · 철학적 · 이론적 기반이 된다. 즉, 교육의 본질과 기본 목표에 관한 이상과 당위성, 교육과 국가 사회와의 관련성에 관한 기본적인 개념, 그로부터 나오는 교육 운영의 기본 원리 등을 포함하는 광범한 개념으로 이해할 수 있다. 따라서 교육이념은 교육활동의 목표에 대한 기본 지침과 방향을 제시하는 기본 원리라고 할 수 있다.

　교육의 목적은 교육이념보다 하위개념으로 국가와 사회가 지닌 교육적 의도를 알려 주고 교육활동의 일반적인 방향을 일반적이고 포괄적으로 진술한다. 교육목표는 교육과정에서 실제로 무엇을 다루어야 할 것인가라는 질문을 실질적으로 수행한다. 따라서 어떤 것에 우선순위를 두어야 하고, 어떤 내용을 선정하고, 어떤 학습경험을 강조해야 하는지, 구체적인 행동지침을 주는 것에 대한 방안을 제시한다. 즉, 목적은 '가고자 하는 곳'이며, 목표는 '어떻게 갈 것인가?'에 대한 해답을 제시한다고 할 수 있다.

　교육이념은 가치적, 이론적이고 교육목적은 매개적이라고 할 수 있다. 그리고 교육목표는 교육목적을 달성하기 위해 존재하므로 현실적이고 기술적이라고 할 수 있다. 교육이념, 교육목적 그리고 교육목표는 위계적 관계를 가지며 하위단계로 갈수록 구체적으로 진술된다. 즉, 교육의 목적은 교육의 일반적 목표를 도출하는 근거가 되고, 교육의 일반적 목표는 교육의 구체적 목표를 찾아내는 바탕이 된다. 우리나라와 같이 국가수준의 교육과정으로 학교급별 교육목표와 교과별 교육목표를 명시하고 있는 경우에는 각 교육청이나 단위학교가 이들 교육목표를 토대로 기관별 교육목표를 결정한다.

　교육목표를 만드는 것은 교육자들이 교육목적을 분명히 하기 위하여 학교와 기관의 철학을 고려하는 끊임없는 활동이다. 사회, 학생, 특정 지역사회의 요구가 일반적으로 교육과정 목표의 초기 진술로서 제기된다. 지역 학교구에서는 현재 학생의 학습과 행동 수준을 파악하여 교육받은 사람이 행해야 하는 수준과 일치시킨다. 사람들은 그들의 철학과 학교의 목적을 분석하여, 교육적 활동의 성과로 기대되는 결과의 일반적 진술에 이른다. 그다음 학생의 학습 및 행동과 그들이 만든 목표를 일치시킨다. 목표는 때때로 중요성과 가능성 혹은 둘 다의 측면에서 순위를 매긴다. 교사, 지역사회 구성원, 학생 등 목표 구성에 관련된 사람들은 이러한 목표가 그들이 원하는 것인지 혹은 프로그램이 추구하는 결과인지를 결정할 것을 요구받는다. 만약 그들이 인정한다면, 이러한 목표는 교육과정을 개발하고 수행하는 사람들에게 받아들여진다.

2. 교육목적의 이해

목적은 미래의 성취나 행위를 위하여 구체적으로 계획된 활동의 형태와 방향을 제공한다. 따라서 교육과정의 방향이 의미하는 것을 일반적으로 제시한다. 또한 일반인이 생각하기에 학교가 표방해야 하는 교육의 총제적 목적을 제시한다. 한편 목적은 가치판단의 진술로서 교육자들에게 교육과정을 위한 지침을 제공하는데, 따라서 무엇이 바람직한가라는 기준을 제시하는 것으로 가치 규범적이라고 할 수 있다.

Doll(1995)은 교육목적은 지적 혹은 인지적, 사회·개인적 혹은 감정적 그리고 생산적이어야 한다고 주장한다.

첫째, 지적 차원을 다루는 목적은 지식의 습득과 이해, 문제해결, 기술, 다양한 수준의 사고방법에 중점을 두고 있다.

둘째, 사회 · 개인적 차원을 다루는 목적은 개인 대 사회, 개인 대 개인, 개인 대 자기 자신의 상호작용과 관련되어 있다. 이러한 목적은 개인의 정서적 · 심리적 측면과 가정, 종교, 지역사회의 적응적 측면과 연계되어 있다.

셋째, 학교교육의 생산적 차원과 관련된 목적은 개인이 가정에서, 직장에서, 시민으로서 그리고 보다 큰 사회의 일원으로서 기능하도록 하는 교육의 측면을 강조한다.

이러한 차원에 신체적, 심미적, 도덕적, 영적 차원 등 네 개의 차원이 추가된다. 즉, 강인하고 건강한 신체의 발달 및 유지와 관련된 신체적 차원, 예술을 감상하고 가치를 이해하는 심미적 차원, 적절한 행동을 할 수 있도록 하는 가치와 행동과 관련된 도덕적 차원, 신성함과 초월성의 관점을 믿고 인식할 수 있는 영적 차원이다. 교육목적은 일반적으로 다음과 같은 설정 원칙을 가진다.

첫째, 객관적이고 합리적인 방식의 조사가 필요하다. 교육목적은 사회적으로 적절하고 개인적으로 의미가 있어야 한다. 만일 학교 기관이 사회의 변화와 그에 따른 교육적 요구를 제대로 반영하지 못한다면 기관 자체의 존립이 위태로울 것이며, 학습자들의 학습과 발달적 특징에 따른 요구를 제대로 파악하지 못하고 있다면 효과적인 교육을 하기는 어려울 것이다. 따라서 교육목적 설정은 교육에 대한 사회의 요구와 학습자의 요구를 정확하게 진단하고 파악한 것을 근거로 이루어져야 한다. 학습자와 사회의 요구(needs)를 측정하는 경험적인 방법 중 대표적인 것으로는 Oliva가 제안한 요구 사정(needs assessment)이 있다. 교육과정 분야에서 요구란 현재의 수준과 기대수준 간의 간격을 의미하며, 요구 사정이란 이러한 요구를 찾아내어 우선순위를 측정하는 것을 의미한다. Oliva(2001)는 요구 사정이 교육과정의 목적과 목표 설정, 교육과정의 목적과 목표의 수정, 교수–학습의 목적과 목표 수정의 모든 단계에서 필요하다고 보았다. 요구 사정 기법은 위계적인 절차와 사실적인 조사방식을 통하여 교육목적을 설정하고 그 우선순위를 밝히는 데 폭넓게 사용되었던 방법이다. 그러나 이 방법은 교육목적의 사실 세계보다는 가치 세계에 부합하는 것이기 때문에 요구 사정 기법은 적합하지 않다는 비판이 있다. 또한 요구 사정 기법은 교육목적이 전문가(experts)에 의해 결정되기 때문에 가치문제를 회피하고 있다는 문제점이 있다.

둘째, 올바르고 균형 잡힌 정치적 방식의 결정이 필요하다. 현대사회와 같이 교육이 공적인 사업으로 간주되어 각계각층의 집단이 교육에 직접 또는 간접으로 관여할 때 교육목적에 대한 합의를 도출하기는 쉽지 않다. 사회가 변화함에 따라 다양한 집단이 그들의 이익을 추구하고 실현하려고 하기 때문에 교육의 목적도 이에 영향을 받게 된다. 교육의 목적이 국민 전체의 이익을 고려해야 하는 국가수준에서 공론화가 될 때, 다양한 집단들은 그들의 이해관계에 따라 갈등이 발생하게 되면 서로 협의점에 도달하게 된다. 이와 같은 교육목적의 설정과정은 합리적이고 가치중립적으로 보이지만, 동시에 다양한 이익집단의 갈등 요인이 표출되기 때문에 정치적인 과정으로 이해할 필요가 있다. 교육목적을 설정하는 데 있어 전통적인 압력 집단과 함께, 사회적 소수자(minority)를 비롯한 새로운 집단의 요구와 이해도 고려해야 한다. 교육의 목적은 현재와 미래의 요구와 문제를 고려하고 모든 사회의 이익을 도모하는 방향으로 설정되어야 한다.

셋째, 포괄성, 적절성, 균형성, 체계성, 달성 가능성을 갖춘 교육목적을 설정해야 한다. 교육목적의 포괄성은 교육을 통해 달성하고자 하는 모든 것을 교육목적으로 포함시켜야 한다는 것이다. 대체로 교육의 목적과 학교급별, 기관별 교육목표는 포괄성을 만족시켜야 한다. 그러나 교과별 교육목표와 구체적 교육목표는 이러한 포괄성의 원칙에 해당되지 않는다. 교과별 교육목표는 교과별로 교과의 특수성에 따라, 구체적 교육목표는 설정된 특정 영역에 따라 한정되기 때문이다. 교육목적의 적절성은 교육목적이 사회적으로 적절하고 학습자의 심리에 부합되어야 함을 의미한다. 교육목적의 균형성은 교육을 통해 달성하고자 하는 모든 것이 동등한 자격으로 존중되어야 한다는 것이다. 교육목적이 체계적이라는 말은 목적들 간에 그리고 상위 목적과 하위 목적들 간에 모순이 없어야 하며, 상위 목적 속에 진술된 내용들이 하위 목적의 진술 속에 반영되어야 한다는 것이다. 먼저 교육목적, 교육목표, 구체적 목표들 간에도 논리적 일관성이 있어야 한다. 다음으로 교육목적에 제시된 사항들은 교육목표들 속에 반영되며, 교육목표들의 내용은 구체적 교육목표들 속에 다시 반영되어야 한다.

교육의 일반적 목표는 교육목적에서 도출되며, 교육목적에 비해 덜 포괄적이며 적용 기간이 짧다. 일반적으로 잘 진술된 교육목표는 〈표 4-1〉과 같은 일곱 가지 특성을 띠어야 한다. 특히 〈표 4-1〉의 배타성과 위계성은 교육목표들 간의 관계를 설명한다.

학교급별 교육목표를 포함하는 일반적인 교육목표와 달리 구체적인 교육목표는 교수목표의 진술은 명확하고 구체적인 행동적 용어로 기술함으로써

표 4-1 교육목표의 특성

교육목표	특 성
타당성	교육목표는 개인(학습자), 사회, 학문(교과) 측면에서 추구하는 보편적이고 중요한 가치와 일관되어야 한다.
포괄성	교육목표는 개인(학습자), 사회, 학문(교과) 측면에 포함되는 대상과 현상 및 그 요구를 대부분 포함해야 한다.
배타성	교육목표는 진술된 항목들 사이에 상호 중복과 충돌이 없어야 함
위계성	교육목표는 더 추상적이고 일반적인 소수의 교육목표에서 더 구체적이고 특수한 다수의 것에까지 상하·전후의 계열적 순서가 있어야 함
의사소통성	교육목표를 설정한 사람들과 읽거나 실천하는 사람들 사이에 동일하게 해석할 수 있어야 한다.
실천 가능성	교육목표는 현실에 적용하여 실천할 수 있어야 한다.
실현 가능성	교육목표는 의도하는 바를 성과로 달성할 수 있어야 한다.

표 4-2	Goodlad의 교육목표
학문적 교육목표	기초적 학습 기능과 과정의 숙달, 지적 능력 계발
직업적 교육목표	직업과 일을 준비시킴
사회적·시민적·문화적 교육목표	대인관계 능력 증진, 사회참여 능력 증진, 문화적응 능력 신장, 도덕적·윤리적 품성 도야
개인적 교육목표	감정적·신체적 건강관리 능력 함양, 창의성 및 심미적 표현 능력 함양, 자아실현

교수의 내용과 결과를 분명히 전달할 수 있다. 즉, 명확히 진술된 목표는 의사소통을 용이하게 할 뿐만 아니라 교수내용과 전략을 선택하고 학습결과를 정확하게 평가할 수 있다. 이는 교육내용의 범위를 한정 짓고 그 속에 포함되는 주요 항목들을 지시하는 힘을 가진다는 점에서 다소의 구체성을 가지고 있다. 구체적인 교육목표는 학습자와 사회로부터 유래되는 일반적인 교육목표인데 이는 교육받은 사람들의 지식, 태도, 기능, 행동양식 등으로 규정한다. 비교적 단기간의 수업을 통해 학습자가 성취해야 할 목표들을 상세하게 진술한 것으로 이를 달성하기 위한 수단이 구체적으로 제시된다. Goodlad(1984)는 학교의 교육활동, 교육과정 계획과 교수-학습을 안내해 줄 교육목표를 〈표 4-2〉와 같이 구분한다.

3. 교육목표의 이해

목표는 교육과정의 목표 혹은 교육과정을 경험한 결과로 학생들에게 바라는 성과를 의미한다. 목표를 성취하기 위해 교사가 학생들을 어떻게 가르칠지를 언급하지는 않지만, 교과내용의 특성, 학생의 요구, 학생의 능력과 흥미와 관련하여 수업방법이 선택되므로 수업은 교육과정과 관련된다. 학교의 목표를 분석함으로써 전체 교육 프로그램의 범위를 파악할 수 있다. 목적과 달리 목표는 개방된 진술문이 아니다. 목표는 특정 목적을 달성하기 위한 프로그램을 만드는 데에 지침으로 사용할 수 있는 구체적인 진술이다. 목표는 여러 가지 목적에서 나오고 교사와 교육과정 결정자에게 특정 교과나 교육적 프로그램과 관련하여 학생이 무엇을 학습해야 하는가에 대한 폭넓은 진술을 제공한다.

목표는 몇 가지 포괄성 수준에서 제시된다. 극단적인 경우는 목적과 비슷하게 진술되거나 이념적 기초를 반영하는 폭넓은 진술로 작성되기도 한다. 또 다른 경우는 구체적으로 무엇을 성취할 것인가를 조목조목 제시하는 식으로 진술되기도 한다. 실제 수업에서 가장 중요한 과제인 수업목표는 구체적인 목표수준에 해당한다. 수업목표는 교육목적, 교육과정 목표, 단원목표, 수업목표의 위계 가운데 가장 낮은 단계로서 구체적인 목표에 해당된다. 이 수업목표는 수업과정을 통해 학습자가 달성해야 할 성취행동 또는 학습성과이며 이를 설정 · 진술 · 명시한다.

1) 수업목표 명세화

목표는 명시성을 기준으로 일반적 목표와 명세적 목표로 나눌 수 있다. 교육과정 입안자들은 목표를 설정할 때 가장 일반적인 진술에서 구체적인 진술로 나아간다. 가령 수업목표는 일반적 목표진술에서 시작하여 교실수업에서 구체적으로 산출되는 성과중심으로 서술되는 명세적 목표진술로 전개된다. 일반적 목표는 진술내용과 표현이 추상적이고 포괄적이어서 일반화의 수준이 높게 진술된 목표로 주로 내현적 동사가 많이 사용되며, 명세적 목표를 진술하지 않고서는 학습지도나 평가에 직접적으로 사용할 수 없다.

목적, 목표, 수업목표를 분명하게 구별하기 위해서는 목적을 먼저 세우고 목표를 설정한 다음 마지막으로 명세적 목표로 해석하는 것이 필요하다. 매우 일반적인 것에서 장기간의 기본 틀로 표현하고 단기간의 구체적인 결과로 진행시켜 나아가는 것이다.

수업목표의 명세화는 교사가 주어진 시간에 무엇을 가르쳐야 하는지가 명확하게 되어 불필요한 시간 낭비를 감소시킴으로써 수업 밀도를 높일 수 있고, 학습자는 학습 주의력을 상대적으로 높일 수 있다는 장점이 있다. 수업목표 명세화는 다음과 같은 측면에서 교수와 학습에 도움을 준다.

- 교육과정이 표적하고 있는 바가 무엇인가를 명확하게 해 줄 뿐만 아니라 그 기준을 제시한다.
- 교육을 통해서 변화시켜야 할 인간행동 특성이 어떤 것이어야 하는가에 대한 질적 양태와 수준을 확인시켜 준다.
- 각각의 행동 특성에 따른 교육내용을 어떻게 가르칠 것이며, 그 행동을 어떻게 변화시킬 것인가 하는 교수-학습 과정상의 여러 가지 방법을 제시해 준다.
- 교육성과를 평가하는 데 있어서 분명한 기준을 제시해 준다. 구체적이고 세분화된 학습목표는 학습평가의 타당도와 신뢰가 있으며, 따라서 평가의 결과와 수업의 질을 높일 수 있도록 제시한다는 점에서 효과적이다.
- 학습목표가 세분화되면, 길러야 할 행동이 무엇인지 수업매체 필요 여부가 분명해진다.

교육자들은 교육의 명세적 목표에 대해 성찰하고 결정을 내리는 데 심사숙고해야 한다. 이러한 결정을 내릴 때 어려운 점은 교육의 명세적 목표를 결정하고 가르치는 데 교사의 요구가 충분히 반영되었는가를 입증하는 것이다. 교사는 일반적 교육과정 목표, 단원목표, 수업목표에 대해 신중하게 결정하여야 한다. 일반화 수준이나 구체화 수준의 교육과정 의도는 교육의 명세적 목표의 질에 달려 있다.

2) 수업목표 진술의 일반적 방법

수업목표를 어느 정도까지 구체적으로 진술할 것인가에 대해 다양한 입장이 존재한다. 수업목표를 일반적으로 진술하는 입장과 명세적으로 진술하는 입장이 차이를 보이고 있다. '명세적 행동목표' 입장인 경우 다음과 같은 조건이 고려되어야 한다.

- 구체적이고 행동적인 용어로 진술해야 한다. 즉, 학생의 행동으로 진술되어야 한다.
- 학생이 학습 후에 나타나는 학습결과를 가지고 진술해야 한다. 목표는 수업시간이나 학습단원이 끝났을 때 나타날 수 있는 학생의 변화된 행동과 관련지어 진술되어야 한다.
- 학습내용과 기대되는 학생의 행동을 동시에 진술하여야 한다.
- 기르고자 하거나 변화시키고자 하는 학습능력에 따라 진술되는 동사의 형태가 달라야 한다.
- 학생들의 학습행위를 나타내는 장면과 조건에 따라 분명하고 자세한 명시적 동사로 진술되어야 한다. 여러 가지로 해석될 수 있는 암시적 동사는 가급적 피한다.
- 학습되어야 할 준거가 제시되어야 한다. 명세적 행동목표와 일반적 행동목표는 실제 수업목표를 진술함에 있어 차이를 보인다. 행동에는 〈표 4-3〉에서 알 수 있듯이 내현적 행동과 외현적 행동이 있다.
- 수업목표 진술에 관한 교육과정학자들의 견해를 다음과 같이 다양하게 살펴볼 필요가 있다.

| 표 4-3 | 내현적 행동과 외현적 행동의 비교 |

내현적 행동	외현적 행동
• 안다. • 이해한다. • 깨닫는다. • 인식한다. • 의미를 파악한다. • 즐긴다. • 믿는다. • 감상한다.	• 쓴다. • 암송한다. • 지적한다. • 구별한다. • 열거한다. • 비교한다. • 대조한다. • 찾아낸다. • 진술한다.

3) 수업목표의 진술방법

Bobbitt 이후 교육목표를 구체적으로 진술하려고 한 이들은 교육목표의 내용보다 교육목표를 진술하는 형식, 곧 문법적 조건을 여러 가지 형태로 제시하였다.

(1) Tyler의 진술방법

바람직하고 실현성 있는 수업목표가 되기 위하여 학습내용 또는 학습자료와 함께 학습자를 주체로 하여 학습자의 기대되는 행동이 구체적으로 진술되어야 한다.

Tyler는 교육목표를 내용과 행동의 형식으로 진술하는 것이 좋다고 제안하고, 이와 같은 방식으로 진술된 교육목표들을 간단명료하게 정리하기 위해서 내용과 행동의 두 차원으로 이루어진 교육목표의 이원분류표 작성을 제안하고 있다.

〈표 4-4〉는 고등학교 생물교과의 교육목표 중 하나인 '영양에 관한 중요한 사실 및 원리를 이해하기'라는 교육목표에 대해 Tyler가 설명한 교육목

표 진술방법에 따라 만들어진 이원분류표다. 〈표 4-4〉에서 알 수 있듯이 학습내용과 함께 학습자의 도달점 행동이 수직·수평적으로 교차되어 있어 수업목표 진술을 명세적으로 진술하기에 용이하다. 이원분류표에 따른 목표 진술의 실례는 다음과 같다.

표 4-4 교육목표의 이원분류표

행동 내용	1 중요한 사실 및 원리의 이해	2 믿을 만 한 정보 원에 대 한 지식	3 자료의 해석력	4 원리의 적용력	5 학습연 구와 결 과보고 의 기능	6 넓고 성숙된 흥미	7 사회적 태도
A. 인체의 기능							
1. 영양	∨	∨	∨	∨	∨	∨	∨
2. 소화	∨		∨	∨	∨	∨	
3. 순환	∨		∨	∨	∨	∨	
4. 호흡	∨		∨	∨	∨	∨	
5. 생식	∨	∨	∨	∨	∨	∨	∨
B. 동·식물 자원 의 이용							
1. 에너지의 관계	∨		∨	∨	∨	∨	∨
2. 동·식물의 성장에 미 치는 환경 요인	∨	∨	∨	∨	∨	∨	∨
3. 유전과 발생	∨	∨	∨	∨	∨	∨	∨
4. 토지 이용	∨	∨	∨	∨	∨	∨	∨
C. 진화와 발달	∨	∨	∨		∨	∨	∨

> ⑩ 동 · 식물의 성장에 미치는 환경요인을 <u>열거할 수 있다.</u>
> 　　　　　　내용　　　　　　　　　행동

　수업목표를 학습자의 행동 유형과 그런 행동이 적용될 내용을 포함하여 이원적으로 진술할 때 학습경험을 선정하고 조직하거나 평가계획을 세우는 데 도움을 준다. 그러나 Tyler는 이 과정에서 내용과 행동을 지나치게 일반적으로 진술하거나 극도로 세분화하는 것은 교육적으로 도움이 되지 않는다고 강조하였다.

(2) Oliver의 진술방법

　Oliver는 수업의 명세적 목표에 대해 학생이 해야 할 것, 행동, 성취수준, 기준과 기준수준을 더욱 구체적으로 제시한다. 예를 들어, Oliver는 교육과정 목표에서 나온 교육과정의 명세적 목표를 다음과 같이 진술한다. "학생은 환경 지킴이가 되는 것에 관한 책임 있는 행동을 보여 줄 수 있다." 교육과정 목표의 한 가지 예는 '환경을 공부하는 모든 학생은 지역 환경에 도움을 줄 수 있는 긍정적 행동에 관여할 것이다.' 라는 것이다. 수업의 명세적 목표는 현장 분석과 같은 긍정적 행동이 무엇인지를 구체적 용어로 진술한다. 수업의 명세적 목표는 필요한 수행 기준이나 수준을 나타낸다. 교육과정 목표나 교육과정의 명세적 목표에서 나온 수업의 명세적 목표는 다음과 같다. 현장 분석에 참가한 학생은 환경에서 발견된 식물 주기를 정확하게 기술하고 이 지역의 특별한 식물의 일반적 외형에 대해 기술할 것이다. 이러한 스케치와 기록은 교사와 현장 식물학자에 의해 정확하게 평가될 것이다. 이런 방식으로 수업의 명세적 목표를 진술할 때, 수행수준을 기준수준 혹은 교육성취 기준까지 정교화해야 한다.

(3) Mager의 진술방법

Mager는 Tyler보다 더 세밀하고 조작적인 방법을 사용하였는데 수업목표의 진술을 위한 다음 세 가지 요건, 즉 종착점 행동, 조건, 수락기준을 제시하였다.

첫째, 종착점 행동(terminal performance)에 구체적인 명칭을 주어 확인시킨다. 즉, 학습자가 목표를 달성했다는 증거로 받아들일 수 있는 행동의 종류를 명시한다.

둘째, 바라는 행동이 일어나리라고 기대되는 중요한 조건(conditions)을 상술함으로써 바라는 행동을 정의하도록 힘쓴다.

셋째, 바라는 행동의 수락기준(acceptable criteria)을 학습자가 얼마나 잘 행동으로 나타낼 수 있는가로 설명함으로써 수락 가능한 시행 행위의 기준을 구체화시킨다.

Mager의 세 가지 조건의 예는 다음과 같다.

> **예** <u>운동장 100m 트랙을</u> <u>16초 이내에</u> <u>달릴 수 있다.</u>
>   조건   수락기준   종착점 행동

항상 성취수준과 수행의 조건을 포함할 필요는 없다. 그러나 어떤 과목의 최소 필요조건을 말하고자 할 때는 성취수준을 진술하는 것이 반드시 필요하다. 이러한 명세적 목표는 얼마나 잘, 얼마나 많이, 얼마나 정확해야 하는가의 수준을 제시해 준다. 수행의 조건은 지식이나 기술이 어디에서 어떻게 나타나고 발휘되는지를 명시해야 하는 경우에만 필요하다. 실제적 학습이 강조되는 경우, 교육자는 학습의 조건이 학교 밖의 조건과 비슷한지의 여부를 결정할 수 있도록 수행의 조건을 표시해야 한다.

Mager의 목표 진술방식은 수업목표가 매우 구체적이고 명확해진다는 이점도 있지만, 무엇보다도 학습결과의 도달수준 또는 준거를 어떻게 어느 정도로 잡아야 하는가의 문제가 있다. 즉, 기준점을 누가 어떻게 설정할 것인가가 문제시되며, 이는 아직도 만족할 만한 결론에 이르지 못하고 있는 실정이다. 현재로서는 경험과 전문 능력을 갖춘 교사의 주관적 판단에 의존할 뿐이다. 이러한 Mager의 진술방법은 총괄평가보다는 형성평가에 더 적합하다고 할 것이다.

(4) Gagné와 Briggs의 진술방법

Gagné와 Briggs는 Mager의 진술방법에 대해 몇 가지 부차적인 측면을 명료하기 위해 행동, 대상, 상황, 도구 및 억제, 학습될 능력의 다섯 가지 요소로 된 목표 진술방식을 제시하였다.

- 행동(action): 학습자에게서 기대되는 행동변화를 관찰 가능한 구체적이고 명세적인 동사로 나타내어야 한다.
- 대상(object): 학생에게서 행하기를 원하는 그 무엇
- 상황(situation): 학생이 그 무엇(대상)을 어떤 상황 혹은 사태에서 행하기를 원하는지를 밝히는 것을 말한다.
- 도구 및 억제(tools & other constraints): 요구된 행동이 어떻게 수행되어야만 하는가를 밝히는 것이다.
- 학습될 능력(capability to be learned): 학생들에게 기대되는 행동의 종류

앞의 다섯 가지 요소를 포함한 수업목표 진술의 예는 다음과 같다.

> **예** <u>주문 발송을 요청하는 편지가 주어졌을 때</u> <u>전기 타이프라이터를 이용해</u>
> 　　　　　　상황　　　　　　　　　　　　　도구

표 4-5	학습능력과 그에 맞는 동사진술(Gagné & Briggs)

능 력	동 사
• 지적 기술 – 식별 – 구체적 개념 – 정의된 개념 – 법칙 – 고도의 법칙(문제해결)	– 식별하다(Discriminatey) – 파악한다(Identify) – 분류하다(Classify) – 증명하다(Demonstrate) – 생성하다(Generate)
• 운동기술(motor skill)	– 실행하다(Execute)
• 언어정보(verbal information)	– 진술하다(State)
• 인지적 전략(cogntive strategy)	– 창조하다(Originate)
• 태도(attitude)	– 선택한다(Choose)

한 장 정도의 편지를 타자함으로써 하나의 답장을 구성할 수 있다.

　　대상　　　　　　　행동　　　　　　　　학습능력

Gagné와 Briggs는 Mager의 주장과 유사하나 목표를 더욱 조작적으로 기술하여 행동동사와 학습될 능력을 구분하고 있다. 행동동사보다는 학습될 능력을 나타내는 동사가 목표수립에 있어서 더욱 중요하다고 주장하면서 〈표 4-5〉와 같이 학습능력의 다섯 가지 범주에 맞추어 적절한 동사들을 소개하고 있다.

(5) Gronlund의 진술방법

수업목표를 일반적 수업목표와 명세적 수업목표로 구분하여, 먼저 일반적 수업목표를 진술한 다음 그것을 기초로 명세적 수업목표를 진술해야 한다.

수업목표에는 내용과 함께, 학습자를 주어로 하여, 교수–학습의 결과로 변화되기를 기대하는 행동을 빠짐없이 진술하여야 한다. 그러나 목표 진술을 간단히 하기 위하여 주어를 생략하고, '할 수 있다.'는 동사를 '하기'와 같이 명사형으로 줄여서 표현할 것을 권장하고 있다.

Gronlund의 진술방식은 일반적 수업목표를 먼저 진술해 놓은 다음, 그것을 기초로 행동적 수업목표를 만들어야 한다는 것이다. 이때 두 가지 목표 모두는 학습자를 주어로 하여 내용과 함께 수업의 결과로 변화되기를 바라는 행동이 빠짐없이 진술되어야 한다. 그는 다음과 같이 진술하여야 한다고 주장하였다.

첫째, 동사(알다, 이해하다, 평가하다 등)로 각 일반적 수업목표를 시작한다. '학생들을 ～ 할 수 있다.'나 '학생들은 ～을 할 수 있는 능력을 갖는다.'와 같이 지나치게 자세하게 진술할 필요는 없다.

둘째, 각 목표를 학생의 성취라는 측면(교사의 행동보다는)에서 진술한다.

셋째, 학습과정보다는 학습결과로서 각 목표를 진술한다.

넷째, 각 목표의 종착점 행동을 지시할 수 있도록 진술한다.

다섯째, 각 목표는 몇 가지 결과의 조합으로 구성되기보다는 한 가지 일반적인 학습결과만을 나타내도록 진술한다.

여섯째, 각 목표는 기대되는 학습결과를 명백하게 지시하고 학생의 구체적인 행동을 통하여 쉽게 확인할 수 있는 적절한 일반성의 수준에서 기술한다. 일반적 수준의 수업목표는 한 단원에서 대략 8개에서 12개 정도의 목표가 포함되도록 진술하면 충분하다. 여기서 일반적 수업목표는 '안다.' '이해한다.' 등과 같은 내현적 동사로서 진술을 하는 것이고, 행동적 수업목표는 관찰 가능한 행동동사를 사용하여야 하며, 일반적 수업목표와 일관성을 유지하여야 할 뿐만 아니라 일반적 목표의 달성 정도를 충분히 반영할 수 있도록 세목적인 학습성과의 수를 충분히 열거하여야 한다.

예 1. 이 단원에 속해 있는 기본 용어들의 의미를 안다.　(일반적 수업목표-내현적 동사)

1-a 용어의 정의를 쓴다.

1-b 용어의 제2의 의미 가운데 하나를 말한다.　　　(행동적 수업목표-외현적 동사)

1-c 뜻이 비슷한 용어들을 구별한다.

1-d 용어의 동의어를 한 개 찾아낸다.

4) 명세적 수업목표 진술의 장단점

수업목표가 명확하고 상세하면 교사는 주어진 수업시간을 낭비하지 않고, 학습자도 자기의 학습계획을 세울 수 있는 경향이 있다. 이런 입장에서 일반적 수업목표 진술보다는 행동적 수업목표 진술의 형태로 수업목표를 진술하여야 할 것이다. 수업목표가 명세화되고 구체화될수록 다음과 같은 장점이 예상된다.

첫째, 행동적 수업목표는 교사와 학생이 수업과정에서 해야 할 일이 분명하므로 수업 계획 수립에 유리하며, 학생들에게 학습내용을 보다 상세하게 알 수 있게 함으로서 학습동기를 유발시키고 학습결과를 향상시킨다.

둘째, 행동적 수업목표는 일반적 목표에 비하여 가르치고 배워야 할 내용과 행동이 아주 명백하게 진술되어 있어서 교사가 수업을 조직적으로 계획하고 전개하는 데 유리하다.

셋째, 학생들이 틀리게 답한 이유를 쉽게 발견할 수 있으므로 교정지도도 용이하다.

넷째, 명세적 수업목표에 기초하여 가르치고 배운 것을 그대로 평가문항으로 작성할 수 있으므로 학생들은 비교적 공정하고 정확한 평가를 받을 수 있다. 즉, 수업을 통하여 변화시켜야 할 행동의 종류와 질이 분명하게 드러남으로써 평가의 타당도를 높여 준다.

반면 수업목표의 세분화는 일반적으로 여러 가지 문제점을 가지고 있다. 직접 관찰할 수 있는 행동으로 진술하기 쉬운 내용만을 평가 대상으로 취급할 가능성이 크고, 학생들이 추구하고 탐구하는 내용을 사전에 명세화시켜서 구체적으로 진술할 수 없다. 특히 Eisner는 다음과 같은 네 가지 이유를 들어 수업목표 세분화를 반대하였다.

첫째, 역동적이고 복잡한 수업과정에서 나타나는 결과는 사전에 내용과 행동으로 세분화할 수 있는 정도를 훨씬 벗어나는 다양한 행동의 변화를 내포한다.

둘째, 교육목표 세분화를 주장하는 입장은 교수될 교과의 성격과 교육목표의 예견도 및 세분 가능성 사이의 특수한 관계를 충분히 고려해 넣지 못하고 있다. 즉, 음악이나 미술과 같은 교과에서는 학습의 결과로 학습자가 보이기를 기대하는 행동 특성의 세분화가 불가능하다는 것이다.

셋째, 세분화된 교육목표가 교육성과의 측정 기준이 되어야 한다는 신념은 측정이 불가능한 성취의 측면이 있다는 점과 측정 기준의 적용과 성과의 판단이 별개의 것이라는 점을 간과하는 오류를 범하고 있다.

넷째, 교육목표가 내용 선정과 조직에 반드시 앞설 필요는 없다는 것이다.

인간행동 자체가 원래 폭넓은 목적을 지향하고 있기 때문에 더욱 유의미한 교육목적은 사소한 것만을 지향하는 행동용어로는 진술될 수 없다. 또한 수업현장은 매우 역동적이어서 예기치 못한 사태가 발생하므로 사전에 목표를 세부적으로 규정한다는 것은 무의미하다. 정작 중요한 교육적 성과는 대체로 추상적이지 구체적으로 진술하기가 어려운 경우가 많은데, 수업목표를 행동적인 용어로 진술하다 보면 중요한 성과가 누락된다는 것이다.

Saylor와 Alexander(1974)는 행동목표와 관련된 많은 반대 의견을 정리하였다. 행동목표는 측정이 어려운 좀 더 복잡한 지적 행동을 무시하고 오로

지 측정이 쉬운 사실을 가르치는 것만을 강조한다. 이러한 행동목표는 모든 사람은 같은 자료를 거의 같은 방식으로 습득할 것을 가정하면서 교육과정을 획일적으로 만든다. 명확한 목표는 학습에서 엄격함을 강조하고 학생의 독창적인 학습결과를 부정하여 비슷한 결과를 내는 공장과 같은 교육과정을 만들게 한다. 엄격한 목표는 종종 인간미가 없거나 인적 결과를 무시하거나 창의성과 자발성을 억제한다. 마지막으로 행동목표를 지나치게 강조하는 것은 학습이 개별적으로 학습한 구체적 사실의 축적이나 모음 이상이라는 것을 간과하고 있다.

포스트모던주의 교육자들은 행동목표의 사용을 옹호하지 않는다. 몇몇 이러한 교육자들은 교육이 일반적 수준의 목표를 가져야 한다는 주장조차 거부한다. 목표가 종착점을 제시하지만, 발전과정, 대화, 질문, 변형을 추구하는 세계에서는 목표가 무엇인지 처음부터 정할 수 없다. 몇몇 포스트모던 교육과정학자는 교육자에게 학생들이 무엇을 알아야 하고 어떻게 행동해야 하며 좋은 기술이 무엇인지를 결정할 권리가 없다고 주장한다.

그러나 이것이 교육에 목적이 없다는 것을 의미하지는 않는다. 여행에 목적이 있듯이 교육도 목적을 가진다. 단, 중간 지점에서는 무엇을 해야 하는지 명확하게 규정할 수 없으며, 수행의 수준도 미리 계획하거나 정확하게 기술할 수 없다. 의도 정도만을 기술하되 더 중요한 것은 학생들이 원하는 것을 하도록 돕는 것이다. 의도는 학생들에게 선택권과 자신의 학습을 조정하고 자신의 수행수준을 결정할 수 있는 기회를 제공하는 것이다. 많은 교육자의 의도는 가능성을 열고 학생들이 불확실성을 경험하고 탐구하는 데에서 즐거움을 느끼도록 격려하는 것이다.

4. 교육목표의 분류학적 수준

　교육과정을 결정할 때, 특히 명세적 목표를 결정할 때 교육자들은 인지적, 정의적, 심리운동적 영역을 고려해야 한다. 다행스럽게도 교육자가 이용할 수 있는 몇몇 잘 알려진 학습 영역의 구분이 존재한다. 이러한 구분은 여러 학습형태를 다양한 분류학 속에 조직해 놓은 것이다. 분류체계에 대한 아이디어는 1948년 미국 보스턴에서 있었던 미국 심리학회에 참석한 대학 시험관들의 비공식적인 모임에서 서로 간의 의사소통을 촉진할 수 있는 이론적인 틀을 검토하면서 형성되었다. 그러한 틀이 있다면 검사에 대한 아이디어와 검사자료의 교환 등을 훨씬 증대시킬 수 있을 것이며 시험과 교육의 관계, 시험에 대한 연구에 도움이 될 것으로 보았다. 그리고 논의 끝에 교육목표는 교육과정과 검사를 개발하는 데에 기초를 제공하고 많은 교육연구의 출발점이 되므로 교육적 과정의 목적을 분류하는 체계를 사용함으로써 그러한 이론적 틀이 얻어질 수 있다는 데 동의하였다. 이후 이와 같은 분류학을 개발하게 되었는데 교육목표 중 교육적 경험의 결과로 만들어진 학생의 행동을 분류하였다.

　명세적 목표의 형태를 분류하는 가장 잘 알려진 분류학은 1956년 Bloom에 의해 개발된 분류학이다. Bloom 등을 위시한 일군의 학자들은 교육의 결과 영역을 나누고 이름 붙이는 수많은 방법 중 하나의 분류체계를 선택하여 보다 잘 이해되고 활용될 수 있도록 하기 위해서 다음과 같은 원칙을 정하였다.

　첫째, 분류학은 현재의 교육단위와 프로그램에서 사용될 것이기 때문에 범주 간 주요 구분은 대체로 교사들의 학생 행동 구분을 반영해야 한다.

　즉, 분류학의 하위 구분은 교육목표, 교육과정 계획, 수업자료, 수업방법 등에서 활용하는 학생 행동 구분을 최대한 반영한다.

둘째, 분류학은 논리적으로 개발되고 내적으로 일관적이어야 한다. 따라서 각각의 용어들은 분류학을 통하여 일관된 방식으로 정의되고 사용되어야 한다.

셋째, 분류학은 심리학적 현상에 대한 현재의 이해와 일치해야 한다. 즉, 교사들이 사용한다 하더라도 심리학적으로 받아들여지지 않는 구분은 하지 않아야 하며, 교육목표로 자주 활용되지는 않지만 심리학적으로 중요해 보이는 구분을 포함할 것을 고려해야 한다.

넷째, 모든 유형의 교육목표는 상대적으로 중립적인 성격으로 표현될 수 있는 거의 서술적인 틀이어야 한다. 즉, 범주의 가치나 질을 나타내지 않는다.

1) 인지적 영역

인지적 학습에는 합리적, 지적 사고작용이 일어난다. Bloom(1956)은 인지적 학습을 가장 단순한 수준에서 가장 복잡한 수준까지 여섯 개의 중요한 부분으로 유목화한다. 각각의 상위 부분은 하위 부분을 포섭한다. 여섯 개의 부분은 지식, 이해, 적용, 분석, 종합, 평가다. 동사형으로 된 2001년 버전은 다음과 같다.

① 기억하다

삶에서 학습된 내용(개념, 사실, 원리, 방법, 유형, 구조 등)을 기계적으로 기억해 내는 능력을 의미한다. 가장 단순한 정보 재생능력(암기 수준)으로 단기적이다. 지식수준의 질문은 '이 소설의 저자는 누구인가?' '이 소설의 주인공은 누구인가?' 등이다.

    예 정의하라, 나열하라, 묘사하라

② 이해하다

자료나 기호, 용어 등의 의미를 번역, 해석, 추리할 수 있는 능력으로 학습자는 정보들 간의 관계를 알아야 한다. 번역은 이미 알고 있는 개념을 다른 언어로 표현하는 능력이며, 해석은 주어진 자료들 중에서 이들 사이의 관계를 밝히는 능력이다. 마지막으로 추리는 주어진 자료를 바탕으로 그 결과를 추출하거나 지각하는 능력을 의미한다.

예 추론하라, 설명하라, 번역하라, 구별하라

③ 적용하다

과거에 학습한 자료(개념, 규칙, 원리, 기술, 방법 등)를 구체적이고 새로운 장면에 적용하여 문제를 해결할 수 있는 능력이며, 이 수준에서 학습자는 한 상황에서 학습한 정보를 다른 상황에 적용할 수 있어야 한다. 즉, 지식과 이해가 기억력과 상기력의 힘을 빌려 과거의 경험을 확인, 재구성하는 것이라면 적용력은 미지의 장면을 예언 또는 예측하는 능력이다. 또한 적용력은 지식과 이해력처럼 쉽게 망각되는 능력이 아니라, 비교적 지속성이 있어서 전이능력이라고 볼 수 있다. 전이가 강한 사고과정은 비교적 오래 지속되는 능력으로 학교교육에서 가장 강조해 온 지적 영역에 해당한다.

예 바꿔라, 수정하라, 연관시켜라, 계산하라

④ 분석하다

주어진 자료를 구성 부분으로 분해하고 구성 부분 간의 상호관계와 그것이 조직되어 있는 방법을 발견하는 능력을 의미하며, 분석수준에서 학습자는 대규모 현상을 부분으로 나누어 검토하고 추론함으로써 그 현상을 이해할 수 있어야 한다. 자료에서 가설과 사실을 식별하는 능력, 결론과 주장의 분석, 결론을 지지하는 증거를 찾아내는 능력, 관계있는 자료와 관계없는 자료를 식별하는 능력, 주제와 부제를 식별하는 능력 등이 모두 분석력에 해당한다. 분석력에는 다음 세 가지 종류가 있다.

- 요소의 분석: 의사전달의 자료를 저자가 의도하는 가정, 가치, 관점으로
  분석하여 특정한 진술문의 성질이나 기능을 결정하는 능력
- 관계의 분석: 가설과 증거 사이의 관계, 가정과 주장의 식별, 인과관계,
  계열의 관계 등을 분석하는 능력
- 조직원리의 분석: 조직, 체계적 배열, 구조 등을 분석하는 능력

  예 분류하라, 구별하라, 추출하라, 예를 들어라

⑤ 평가하다

어떤 특정한 목적과 의도를 근거로 하여 주어진 자료 또는 방법이 갖고
있는 가치를 판단하는 능력이다. 어떤 준거에 의해 가치를 판단하는 능력으
로 이 수준에서는 학습자가 규준에 비추어서 판단해야 한다. 평가에는 다음
두 가지 종류가 있다.

- 내적 준거에 의한 평가: 의사소통의 정확성과 일관성이라는 내적 준거에
  의해 판단하는 능력
- 외적 준거에 의한 평가: 설정된 준거에 비추어 자료, 사물, 정책 등을 판단
  하는 능력

  예 비교하라, 정의하라, 비판하라

⑥ 창안하다

여러 개의 요소나 부분을 전체로서 하나가 되도록 묶는 방법이다. 새로운
자료(아이디어)를 창안하는 능력으로 이 수준에서 학습자는 내용의 각 요소
를 모아서 새로운 전체를 만들어 낼 수 있어야 한다. 창의력과 유사하며, 독
창적인 글쓰기나 계획서 작성 등에 사용된다.

  예 범주화하라, 창조하라, 편집하라, 디자인하라

2) 정의적 영역

Wohl과 그의 동료는 정의적 영역을 다섯 개의 주요 범주로 구성하는 명세적 목표의 분류학을 제시하였다. 다음은 명세적 목표의 예와 함께 정의적 영역 범주를 목록화한 것이다.

- 수용: 이 수준의 명세적 목표는 자극에 대한 학습자의 민감성을 언급한다. 이 명세적 목표는 인식, 자발적 감수, 선택된 주의집중을 포함한다. 예를 들면, 동양 세계의 다양한 문화를 학습함으로써 학생은 의복, 가구, 건축의 심미적 요소를 인지할 수 있는 능력을 발전시킬 수 있다.
  예 주의집중하라, 식별하라, 보라
- 반응: 이 수준의 명세적 목표는 순종, 자발적 반응, 만족감 같이 자극에 학습자가 능동적으로 주의집중하는 것과 관련된다. 예를 들면, 학생들은 연구 프로젝트에 능동적으로 참여함으로써 논의 주제에 흥미를 나타내게 된다.
  예 박수쳐라, 따르라, 연습하라
- 가치화: 이 수준의 명세적 목표는 가치에 대한 학습자의 신념과 태도를 언급한다. 어떤 사물이나 현상 또는 행동에 대하여 그 의미와 가치를 부여하는 내면화의 정도, 단순한 가치의 의미만이 아니라 나아가 적극적으로 책임을 지고 가치를 추구하는 행동(가치의 수용, 선호, 확신)을 의미한다.
  예 행동하라, 토의하라, 표현하라
- 조직화: 여러 가지 가치를 종합하고 자기 나름대로 일관성 있는 가치체계를 확립해 나가는 단계, 여러 가지 가치의 비교와 서로의 연관을 통하여 체계적으로 통합하는 활동, 즉 가치 개념화와 가치체계의 조직을 가르친다.

ⓔ 요약하라, 결정하라, 골라라, 정의하라
- 인격화: 이 수준은 분류학 중에서 가장 높은 내면화 수준이다. 완전히 체계화된 인생의 철학 가치관이 확립되어 있어 그것이 일괄적인 체계를 갖고 모든 사물, 사건, 행동에 나타나는 단계다.
ⓔ 피하라, 저항하라, 보여 줘라, 다루라, 결정하라

3) 심리운동적 영역

신체적 학습은 신체 근육의 사용과 관련된 학습이다. 모든 학습은 신체적 학습을 어느 정도 포함하고 있다. 신체적 학습은 다음과 같이 4단계로 나누어질 수 있다.

- 1단계 지각: 지각수준에서 학습자는 신체적 과제가 어떻게 수행되어야 하는지를 바르게 기술하여야 한다.
- 2단계 개별적 구성요소: 복잡한 신체적 활동을 한꺼번에 학습자에게 요구하기보다 복잡한 활동을 개별 활동으로 나누어 한 번에 한 가지씩 해 보게 하여 점진적으로 전체 활동을 학습하게 하는 것이다.
- 3단계 통합: 신체적 기능을 학습하는 사람들은 각 부분을 학습하는 것에 멈추지 않고 전체 활동을 통합한다.
- 4단계 자유연습: 이 수준에서는 교사의 지시나 감독 없이 학습자 혼자서 활동한다. 이 과정이 학습자에게 내면화되어 있다고 가정하고 지시는 거의 하지 않는다.

심리운동적 영역은 인지적 혹은 정의적 영역보다는 덜 강조되어 왔다. 심리운동적 영역을 기술하는 학자 또한 드물었다. Harrow는 몇 개의 범주로 심리운동적 분류학을 발전시켰다.

- 반사적 운동: 이 수준의 명세적 목표는 개인의 의사와 관계없이 나타나는 동작을 포함한다.
- 기초적 동작: 반사적 운동들의 통합으로 이루어지며 높은 운동기능 발달의 기초가 된다. 걷기, 달리기, 점프, 밀기, 당기기, 조작과 관련된 행동을 의미한다.
- 지각능력: 이 범주의 명세적 목표는 시각적 · 청각적 · 촉각적 자극을 해석하고 환경에 대한 운동을 조정하는 기능(촉각으로 물건의 이름을 맞추는 것, 지시에 의해 볼을 피하는 것 등)과 관련된 능력을 의미한다.
- 신체적 능력: 이 수준의 명세적 목표는 지구력, 근력, 유연성, 민첩성, 반응시간, 기민성과 관련된다.
- 숙련 동작: 복잡한 운동 기능을 실현할 때 나타나는 능률성, 우아성 및 숙련의 정도(운동선수들에게서 나타나는 세련된 운동기능)와 관련이 있다.
- 동작적 의사소통: 분류학의 마지막 수준의 명세적 목표는 자세, 몸짓, 안면 표현, 창의적 동작을 통하여 움직임으로 표현하는 것과 관련된다.

이상의 세 가지 분류학 범주는 그 수준이 단순한 것에서 점차 복잡해져 가는 위계로 배열되어 있다. 그러나 교육목표를 이렇게 세 가지로 한정지어 분류하는 것은 인위적인 방법이다. 특히 각 영역 내에서 하위목표들은 중복되는 경우가 많다.

chapter 05

교육내용의 선정과 조직

1. 교육내용의 이해

교육목표가 설정되면 교사는 목표를 구체적으로 실현할 수 있는 교육내용을 선정하고 조직하게 된다. 교육내용은 학생들이 교육을 통해서 학습하여야 할 부분이므로 교육목표를 충실히 반영시켜서 선정되고 어떻게 조직되느냐에 따라서 교육의 질이 결정될 수 있는 중요한 요소다. 교육내용에 대한 다양한 정의가 존재하지만 가장 일반적인 정의는 Hyman(1973)이 교육내용을 지식, 기능, 가치 등 그 속에 포함되는 요소로 규정하는 관점이라고 할 수 있다. Hyman이 제안한 교육내용은 다음과 같다.

- 지식영역: 사실, 설명, 원리, 정의
- 기능영역: 읽기, 쓰기, 셈하기, 비판적으로 생각하기, 의사결정하기, 의사소통하기, 댄스(춤) 등
- 가치영역: 정의와 불의, 선악, 참과 거짓, 아름다움과 추함 등

교육내용과 관련하여 일반적으로 교과, 단원, 과 등의 용어가 사용된다. Hyman은 이들 용어를 교육내용으로 제안된 지식, 기능, 가치 등의 요소를 담는 그릇이라고 제안한다. 현재 학생들이 교육을 통해서 학습하여야 할 부분인 교육내용은 Hyman이 제안한 교육내용과 유사하다. 그러나 이와 같은 교육내용의 틀은 인류의 역사를 통해 발전해 온 것이다. 인류의 역사에서 현재 교육내용이 형태를 갖춘 것은 최근이라고 할 수 있다. 역사 초기 교육내용으로 선정된 것은 현재의 것과는 다른 것이라고 할 수 있다.

1) 교육내용의 변천과정

교육내용 선정과 관련된 기본 질문은 '무엇을 가르치고 배울 것인가?' 하는 것이다. 이 질문은 교육과정이 지금 이 시점에도 해결해야 할 가장 근본적인 질문이라고 할 수 있으며, 현재 가르치고 있는 교육내용과 활동에 대한 반성적 사고를 촉구하여 교육과정을 점진적으로 발전시킨다. 역사 초기 이 질문은 그리스 철학자들을 중심으로 발달하였다.

B.C. 4세기경부터 최초의 형식적인 지식이라고 할 수 있는 '철학'이 발달한 이래, 그리스 철학은 13세기에 이르기까지 플라톤주의자들과 아리스토텔레스주의자들 간의 대립 구조를 이루며 발달하였다. 철학 위주의 지식 형태는 중세로 들어오면서 신학으로 이어지게 된다. 특히, 중세 철학의 기반을 열었던 아우구스티누스는 신플라톤주의자인 플로티우스의 저서에서 발견한 플라톤 사상을 기독교의 신앙과 결합시켜 철학과 신학을 나의 줄기로 통합시키기도 하였다. 13세기 사상의 전개과정 가운데 지식 생산자들은 철학과 신학을 연관시키는 문제, 즉 이성과 신앙의 관계에 대한 문제로 고심하였다.

'무엇을 가르치고 배울 것인가?'에 대한 질문은 철학에서 신학으로 옮겨가게 되었고, 지식의 생산자들이 모이는 장소는 아카데미아(knowledge in academia)에서 수도원으로 바뀌게 되었다. 지식을 추구하는 움직임은 그리스, 로마 시대를 거쳐 중세 수도원으로 이어졌다. 집단 거주지로 시작한 중세의 수도원이 지식의 보고 역할을 하기 시작하면서 수도사들은 과거의 보존된 지식을 필사하여 지식을 보존하는 역할을 하게 되었다. 지식의 형태는 신학으로 한정되었다.

　그 뒤 중세시대 이후 르네상스 운동과 함께 16~17세기에는 새로운 지식 탐구의 수단인 과학적 탐구방법이 생겨나 '자연과학'이 발달하였다. 새롭게 탄생한 과학적 탐구방법은 점차 비판적인 안목을 키워 주어 자연과학뿐만 아니라 인문과학 및 사회과학에도 영향을 미침으로써 수많은 학문영역(교과영역)이 생겨나게 되었다. 이와 같은 새로운 학문과 지식의 증가는 학교에서 가르쳐야 할 교육내용을 자연스럽게 증가시켰다. 이러한 학문과 지식은 처음에는 대부분이 학교의 교과로 채택되었다. 그러나 19세기 초 그리스어와 라틴어 그리고 수사학, 대수, 기하, 천문학 등을 중심으로 이루어져 있던 교과는 19세기 말 학문의 분화와 발달로 인하여 그 수가 점차 늘어나게 되었다. 특히 자연과학과 사회과학의 발달은 학교에서 화학, 생물학, 물리학, 세계사, 정치 · 경제, 농업 등의 교과를 탄생시켰다.

　현재의 교과는 19세기 말 학문의 분화와 발달과 관련이 있다. 자연과학과 사회과학의 발달은 학교에서 화학, 생물학, 물리학, 세계사, 정치경제, 농업 등의 교과를 탄생시켰으며 그 후 계속된 학문의 분화와 발달은 교과의 체계적인 발달을 필요로 하게 되었다. 이러한 상황에서 제기된 문제는 무엇보다 중요한 지식이고, 학교는 어떤 시간을 선택해야 하는가라는 선택에 관한 것이었다. 지식의 선택 문제는 인간의 역사에서 최근의 일이다. 지식은 오랫동안 소수의 지도층에만 제한된 형태로 허용되었기 때문에 지식 자체에 대한 취사선택의 문제는 교육의 문제와 거리가 멀었다.

　지식의 선택 문제는 지식의 폭발적인 증가와 관련이 깊다. 지식의 급증으로 인한 혼란스러운 상황에서 Spencer는 '어떤 지식이 가장 가치 있는 지식인가?'에 관하여 논의하면서, '무엇을 가르칠 것인가?'에 관한 교육내용의 선정준거에 대하여 문제를 제기하게 된다. 이 질문은 현대적인 의미의 최초의 교육과정 관련 문제 제기라고 할 수 있다.

2. 지식, 교과, 학문

1) 지 식

(1) 지식의 본질

지식의 본질에 관한 문제는 [그림 5-1]처럼 '실재를 알 수 있는가?' '진리란 절대적인 것인가, 상대적인 것인가?' '지식은 객관적인 것인가, 주관적인 것인가?' 그리고 '지식은 선험적인 것인가, 경험적인 것인가?' 하는 질문에 대한 해답을 구하는 것과 관련된다. 지식의 본질이나 인간 본성에 대한 철학적인 기본 가정이나 관점은 교육과정에 큰 영향을 준다. 교육과정의 목적이나 내용은 지식의 본질을 어떻게 보느냐에 따라 크게 달라질 수 있다. 교육과정의 목적이나 내용은 지식과 밀접한 관련을 가지고 있으며, 교수-학습의 초점이 지식에 있기 때문이다. 예를 들면, 지식이 그 지식을 습득하려는 사람과 관계없이 객관적으로 존재한다고 보는 입장과 지식은 인간 주체, 즉 지식을 습득하려는 개개인의 마음속에 주관적으로 존재하며 개개인이 내적으로 형성해 나간다는 입장이 각각 요구과정에 시사하는 바는 상당히 다르다(조경원, 이기숙, 오욱환, 이귀윤, 오은경, 1990). 전자의 경우 교육과정의 목적이나 주요 내용은 주로 객관적이고 사실적인 지식을 다루는 데 초점을 두게 되고, 후자의 경우 주관적인 상대적 지식, 특히 학생의 상대적인 경험을 강조하는 데 초점을 두게 된다.

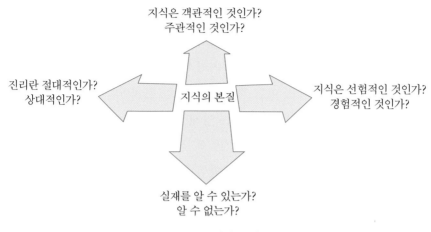

[그림 5-1] **지식의 본질**

(2) 지식의 종류

지식의 형태나 종류를 구분하는 문제는 교육내용과 지도과정을 구성하는 문제와 밀접하게 관련되어 있다. 지식의 형태와 내용은 이론적으로는 구별되지만, 서로 분리해서 생각할 수 없을 정도로 깊이 관련되어 있는 것도 사실이다. 지식은 학문을 구성하는 요소이며, 교과를 구성하는 바탕이 된다. 지식은 크게 명제적 지식(intelligence)과 방법적 지식(know how)으로 나뉠 수 있다. 이러한 구분은 Ryle(1949)에 의해서 이루어졌는데, 명제적 지식은 우리가 갖는 경험을 이해하는 방식으로 사실, 개념, 원리 등을 들 수 있다. 방법적 지식은 수행능력을 말하며 기능으로 불릴 수 있다. 학문과 교과를 구성하는 데는 명제적 지식과 방법적 지식이 모두 사용된다. Ryle 이론의 강점은 명제적 지식과 방법적 지식의 관계를 설정하였다는 데 있다.

① 명제적 지식

명제(proposition)란 참과 거짓을 명확히 판별할 수 있는 문장을 말한다. 그리고 명제적 지식(propositional knowledge)이란 '……인 것을 안다(know that)'의 형식으로 표현되는 지식으로 명제 자체로서 진리임을 알 수 있는 지식을 말한다. 다시 말하면, 어떤 사물이나 이론의 원리에 대해 우리가 아는 것처럼 진위를 구별할 수 있는 문장으로 표현되는 지식을 말하는 것이다.

명제적 지식은 다시 사실적 지식, 논리적 지식, 규범적 지식으로 나눌 수 있다. 교과나 학문 중에는 이들 지식 중 어느 한 가지만을 취급하는 것도 있고 모두 포함하는 것도 있다. Hirst는 명제적 지식과 교육과정의 관계를 깊이 있게 연구하였다. 그는 명제적 지식을 진으로 밝혀진 명제라고 하고 주요 개념, 개념들의 논리적 구조, 검증방법 등 세 가지 준거에 의하여 여러 가지로 분류하였다. 지식의 형식으로 알려진 이 명제적 지식에는 형식논리학과 수학, 자연과학, 자신과 타인의 마음상태에 관한 지식, 도덕적 지식, 문학과 예술, 종교, 철학 등이 속한다. 그는 자유교육(liberal education)이 이들 지식의 형식을 습득하는 데 목적이 있으며, 교과는 이들 지식의 형식이 단독 또는 결합되어 구성되는 것이라고 보았다.

- 사실적 지식: 사실적 지식은 '지구는 둥글다.' 거나 '물은 0°C에서 언다.' 라는 것을 아는 것과 같이 사실 혹은 현상을 기술하거나 설명하는 것으로서, 일반적으로 사실적 지식 혹은 종합적 진술로 표현되는 문장을 말하는 것이다. 이 사실적 지식도 그 내부에서는 또 경험적 지식과 형이상학적 지식으로 구분할 수 있다. 전자는 '남산은 서울에 있다.' 와 같이 그것을 표현하는 문장을 구성하는 단어들의 의미가 객관적으로 이해되며 검증될 수 있는 것을 의미하고, ' 신은 의로운 자를 구원한다.' 와 같이 객관적으로 이해될 수 있지만 경험적으로 검증될 수 없는 것을 말한다.
- 논리적 지식: 논리적 지식은 형식적 지식으로서 언어나 기록의 의미 관계를 나타내는 것으로 주로 문장 구성에 있어서 의미상의 관계에 의해 규정된다. 여기에는 '미혼 성년의 남자는 총각이다.' 와 같이 분석적 문장에 의하여 표현되는 지식과 '삼각형의 내각의 합은 180°이다.' 같은

수학적 공리도 여기에 포함된다. 이러한 지식들은 경험적 세계에 관하여는 아무런 정보를 제공하지 않으며, 단지 논리적 표현을 제공할 뿐이다. 그러나 이러한 논리적 지식은 사실적 지식들이 조직되는 체제의 형식을 제공한다. 따라서 사실적 지식들은 거짓(falsity)을 포함하지 않아야 한다. 어떤 주장을 구성하는 진술들 사이에 논리적 모순이 없을 때, 그것은 논리적 일관성을 지닌다고 하며, 이 논리적 일관성은 논리적 지식의 가장 중요한 조건이 된다. 그런데 '내일 아침에는 해가 서쪽에서 뜬다.' 와 같이 논리적 모순을 포함하지 않은 진술도 사실적으로 가능하지 않은 경우도 있다. 왜냐하면 사실상 그렇게 될 가능성은 우리의 경험상 거의 없기 때문이다.

- 규범적 지식: 규범적 지식은 가치나 규범을 나타내는 것으로서 '민주주의는 바람직한 정치제도다.' 와 같이 평가적 언어를 포함하는 진술로 구성되는 것을 말한다. 이 진술의 정당성은 언제나 어떤 준거에 비추어 성립한다. 그러나 이 가치의 준거는 사실적 지식과 같이 항상 일치하는 것이 아니며, 가치판단 또한 사람과 시대와 장소에 따라 달라질 수 있다는 데에 단점이 있다.

② 방법적 지식

우리가 '안다.' 고 할 때 이것은 그 내부에 두 가지 내용을 포함하고 있다. 하나는 '나는 물이 100°C에서 끓는다는 사실을 안다.' 와 같이 '……라는 것을 안다(know that).' 라는 앎이 있는가 하면 '나는 운전할 줄 안다.' 와 같이 '……할 줄 안다(know how).' 로 표현되는 앎이 있다. 이처럼 '……라는 것을 안다(know that).' 와 같은 것은 명제적 지식이고, ' ……할 줄 안다(know that).' 로 표현되는 것은 방법적 지식이다. 그러나 명제적 지식과 방법적 지식은 때에 따라서는 엄격히 구별하기 어려운 경우도 있다. ' ……할 줄 안다(know how).' 는 말은 '어떻게 하는 것이 옳은 것임을 안다.' 로 바꾸어 표현될 수 있기 때문에 엄격히 '······인 것을 안다(know that).'와 구별되지 않기도 한다. 그리고 '······인 것을 안다.'는 말도 '······이라고 설명할 줄 안다.'로 표현이 될 수 있으므로 '······할 줄 안다.'는 것과 엄격히 구별되지 않는다. 그러나 '······할 줄 안다.'는 경우에 어떻게 하는 것, 즉 과제의 절차 및 방법을 아는 것이고, '······라는 것을 안다.'의 경우는 무엇이 진리라는 것을 아는 것, 즉 명제가 진리임을 아는 것이므로, 적어도 그것은 구별된다고 하겠다.

이처럼 '······할 줄 안다.'와 같은 방법적 지식은 적어도 과제의 절차와 방법에 관한 지식으로 과제수행을 위해 지켜야 할 규칙이나 원리에 익숙해야 하는 것이 요구된다. 여기서 '안다.'는 것, 즉 방법적 지식은 그 자체가 '할 수 있다.'고 하는 능력을 뜻하는 것은 아니다. 만일 내가 어제까지 운전을 할 줄 알았으나 신체적 장애로 인하여 오늘부터 운전을 할 수 없을 경우에 나는 운전을 할 수는 없으나 알지 못하는 것은 아닌 것이다. 또한 방법적 지식은 기술과 기능 등과 같이 인간의 능력에 관계되는 것이므로 반드시 언어로 표현되지 않을 수도 있으며, 그것을 표현하지 못한다고 해서 알지 못한다고 할 수 없는 것이다.

(3) 지식의 형식

'지식의 형식(forms of knowledge)'은 지식의 발달로 인하여 등장한 교과를 나타내는 용어로 Hirst가 그의 논문 「Liberal education and the nature of knowledge」에서 제안한 것이다. 여러 가지 지식의 형식은 인류가 지금까지 점차로 분화, 발전시켜 온 공적인 전통으로서 그 각각은 독특한 개념과 검증방법을 가지고 있다. Peters에 의하면 교육은 "인간다운 삶의 형식에로의 입문"이며, 모종의 가치 있는 것이 도덕적으로 온당한 방법으로 의도적으로 전달되는 과정 내지 전달된 상태를 의미한다.

Peters의 '모종의 가치 있는 내용'은 Peters와 Hirst에 의해 '지식과 경험의 여러 양식'으로 제시되었는데, 이 표현은 Peters와 Hirst의 각 논문들에서 조금씩 달랐다. 그중 가장 많이 사용된 표현은 '지식의 형식'이다.

인간은 경험을 이해하고 표현하는 것으로, 사회적으로 공유된 언어라는 수단을 가지고 있다. 이러한 공적 의미를 가진 상징의 사용을 배움으로써 동일한 개념 구조를 가지며, 일련의 경험들은 상징의 사용을 확대하고 정교화하여 인간의 경험, 태도, 신념 등 모든 의식의 형식들을 객관적으로 표현한다. Hirst는 교육이란 기본적으로 합리적인 마음을 계발시키는 것이며, 합리적인 마음의 계발은 어떤 상이한 개념적 조직에 따라 조직된 인간의 경험들, 즉 '지식의 형식'을 배움으로써 가능하다고 하였다.

1970년 Peters와 Hirst가 구분한 '지식과 경험의 여러 양식'의 분류기준인 특수한 종류의 개념과 객관성을 검토하기 위한 검증방법을 보면 다음과 같다.

첫째, 형식논리학과 수학은 일반적인 추상적 성질의 관계를 추출하는 개념을 포함하며, 한 공리체계 내의 연역방법은 진리를 위한 독특한 형태의 방법이다.

둘째, 자연과학은 감각기관에 의한 관찰방법에 의해서 결국 존재 여부가 결정되는 진리에 관계된다.

셋째, 우리 자신과 다른 사람들의 감정에 관한 이해는 인간 상호 간의 경험과 지식에 꼭 필요한 신의, 판단, 의도, 욕구, 동작, 희망, 향락 등과 같은 개념을 사용하며, 이는 감각기관에 의한 관찰만으로는 획득될 수 없는 우리 마음상태의 판단으로 파악되는 것이다.

넷째, 도덕적 판단과 인식에는 당위, 과실, 의무와 같은 개념이 필요하며 행동이나 상태를 그와 같은 용어로 이해한다.

다섯째, 심미적 경험은 언어적으로 제한하지 않은 상징적 표현 상태를 사용하는 주관적인 특수 양식에 해당한다.

여섯째, 종교적 주장은 전통적 형태의 개념을 사용하며 객관적 근거에 대한 논란이 이 분야에 대한 더 많은 논의를 약화시키지는 않는다.

일곱째, 철학적 이해는 독특한 이차적 개념에 환원될 수 없는 객관적인 검증 형식을 포함한다. Hirst는 이러한 지식의 형식이 결코 절대적이거나 영원하지 않다는 것을 인정하며 또 이것의 불명확성마저도 인정하고 있다.

Hirst는 교육내용은 다음의 여덟 가지 지식의 형식이 핵심이 되어야 한다고 주장한다. Hirst의 분류에 따르면 지식의 형식에는 수학(mathematics), 자연과학(physical sciences), 인간과학(human sciences), 역사(history), 종교(religion), 문학과 예술(literature and fine arts), 도덕(morality), 철학(philosophy) 등이 포함된다. 지식의 형식은 전통적으로 학교교육과정의 핵심을 이루어 온 이론적 교과와 상응한다. 지식의 형식을 배운다는 것은 공적인 개념 구조에 의해 구조화된 경험을 갖게 된다는 것이며, 그것은 곧 합리적인 마음을 갖게 되는 과정이다. 그리하여 교육은 지식의 형식을 가르침으로써 합리적 마음의 발달을 도모하는 일로 규정된다.

학교에서 가르치는 교과를 분류하는 방식에는 여러 가지가 있을 수 있다. 가장 손쉬운 것으로는 현재 학교에서 채택하고 있는 교과목 편제에 따라 국어, 수학 등등으로 분류하는 방식을 들 수 있을 것이다. 교과는 지식과 학문의 논리적 성격에 의하여 형성된다. 그러나 교과의 구분에는 행정, 관리적 측면도 크게 작용한다.

교과를 분류하는 방식의 하나로 교육의 내용을 그것이 가지는 가치 또는 중요성에 따라 두 가지로 분류하고 그 분류가 의미 있게 성립하는지 그리고 그 분류에서 모종의 중요한 결론이 따라 나오는지를 생각해 보겠다. 그러나 이하의 설명에서 알 수 있는 바와 같이 교육내용의 분류는 또한 교육방법의 분류와 긴밀한 대응관계를 보여 주고 있다.

교육과정을 개발하는 일은 일반적으로 학생들에게 가르쳐야 할 교과목들

을 선정, 편성하고, 각각의 교과별 세부내용과 활동을 계획하는 일이라고
인식되어 왔다. 즉, 가르치는 사람도 배우는 사람도 아닌, 각 교과별 지식체
계가 교육과정의 핵심 요소였다는 점을 부인하기 어렵다. 이러한 교육과정
의 구조와 관련하여 가장 영향력 있는 설명방식은 앞서도 언급한바 있는
Peters와 Hirst의 '지식의 형식' 이론이라고 할 수 있다. 이들은 지식의 형식
은 인간의 경험을 조직하고 표현하는 공통의 방식, 즉 상징체계, 개념 구조,
검증 절차 등에 의해 논리적으로 구조화된 것으로서, 각각의 지식의 형식은
독립되어 있기 때문에 독특한 개념과 논리적 규칙을 상호 간에 공유할 수
없으며 또 다른 어떤 지식으로 환원될 수도 없다고 주장한다. 서로 구별되
는 지식의 형식으로 Hirst(1974)는 여덟 가지를 제안한 후, 세부적인 구분방
식에는 여러 차례 변화를 보이기도 하였고, 그 스스로 그러한 분류방식이
절대적이거나 명확한 것은 아니라는 점을 인정하기도 하였으나, 각 지식의
형식에 따라 고유한 내적 논리가 있으며, 그 논리에 의거하여 별도의 교과
가 조직되고 가르쳐져야 한다는 기본적인 입장에는 변화가 없다고 강조하
고 있다.

2) 학문

학문은 사실적 정보, 개념, 원리, 이론들의 결합물이다. 하지만 학문에 대
한 폭넓은 규정은 이러한 지식체계를 탐구하는 기능(방법론)과 동일한 학문
활동에 종사하면서 공유하게 되는 가치(정서적 유대감 등)를 포함한다. King과
Brownell(1966)이 학문을 지식들의 분류체계며, 탐구방법이자 공통의 문화
의식으로 정의한 것은 이와 같은 의미다.

1960년대 선진국을 중심으로 전개된 학문중심 교육과정운동은 이러한 학
문을 학생들이 배우도록 의도한 것이었다. 즉, 학문을 구성하는 요소와 그
요소들 간의 관계, 즉 학문의 구조 그리고 이를 파악하는 데 요구되는 탐구

방법, 학자들이 학문을 하는 과정에서 보여 주는 열정 등을 학생들이 배우
도록 한다는 것이다. 그러나 학문중심 교육과정운동은 개인의 정의적 측면
의 개발과 사회의 문제해결력을 길러 주지 못하고, 경험과 지력이 부족한
학습자를 성숙한 학자로 생각하는 문제점이 있다.

3) 교 과

교과는 각급 학교의 교육과정에서 수업과 학습을 위하여 구분하는 기본
단위를 가르킨다. 초 · 중등학교 교육과정에서 교과는 교육과정의 핵심이
되는 내용을 제공한다. 교과는 인류가 축적한 문화유산 중 다음 세대에게
물려줄 가치가 있는 것들의 정수(essence)다. 교과는 사회와 학습자의 요구
를 실현해 주는 주요 수단이다. 그러나 모든 학문이 다 교과가 되는 것은 아
니며 교육적 의의와 효과를 지닌 것들만 엄선되어 교과로 개발된다고 할 수
있다. 교과는 학문이라고 알려진 지식체계 중 학생을 수련시킬 가치가 있는
것이면서 동시에 교사가 가르칠 수 있고 학생이 배울 수 있는 교수-학습의
가능성이 높은 것들만 선별한 것이다.

교과는 교과가 대변하는 대상 세계의 표상에 있어서 포괄성과 정확성이
있어야 하며, 그 내용과 활동은 체계적으로 잘 조직되어 논리정연성이 있어
야 한다. 선택이 되어 교육과정에 포함된 교과의 정당성의 강약 여부는 교
과가 담고 있는 내용이 학생의 좁은 경험을 넘어 외부적 실재를 얼마나 폭
넓게 그리고 정확하게 대변해 주는가에 달려 있다. 이를 교과의 외부 세계
반영의 포괄성과 정확성이라고 부를 수 있다. 즉, 좋은 교과는 그 교과가 다
루고 있는 기본 대상의 세계에 더 잘 뿌리내리고 있으며, 나아가 그 대상 세
계를 더욱 포괄적이고 정확하게 전달하고 있어야 한다. 이러한 교과는 기초
적 지식과 당대까지의 학문적 최신 성과의 체계적 반영, 내용의 폭과 깊이
의 균형, 학습내용의 전이력(transferability) 등을 지녀야 할 것이다. 결국 교

과는 교과가 대변하는 세계에 대한 기술의 포괄성과 정확성, 내용 조직체계의 논리정연성 때문에 교육과정 결정에서 핵심적 지위를 차지해 왔다. 이 세 가지는 교과의 기본 특성이자 강점이라고 할 수 있다. 학교학습은 이미 정설화된 것으로 안정성과 계속해서 다른 연령대 학생들에게도 동일하게 필요할 것이라는 반복성을 지니고 있다.

　학교와 같은 교육기관에서 가르치고 배우는 교과나 그 내용과 활동은 대체로 다음과 같은 여덟 가지로 나눌 수 있다. 아동이 자라나 기억을 자기관리하면서 가장 먼저 배우는 것이 생활과 학습의 기초가 되는 문해력(literacy)와 수리력(numeracy)이다. 문해력은 자국어와 외국어로 된 글을 읽고 쓰는 능력이며, 수리력은 셈하고 논리적으로 추론하는 능력을 말한다. 국어, 영어, 수학 교과와 같은 도구 교과가 이에 해당한다. 아동은 읽고 셈하는 것 외에도 처음부터 자연스럽게 신체적 활동과 정서적 표현을 배우는데, 이에 해당하는 것은 학교의 체육과 예술 교과다. 문해력과 수리력을 갖추면 인간과 사회, 사물과 자연 및 직업기술에 관한 개념, 원리, 법칙, 이론 등을 체계적으로 배우게 된다. 즉, 사회, 과학, 직업기술 교과가 이에 해당된다. 교과는 국어, 외국어, 수학, 사회, 과학, 직업기술, 체육, 예술로 분류될 수 있다. 교과는 학교급이 높아질수록 점점 과목으로 분화된다.

　학교 교과들은 학문적인 전통의 소산으로서 몇 개의 영역들로 구분되어 있고 또 같은 영역이라도 학년별로 구분되어 조직되는 형태를 갖는다. 이러한 교과의 개념에 대한 다양한 견해들을 살펴보면 다음과 같다. '교과란 무엇인가?'라는 질문에 대한 가장 상식적인 대답은 '학교에서 가르치는 교육내용'이 될 것이다. 그러나 학교에서 무엇을 가르쳐야 하느냐에 대해서는 각 시대에 따라서 또는 교육과정 이론에 따라 다음과 같이 상이한 대답을 할 수 있다.

　교과중심 교육과정에서는 교과를 가르쳐야 한다고 하였고, 그 교과란 인류가 역사를 통해서 축적해 온 문화유산들을 체계적으로 잘 정리해 놓은 것으로서 학생들이 공부해야 할 주제, 배워야 할 기능, 외워야 할 사실들을 의미하는 것이었다. 반면 경험중심 교육과정에서는 아동의 흥미나 필요에 기초하여 생활 사태에서 부딪치는 문제들을 해결해 나갈 수 있도록 아동들의 경험을 교과에 담아야 한다고 보았다. 또한 학문중심 교육과정에서는 각 학문의 내용 또는 기본 개념들을 각 학문의 탐구방법이나 논리에 따라 조직해 놓은 학문형 교과를 가르쳐야 한다고 보았다.

Dewey에 따르면 교과는 현재 사회생활의 의미 중에서 '전수할 가치가 있는 의미'를 구체적으로 자세하게 표현한 것들이라고 한다. 다시 말하면, 교과내용은 다음 세대에 계속 전해 주어야 할 문화의 본질적 요소를 교사가 분명하게 알 수 있도록 조직된 형태로 제시한 것이다(Dewey, 1916).

Dewey는 전통적인 7자유학과나 인문 교과들이 실제 생활과는 거리가 먼 지식이라고 비판하고 학교의 교과는 실용적 지식으로 재편성되어야 한다고 주장하였는데, 그의 실험학교에서 새로운 교과과정을 선보였다. Dewey에게 있어서 교과는 인간의 생활 경험으로 구성되어야 한다. 즉, Dewey는 인간의 생활 경험 속에서 학습자의 경험 성장을 위해 선택하고 조직한 생활 경험을 교과로 보아야 한다고 하였다.

그는 교과를 학습하는 방법에 있어서도 기계적인 암기나 추상적 관념의 학습방법을 통하지 않고, 교과 자체가 선인들의 경험의 산물이기 때문에 교과의 학습은 학생들의 경험을 통해 추구되어야만 한다고 주장한다. 비형식적 교육에서는 직접적인 상호작용을 통해 지식 또는 교과가 전달될 수 있지만, 사회가 점차 복잡해지고 인쇄술이 발달함에 따라 학교에서 배우는 지식과 사회집단 사이에서 통용되는 관습, 행위 등이 동떨어지게 되고, 형식교육에서는 교과가 그 자체로서 가치 있는 지식으로 존재하는 것처럼 보이게 된다.

Dewey는 교과를 '교육자의 교과'와 '학습자의 교과'로 나누어 그 관계를 분석하여 경험으로서의 교과가 가지고 있는 성격을 드러내고 양자 간의 연속성을 강화하였다.

곽병선(1987)은 교과에 대해서 인간의 가치를 드높이는 데 직결되어 사회적으로 지지를 받고 있으며, 일정한 준거를 가지고 그 생성을 되풀이하고 있는 문화 요소 중에서 학교에서 가르칠 수 있는 대상으로 선정된 학문이나 경험의 분야라고 정의하고 있다.

앞에서 본 교과에 대한 개념에서는 다음과 같은 몇 가지 공통적인 요소가 있다.

첫째, 교과는 학교에서 학생들에게 가르치는 내용이다. 인류가 축적한 문화유산을 모두 학생들에게 가르칠 수 없기 때문에 각 시대와 사회의 목적에 따라 어떤 것을 우선하여 가르칠 것인가에 대한 합의를 거쳐야 한다.

둘째, 교과는 논리적으로 구분이 가능한 개념 체계와 각각의 독특한 준거나 근거를 가지고 몇 개의 영역으로 구성된다. 같은 영역 안에서도 체계화된 지식과 경험의 내용이 다르고 그것을 산출하는 탐구과정이나 사고 양식이 다르면 분화가 된다.

셋째, 교과는 일정한 준거를 가지고 선정되며, 교과 선정의 합의과정에서 교과는 사회적 학문 공동체 또는 권익 집단에 의해 유지, 존속된다. 즉, 교과는 교과를 둘러싸고 존립하고 있는 교과 공동체의 영향을 받게 되어 내적으로는 자기 분야에서의 새로운 성취를 지향하고 경쟁과 비판이 벌어지게 되지만, 외적으로는 자기 분야의 이익과 지위 상승을 위하여 배타적인 노력을 기울이게 된다.

(1) 교육내용과 교사의 전문성

Deng(2009)에 따르면, 교사가 학교 교과의 내용을 안다는 것은 다음 다섯 가지 측면을 아는 것을 의미한다.

- 논리적인 측면: 가르쳐야 할 기본 개념과 원리
- 인식론적 측면: 개념과 원리의 인식방법 및 체계화 방식
- 심리적인 측면: 개념과 원리가 학습자들의 관심, 경험, 선행지식으로부터 개발될 수 있는 방법
- 사회문화적 측면: 개념과 원리가 사회 및 문화와 관련되고 상호작용하는 방식
- 교수법적 측면: 개념과 원리를 수업을 위해 효과적으로 표상하고 재형성하는 방법

이 중 앞의 네 가지 측면은 학교 교과에 내재한 '내용 이론'과 관련이 있으며, 마지막 것은 교수법적인 차원에 해당한다. 교사는 학교 교과에 내재해 있는 '내용 이론', 즉, 내용에 대한 논리적, 인식론적, 심리적, 사회문화적 측면의 분석을 먼저 해야 하며, 이에 기반을 두고 교수법적인 해석을 해야 한다. 학교 교과에 대한 이러한 분석은 교사들이 교육과정 기준에 처방된 것을 기계적으로 따르고 전달하기보다 구체적 수업 상황 속에서 특정 내용의 교육적 의미를 해석하고 재발견할 수 있도록 한다.

교과를 중심으로 한 교육과정의 종류를 구분하면 ① 전통문화 중에서 다음 세대로 전해 줄 핵심적 문화내용(cultural literacy)을 담은 교과를 가르치고 배우자는 보수적 전통적 교과중심(subject-centered) 교육과정, ② 1960년대 이후 수학과 과학을 중심으로 각 학문이 기본 아이디어, 개념, 주제, 이론, 법칙, 원리 사이의 관계로서 구조를 효과적인 학습전략으로 강조한 학문중심(discipline-centered) 교육과정, ③ 구체적인 수업목표를 행동적으로 기술함으로써 교과 교육 효과를 높이려는 행동주의 교육과정이 있다. 1980년대 이후 기초 학력 부실의 원인을 국가수준의 명확한 학업성취 기준이 없기 때문이라고 판단하여 이를 마련하려는 성취 기준 개발운동은 행동주의 교육과정의 연장이 되었으며, 여기서는 교과 학업성취를 높이기 위한 국가와

학교의 책무성을 강조한다. 이들은 대체로 역사적으로 발달해 온 순서이며, 교과내용의 조직과 표현을 보다 정교화하여 그 전수를 극대화하기 위한 방식으로 변화해 온 것들이다.

(2) 교과와 경험

전통적으로 학교는 교과를 가르치는 일에 주력해 왔다. 그것은 현재에도 그러하며, 미래에도 그러할 것이다. 교육이 무엇인가를 의도적으로 가르치는 행위이고, 그 무엇이 되는 교육내용이 교과로 편성되어 학생들에게 제시된다면, 학교교육은 교과를 중심으로 전개되어 나가는 것이 자연스럽다할 것이다(김수천, 2003). 교과에 대한 개념에서와 마찬가지로 교육과정 이론도 교과와 경험에 대한 논쟁을 끊임없이 진행해 오고 있다.

교과와 경험 두 가지 상이한 개념이 아니라 동일한 실체를 다른 관점에서 보는 것으로 생각할 수도 있을 것이다. 교과는 학생들이 경험해야 하는 내용을 이르는 것이며, 학생들은 교육받는 동안 교과 이외의 것을 경험하는 것이 아니라 교과를 경험하는 것이다.

즉, 교과중심 교육과정은 교과로 시작하여 경험으로 끝나며, 경험중심 교육과정은 경험으로 시작하여 교과로 끝나야 한다. 따라서 교과와 경험은 동일한 실체이며, 교육을 보는 관점의 전환을 나타내는 것이라 볼 수 있다.

기존의 교과중심 교육과정에서는 교과는 그 자체로서 중요성을 가지고 있고, 학생들의 경험과 떨어져 존재하며, 학생들은 수동적으로 그 지식들을 맹목적으로 받아들여야 한다고 생각하였다. 그러나 경험중심 교육과정에서는 교육의 무게중심이 교사에서 학생으로, 교과내용의 전달에서 학생들의 경험으로 옮겨지게 되었다. "우리는 '교과'를 가르치는 것이 아니라 '아동'을 가르친다."라는 말은 교과가 학생에게 경험되어야 한다는 것을 강조하는 말이라 할 것이다.

따라서 교과는 학습자에게 유용한 내용을 학습자의 흥미와 자발적 활동을 중시하여, 학습자로 하여금 지적인 과정을 경험하게끔 하는 것이라 할 수 있다.

(3) 교과와 지식의 구조

1960년대 이후 미국에서 추진되었던 교과 현대화의 주요 논점 중 하나는 경험주의 교육의 비판과 극복이었다. 또한 과학기술의 혁신에 대한 국민의 교육적 욕구가 증대되었다. 이처럼 교과내용의 현대화는 철학적 문제로서의 경험주의 비판과 과학의 통합적 학습이라는 새로운 단계로 발전된 것이었다.

Bruner는 『교육의 과정(The Process of Education)』(1960)에서 교육과정 원리로서 '지식의 구조'를 설명하고 있다. '지식의 구조'는 교과에는 각각의 특유한 개념과 탐구방법이 있다는 것을 전제로 하며, 교과의 조직과 운영은 그 개념과 탐구방법을 가장 잘 반영할 수 있어야 한다는 것을 강조하고 있다.

따라서 '탐구학습'과 '발견학습'이 강조되었고, 학생들 입장에서의 지식의 이해와 능동적 참여를 중시하였다. 여기에서 각 교과의 교육내용은 탐구의 결과로서의 지식뿐만 아니라 그 탐구과정도 포함한다.

교과의 구조는 교과마다 독특한 방법적 원리 또는 사고과정을 반영하게 되고, 교과의 교육방법은 각 교과의 성격과 구조에 충실하게 자료를 조직하여 제시하는 것이다.

(4) 교과의 가치

교과의 가치를 정당화하는 문제는 학교에서 학생들에게 왜 특정한 교과 또는 과목을 가르치느냐 하는 문제로서 교육과정의 중요한 탐구문제다. 교과의 가치를 정당화하는 방식으로는 외재적 정당화와 내재적 정당화의 입장이 있다. 교과를 이 두 가지 방식 중 어떤 방식으로 정당화하는가는 '교과가 왜 가치 있는가?'라는 질문에 대해 어떤 방식으로 대답하는가에 따라 구별된다. 교과를 외재적으로 정당화할 경우, 어떤 교과를 가르치는 이유는 교육 이외의 다른 목표를 달성하기 위한 수단이 되기 때문이다. 즉, 어떤 가치 있는 것을 달성하는 데 그 교과가 어떤 기능을 하는가 또는 교과를 가르쳤을 때 그것이 어떤 가치 있는 결과나 효과를 가져오는가에 대답하는 것이다. 이러한 질문에 대해 교과가 기능을 해야 할 또는 그것을 가르친 결과로서 나타나는 다른 어떤 것을 경험적으로 보여 줌으로써 대답하는 것이다.

① 외재적 정당화

외재적 정당화에 의한 교과의 가치는 생활에의 필요나 실제적인 유용성, 사회적인 요구 등의 외재적인 측면에서 찾을 수 있다. 그러나 개인적·사회적 생활의 필요로 교과가 정립된다면 학생들에게 가르쳐야 할 교과의 수는 너무 많아진다. 이는 오늘날 교육의 문제점으로 지적되는 교과의 범람이기도 하다(이홍우, 1977).

② 내재적 정당화

내재적 정당화에 의한 교과의 가치는 교과로서 내재적으로 가치 있는 상태를 실현할 수 있다고 본다. 내재적인 가치의 구체적인 내용은 지식과 이해, 지적 안목으로 교과 그 자체의 형식이나 사고방식에 의해 일반적인 지역을 개발하거나 지적 안목을 형성하는 것에서 찾을 수 있다. 이는 단순히 그 교과의 기술이나 방법상의 요령을 터득하고 있는 상태나 교과에서의 유리된 사실적인 정보를 많이 가지고 있는 상태가 아니라 전체적으로 사물을 보는 안목을 가리킨다. 또한 그런 지적 안목이란 삶의 정연한 패턴 속에서 그 지식이 차지하고 있는 위치를 볼 수 있으며, 그 지식을 소중히 여기고 그 지식에 헌신하려는 태도를 내포하는 것이다.

(5) 교과의 분류

오늘날 학교에서 가르치는 교과들이 왜 그렇게 분류되었는가에 대해서는 여러 가지로 설명할 수 있다. ① 생활의 필요에 따라서, ② 교과 그 자체의 논리적 기준에 따라서, ③ 인류의 지식과 경험이 오랜 전통을 통해 문화요소로 체계화되어서 교과의 영역이 설정되었다는 입장이다. 이 중에서 교육내용으로서의 교과가 지식이나 문화 요소가 가지고 있는 그 자체의 논리적 기준에 의해 분리될 수 있다고 보는 입장은 학교 교과를 중시하는 입장으로 볼 수 있다.

Phenix(1964)는 의미의 영역(realms of knowledge)을 통해서 교육내용을 분류한다. 인간은 의미를 창조하고 표현하는 동물로서, 현재 인간이 가지고 있는 의미는 역사를 통하여 인간이 발견하고 창조하고 표현한 의미의 총화다. 의미는 인간이 관조와 성찰을 통하여 얻은 경험의 내용을 논리적 원칙에 맞게 조직한 것으로서, 학문적 전통에 의해서 점차 선택적으로 정련하여 각각의 적합한 상징적 형식에 의해 표현한 것이다.

Phenix는 의미를 학습에 편리하도록 학문의 논리적 구조가 비슷한 것끼리 분류하였다.

첫째, 상징적 의미다. 의미에 대한 의사소통의 수단이 되는 것이 여기에 해당된다. 사람이 의미를 다른 사람에게 표현하고 다른 사람에 의해서 표현된 의미를 이해하는 도구로서 만들어 낸 기호체제가 포함된다.

둘째, 경험적 의미다. 생물계, 물질계 및 인간에 관한 과학 등의 자연과학과 정치학, 경제학, 사회학 등의 사회과학과 같은 분야가 여기에 속한다.

셋째, 심미적 의미다. 문학, 미술, 음악, 무용이 이 범주에 속한다.

넷째, 관계적 의미다. 인간들 사이의 관계에서 파생되는 실존적 자각을 그 내용으로 한다.

다섯째, 윤리적 의미다. 이 영역은 앞의 다른 영역에서는 고려하지 않는 도덕적 당위와 그에 따른 행위의 규칙을 다룬다.

　여섯째, **총괄적 의미**다. 종합적이고 통합적인 안목에 대한 분야로서 역사, 종교, 철학 등이 여기에 포함된다.

　Goodson(1983)은 여러 교육이론의 맥락 속에서 학교 교과의 성격을 검증하기 위한 가설을 다음과 같이 세 가지로 설정하였다.

　첫째, 교과는 단일한 실체가 아니라 하위집단들과 전통의 융합체로서 끊임없이 변하는 것이다.

　둘째, 학교 교과의 형성과정에서 교과집단들은 학술적 경향으로 이동하는 경향이 있다.

　셋째, 교과들 사이에는 지위, 자원, 영역에 대한 갈등을 교육과정 안에서 나타낸다.

　이런 가설 위에서 Goodson은 교육과정의 변화과정 안에서 학교 교과가 형성되고 변화되는 과정을 통해서 추출해 낸 학교 교과의 성격에 대한 설명적 틀을 다음과 같이 제시하였다.

　첫째, 학교 교과는 물리적 이해관심의 구조를 갖는다. 교과를 가르치는 교사의 봉급, 승진, 근무 조건 등의 물리적 이해관심이다.

　둘째, 교과는 연합체로서의 성격을 갖는다.

　셋째, 교육과정의 변화과정 안에서 학교 교과가 형성되는 과정이 설명된다.

　넷째, 새로 형성된 교과들은 변화를 겪게 되고 외적 관계를 형성한다.

　Broudy(1983)는 일반 공통 교육과정(common curriculum)을 강조하였다.

그는 학생의 필요나 배경과는 상관없이 누구나 학교에서 배워야 할 공통적인 내용이 존재하고, 어느 특정한 생활 영역이나 직업 분야에 국한되는 것이 아니라 넓은 범위에 걸쳐 적용되는 일반적인 교육과정이 존재한다고 생각하였다.

학교교육의 결과는 재생적, 연상적, 응용적, 해석적으로 사용된다. 만약 이 네 가지 용도 중에서 가장 근본적인 용도가 확인될 수 있다면, 학교교육은 그 용도를 촉진하는 교육내용을 가르쳐야 한다는 것이다.

한국에서는 초등학교 의무교육이 완성되어 오면서 중등교육 내에서 중학교와 고등학교의 성격이 변화되어 왔다. 학교 교과 형성 초기에는 일제의 영향으로 중학교와 고등학교의 차이가 미미하였다. 그러나 중학교 교육이 거의 완전 취학률에 이르게 되면서 중학교는 더욱 일반교육의 성격을 지니게 되었다. 고등학교는 일반교육에 탐색교육과 전문교육이 덧붙여진다. 탐색교육은 적성과 흥미에 따라 진로를 탐색할 수 있는 교육이고, 전문교육은 각자가 선택한 분야에 필요한 능력을 갖추도록 하는 교육이다.

우리나라의 학교 교과의 형성과 변화 과정을 살펴보면 학교 교과는 내적 진화과정을 거친다. 교육과정의 변화과정에서 하나의 교과로서 새로이 출현하여 형성된 교과들은 교육과정 안에서 교과의 위치를 확고히 하려고 하며, 그 교과 공동체집단의 이해관심이 결집하고 변화하는 과정을 통해서 학교 교과는 내적 갈등과정을 거친다. 교육과정 내에서 특정 학교 교과가 형성되면 대학에 중등학교의 그 교과와 관련된 학교가 설립되고 전문가가 양성되기 시작한다. 또한 그들은 자식들의 집단 이익을 지키고 확대시키기 위해 해당 교과를 학문적 지위로 승격시키고자 노력하는데, 그 과정에서 전문 학술단체와 연구회 등이 형성된나.

새로운 학교 교과가 교육과정에 완전히 편입된 이후에도 여러 가지 이유로 인해 갈등을 겪기도 한다. 이는 주로 교과들이 물리적 이해관심을 지닌 교과 공동체를 형성하기 때문이다. 교과들 사이에 형성되는 갈등관계는 교육과정 내에서 높은 지위를 차지하려고 하는 '위계구조'와 확고한 교과의 위치를 차지하려고 하는 '영역주의'로 분석될 수 있다. 이러한 위계구조와 영역주의는 바로 자원의 분배와 교과 공동체 구성원의 경력구조와 관계된다.

- 교과의 위계구조: 교과들 사이의 위계구조는 상급학교 진학시험에 출제되는 교과와 출제되지 않는 교과 그리고 시험에 출제되는 교과들 간의 그 비중의 차이로 인해 차별적으로 형성된다. 시험, 그중에서도 하급학교의 교육과정 운영에 영향을 미치는 상급학교 입학시험은 학교 교과들 간의 지위 결정과 위계구조의 형성에 중요한 변수가 된다.
- 교과의 영역 확보: 교과들 사이에 벌어지는 갈등관계는 교육과정 내에서 제도적으로 더 많은 영역을 확보하려고 하는 과정에서도 나타난다. 교과들 사이의 영역 확보와 관련된 갈등 현상은 교육과정 안에서 확고한 영역과 더 많은 영역을 확보하기 위해 각 교과 공동체들이 벌이는 여러 형태의 노력들로 나타난다. 교육과정 안에서 공통 필수교과로 확정되어 확고한 영역을 차지하고 그것을 유지함으로써 더 많은 시간을 배당하기 위해 교과 공동체들 간에는 갈등과 협상의 절충과정을 거친다.

3. 교육내용의 선정

1) 교육내용 선정의 이해

교육내용의 선정이란 학습자에게 무엇을 얼마만큼 제공할 것인가 하는 질문에 대한 응답으로, 교육내용의 구체적인 폭과 깊이, 즉 영역(scope)을 결정하는 작업이다. 교육내용을 선정하는 가장 큰 이유는 한정된 기간에 배워야 할 내용이 너무 많기 때문이다. 현대사회에서 지식과 정보의 양은 폭발적으로 증가하였지만, 여전히 학생에게 주어진 시간은 제한되어 있다.

그러므로 조직적인 지식, 기능, 가치를 선별하고 이들을 교과라는 그릇에 담아야 한다. 하지만 가치 있는 지식, 기능, 가치란 어떤 것인가? 우선 교육과정의 관점에 따라 가치 있는 지식, 기능, 가치에 대한 평가가 다를 것이다. 학문적 합리주의 관점은 학문의 구조를 가치 있는 교육내용으로 여기며, 사회적응·재건주의 관점은 사회문제를 해결하는 데 필요한 지식과 기능을 높이 평가하고, 인본주의 관점은 자아실현에 도움을 주는 지식, 기능, 가치의 통합적 기능을 주요한 교육내용으로 간주할 것이다.

이와 같이 교육과정의 관점은 교육내용을 선택하는 데 영향을 미친다. 교육내용을 선정하는 데에는 도움을 줄 것으로 생각되는 원리들이 있다. 그중에는 교육과정의 관점과는 관계없이 준수해야 할 것도 있으며, 관점의 차이에 따라 선택하거나 억제해야 할 것도 있다. 예를 들어, 타당성의 원리와 학습 가능성의 원리는 관점에 관계없이 준수해야 할 원리이지만, 중요성의 원

표 5-1 학자별 교육내용 선정 비교

Phenix(1964) 〈의미의 영역〉	Goodson(1983)	Broudy(1983) 〈일반 공통 교육과정〉
상징적 의미	학교 교과는 교과를 가르치는 교사의 봉급, 승진, 근무 조건 등의 물리적 이해관심 구조를 갖는다.	학생의 필요나 배경과는 상관없이 누구나 학교에서 배워야 할 공통적인 내용이 존재하고, 어느 특정한 생활 영역이나 직업 분야에 국한되는 것이 아니라 넓은 범위에 걸쳐 적용되는 일반적인 교육과정이 존재한다고 생각한다.
경험적 의미		
심미적 의미	교과는 연합체로서의 성격을 갖는다.	
관계적 의미	교육과정의 변화과정 안에서 학교 교과가 형성된다.	
윤리적 의미	새로 교과로 형성된 교과들은 변화를 겪고 외적 관계를 형성한다.	
총괄적 의미		

리는 학문적 합리주의에서는 존중되지만, 인본주의에서는 그리 중요하게 여겨지지 않으며, 사회적 유용성의 원리는 사회적응·재건주의에서는 따라야 하지만 학문적 합리주의에서는 크게 고려하지 않을 것이다. 여러 가지 준거 가운데에서 김대현과 김석우(2005)는 내용 선정의 원리로 '타당성, 확실성, 중요성, 사회적 유용성, 인간다운 발달의 원리, 흥미의 원리'를 제시하였다. 이러한 선정준거에 대해서 구체적으로 살펴보면 다음과 같다.

2) 교육내용 선정의 원리

(1) 타당성의 원리

교육내용은 교육의 일반적 목표달성에 도움을 주는 것이어야 한다. 교육의 일반적 목표는 어떤 교과를 가르쳐야 하는가를 시사해 주며 그 속에 어떤 지식, 기능, 가치들이 포함되어야 하는가를 대략적이나마 알려 준다. 교육내용이 교육의 일반적 목표와 무관하게 선택된다면 목적 없는 교육이 된다. 예를 들어, 초등학교 3학년 사회과의 목표 중에 "지도, 연표, 도표 등의 다양한 자료를 이용하여 정보를 수집, 활용하고, 문제를 합리적으로 해결하며……"라는 목표는 이에 관련되는 교육내용의 선정을 필요로 한다.

(2) 확실성의 원리

지식으로 구성되는 교육내용은 가능한 한 참이어야 한다. 참인가의 여부는 논리적이거나 경험적인 경우에는 간단하지만, 윤리적이거나 미학적 지식인 경우에는 가리기가 쉽지 않다. 한때 영국의 일부 대학의 철학과에서 윤리학과 정치학을 가르치지 않았던 것은 이와 같은 이유 때문이다. 하지만 Hirst는 이 지식들이 논리적이거나 경험적인 지식과는 다른 근거에서 참이 될 수 있다는 것을 증명하고자 하였다. 여하튼 교육내용은 원칙적으로 참이어야 한다.

(3) 중요성의 원리

흔히 학문을 토대로 교과(교과내용의 외적 표현)를 구성할 때는 학문을 구성하는 가장 본질적인 것들로 교육내용을 삼아야 한다. 학문을 구성하는 가장 본질적인 부분을 나타내는 것으로 사실, 개념, 원리, 이론들을 가리키는 학문의 구조와 탐구방법이 있으므로, 교육내용은 학문의 구조를 확인하고 그 학문에 특유한 탐구방법을 포함해야 한다.

(4) 사회적 유용성의 원리

사회적응·재건주의 관점에서 볼 때 교육내용은 사회의 유지와 변혁에 도움을 주는 것이어야 한다. 사회기능 분석법, 항상적 생활사태법 등은 학생들이 장차 살아 나갈 사회에서 필요로 하는 지식, 기능, 가치가 무엇인지를 제시하고 있다. 또한 사회를 개조하거나 이상적인 미래 사회를 만드는 데 필요한 지식, 기능, 가치가 어떤 것인지를 찾아 제시해야 한다.

(5) 인간다운 발달의 원리

인본주의 관점에서 교육내용은 학생의 성장과 자아실현에 도움을 주는 것이어야 한다. 교육내용은 그 자체로서 가치를 가지는 것이 아니며, 인간다운 발달에 기여할 때 빛을 발하는 것이다. 또한 교육내용은 지식, 기능, 가치 등의 요소들로 분리된 것이 아니라 통합된 것으로 간주되어야 한다.

(6) 흥미의 원리

학생들이 흥미를 갖지 않을 때 학습될 가능성은 그만큼 줄어든다. 학생들의 흥미는 자주 바뀌고 그들이 아직 미성숙하다는 이유 때문에 교육내용을 선정할 때 고려의 대상이 되지 않는 경우가 많다. 하지만 학생들의 흥미가 다양하다는 점은 어떤 학생들에게 어떤 내용이 적합한지를 가려내는 데 도움을 준다. 오늘날 교육내용 선택의 폭이 확대되는 것은 흥미가 교육내용 선정에 주요한 원리가 되고 있음을 보여 준다.

(7) 학습 가능성의 원리

학생들이 학습할 수 있는 교육내용을 선정해야 한다. 학생들은 능력, 학습 여건 등에서 동질적이지 않기 때문에 우수한 학생에게 초점을 맞추거나 학습 여건이 좋은 학생을 겨냥하여 교육내용을 선정한다면 능력이 보통이거나 능력이 부족한 학생들이 피해를 입게 된다. 마찬가지로 능력이 보통이거나 다소 떨어지는 학생을 표준으로 교육내용을 선정한다면 우수한 학생들은 낮은 수준의 내용에 학습의욕을 잃게 될 것이다. 따라서 하나의 교육과정속에 심화, 보통, 보충 교육내용을 제시함으로써 이 문제를 해결하려고 시도하게 된다.

chapter 06

교육과정 설계

'교육과정 조직'이라고도 부르는 교육과정 설계(curriculum design)는 교육과정을 구성하는 방법에 초점을 둔다. 이는 교육과정 구성요소의 본질을 파악하고 이들을 독립적이고도 중요한 본질적 실체로 배열하고 조직하는 활동을 말한다. 교육과정 설계의 문제는 교육에 있어서 핵심적인 문제라고 할 수 있다. 바람직한 교육목표를 달성하기 위하여 학습자들이 다양한 학습활동을 전개하더라도 체계적으로 적용될 교육과정이 바람직하게 구성되지 않으면 초기의 교육목표 달성은 어렵다고 볼 수 있다. 왜냐하면 교육내용의 선정 및 조직의 문제가 교육목표 달성에 직결되기 때문이다. 교육과정 설계 속에 배열되는 구성요소는 교육과정을 어떻게 정의하느냐에 따라 달라질 수 있다.

교육과정을 학생들의 학습경험을 중심으로 정의하는 경우 몇 개의 일반적인 교육과정 설계의 기본 요소들을 생각할 수 있다. 이 기본 요소는 Tyler의 교육목표 설정, 교육경험의 선정, 교육경험의 조직, 교육평가의 4요소로 구분하여 표시할 수 있고, 한편 Taba(1962)와 같이 목적 및 목표, 내용 및 학습경험, 평가의 3요소로 표시할 수도 있다. 김종서 등(1997)은 교육목표, 학습경험, 평가의 기본 과정을 그대로 인정하면서 학습경험을 교육내용과 학습경험으로 나누되, 교육내용은 다시 선정과 조직으로 나누고, 학습경험은 지도방법, 자료, 상호작용, 분위기 등을 포함하는 것으로 하였다. 학습경험을 중심으로 교육과정을 설계할 때 일반적으로 제시되는 네 가지 구성요소인 목표, 교육내용, 방법 및 조직, 평가는 교육과정 개발자에게 다음 질문을 제시한다.

- 무엇을 행할 것인가?
- 어떤 교과를 포함시킬 것인가?
- 어떤 수업전략, 자료 그리고 활동을 사용할 것인가?
- 교육과정의 결과를 평가하기 위해서 어떤 방법 및 도구를 이용할 것인가?

교육과정의 일반적 구성요소를 어떻게 설정하여 이 요소들을 어떤 틀 속에서 어떤 관계를 맺도록 하느냐가 교육과정 설계에 있어서 가장 핵심적인 문제다. 이런 구성작업은 결국 하나의 교육과정 안으로 구체화된다. 그러므

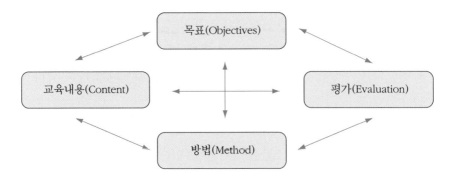

[그림 6-1] Taba의 상호작용 모형

출처: Taba, H. (1962). *Curriculum Development: Theory and Practice*. Harcourt College Pub.

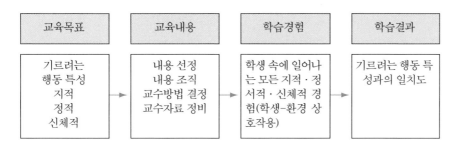

[그림 6-2] 교육과정 구성요소의 연속성

로 아무리 이상적인 교육이론이라고 할지라도 그것이 교육현장에서 실천되려면 하나의 교육과정으로 설계되어야 한다. 교육과정 구성요소는 학자에 따라 교육과정 계획 속에서 구성되는 방식을 달리한다. Taba(1962)의 경우 [그림 6-2]처럼 교육과정 구성요소들이 유기적으로 연결되어 순환적으로 상호작용하고 있음을 강조한다.

'무엇을' '어떻게' '왜 가르쳐야 하는가?'라는 교육행위의 일련의 과정을 Taba는 [그림 6-2]처럼 상호 순환적으로 구성된 모형을 제시하였다. 이영덕(1969)은 교육행위에 대한 기본 질문에 대해 다음과 같은 구성요소를 연속적으로 제시하였다. [그림 6-2]에서 보는 바와 같이 학습의 결과를 결정짓는 직접적인 요인은 학생들이 실제로 가지는 학습경험이다. 내용 선정 및 조직, 교수방법의 결정, 교수자료의 정비 등의 계획은 교육목표가 시사하는 학습경험을 전제로 구상될 수 있다.

1. 교육과정 설계를 위한 자원

Doll(1995)은 교육과정 설계를 위한 자원을 과학, 사회, 영원한 진리, 신의 의지로 기술한다. 교육과정 설계에 있어 책임이 있는 사람들은 사회 및 개개 학습자에 관한 사회적 및 교육적 견해를 분명히 해야 한다. 교육과정 설계의 영향을 결정하기 위해서는 이와 같은 원천이 교육에 어떠한 영향을 미칠 것인가에 주목해야 한다. 교육에 필요한 아이디어의 원천이 무엇인가 하는 질문에 교육과정 입안자가 어떻게 반응하는가 하는 것은 그 사람의 견해에 영향을 미친다. 이 때문에 교육과정 설계자들은 자신들의 철학적 · 사회적 방침을 밝히는 것이 중요하다. 그렇지 않고 만일 교육과정 설계자들이 철학적 및 사회적 질문을 무시한다면 그들이 제한하는 교육과정 설계는 논리적 혼란을 일으키게 된다. 이에 대해 Taba는 "이론과 실제 간의 간극은 대개가 이러한 윤리적 근거 때문에 일어날 수 있다."라고 말한다. Doll은 교육과정 설계를 강화하는 아이디어들에 관한 다섯 개의 원천을 다음과 같이 소개하고 있다.

• 원천으로서의 과학

과학을 교육과정에 필요한 원천으로 보는 사람들은, 진리를 결정하기 위해 과학적 방법에 의존한다. 이러한 설계는 관찰과 측정의 요소만을 포함한다. 그렇기 때문에 문제해결이 일차적 지위를 갖는다. 그러나 교육과정 설계의 아이디어 근원이 과학이라는 인용은 오해를 가져올 수 있다. 정말로 강조하는 것은 과학적 과정이 아니라 절차적 지식 또는 과정적 지식이다. 이러한 설계는 학습자가 학습의 방법을 학습하고 '사고하는' 교육과정을 강조하며, 과정적 지식에 의한 다양한 수단을 강조한다.

또한 Eisner(1994)는 교사가 지식의 과학적 방법, 미학적 양식, 실제적 양식과 나아가 영적인 사고까지 이해해야 할 필요가 있다고 주장한다. 사고과정에 대한 이러한 언급은 인지심리학의 지식으로부터 왔다. 문제해결적 절차라는 용어를 지지하는 것은 인지과학과 심리학 같은 다른 지식과의 조직에서 유래하였다. 어떤 교육자들은 이 설계가 교육과정의 일차적 원천으로서 절차적 지식과 사고전략에 둔다고 본다. 지식의 분야가 매우 빠르게 폭발하고 있고 오직 과정적 지식만이 불변하는 것으로 가정된다.

• 원천으로서의 사회

사회를 교육과정에 필요한 원천으로 보는 사람들은 학교는 사회의 대리
자 중 하나이기 때문에 학교는 반드시 교육과정에 필요한 아이디어를 사회
적 상황의 분석에서 도출해 내야 한다고 가정한다. 이 사회적 기반은 교육
과정의 기반으로서 매우 중요하게 다루어져 왔다. Dewey는 교육자들이 사
회의 요구를 가르칠 필요가 있음을 강조한다. 사회를 원천으로서 보는 관점
은 교육자들에게 무엇이 의미 있는지 숙의하도록 함으로써 기존의 교육과
정을 수정하도록 한다. 학교는 학교가 위치한 거대한 문화와 지역사회에서
절대로 분리될 수 없다. 학교는 몇몇의 넓은 사회적 이익에 의해 설계되어
야 한다. 교육과정 설계는 시민의 다양성, 특히 다양한 문화, 민족들, 사회
적 계층을 절대로 무시할 수 없다. 따라서 교육과정 설계는 사회적, 경제적,
정치적 맥락 안에서 이해되어야 한다.

• 영구적이면서도 신성한 원천

영구적이면서도 신성한 원천을 강조하는 교육과정 설계는 항존주의자의
철학을 반영하고 있으며, 과거의 위대한 사람들이 내세웠던 영원한 진리들
을 교육과정으로 택할 것을 제안하였다. 이들은 이 교육과정 설계가 영속한
사회를 의도해야 한다고 믿는다. Huebner는 교육적으로 필요한 정신과 영
적인 것에 대한 이야기가 신성에 대해서 언급하지 않는다고 말한다. "이런
이야기는 살아 있는 실재이며, 경험이고 경험될 가능성이다." 세계에 있어
'영적' 이라는 것은 전혀 다른 세계가 아니다. Huebner에 의하면 영혼에 대
한 것은 생활에 힘과 활기를 준다. 정신에 대한 접근은 실재의 핵심을 보도
록 하고, 지식에 대해 새로운 방식으로 접근하도록 한다. 또한 사람들 간에
새로운 관계와 심지어 인간의 존재에 대해 새로운 방식으로 받아들이도록

한다.

영원한 진리에 관련된 교육과정 설계에 필요한 또 다른 보강 요인은 신의 의지다. 이는 교육과정의 요소들이 성경 혹은 기타 종교적인 기록들을 통해서 인간에게 제시된다고 본다.

• 원천으로서의 지식

Spencer는 "어떤 지식이 가장 가치 있는 것인가?"라고 물으면서 지식을 교육과정의 틀 속에 가장 중요한 위치에 두었다. 이것은 Bellack이 80년 후 다양한 학문 및 교육과정의 구조와의 관계에서 지식을 검토했던 때에 제기했던 것과 동일한 질문이다. 지식을 가장 중심부에 혹은 가장 주요한 자료로서 배치하는 사람들은, 지식은 특별한 방식으로 조직되어야 함을 인정한다.

• 원천으로서의 학습자

교육과정 목표는 학생의 특성과 요구를 최대한 반영하는 방향으로 교사에 의해 설정되거나 학습경험과 공동적인 구성의 결과로 교사와 학생이 함께 설정되기도 한다. 학습활동의 계획과 조직에서 원천인 학습자를 위해서 수업내용이 다양한 사례와 다양한 방법으로 제시되고 표현되어야 한다. 내용의 다양한 제시방법은 학습자의 다양한 욕구를 충족시키며, 학습한 내용의 전이에 도움이 된다. 교육과정 설계자는 수업의 계획단계에서 학습자에게 적절한 학습활동을 조직하고 다양한 표현활동을 수업에 포함시킨다.

교육과정 설계과정에서 원천인 학습자의 현재 수준을 평가하는 일은 중요하다. Gagné가 강조한 사전 지식 습득 능력, 즉 학습자의 선행 지식과 기능은 학습자중심의 수업에서 매우 중요한 역할을 한다. 교육과정설계사는 새로운 학습 영역과 관련된 학습자의 현재 수준을 확인하기 위해 평가를 한다. 학습자의 현재 수준에 대한 평가는 학습할 내용과 관련된 지필평가 또는 수업의 시작 단계에서 질문하기, 과제를 제시한 후 과제 수행과정 관찰

등의 방법이 활용된다. 또 학생들의 학습동기, 학습양식, 다중 지능, 성격 등 개별적 특성을 면밀히 파악함으로써 수업 계획 및 수업 실행과정에서 적절히 반영할 수 있다.

2. 개념 구조: 수평적 조직과 수직적 조직

교육과정 구성요소의 배열인 교육과정 설계는 두 개의 기본적 조직인 수평적 조직과 수직적 조직에 따라 이루어진다. 수평적 조직은 교육과정요소를 나란히 수평적으로 배열하는 것과 관련된다. 예를 들어, 역사, 인류학, 사회학과 같은 분과 교과서에서 '세계'라는 강좌의 내용을 도출하여 배열하는 것이다. 비슷한 교과에서 내용을 수평적으로 조직하기도 하지만, 수평적 조직의 또 다른 예는 수학과 과학 같은 교과에서 내용을 선택하여 그것을 역사와 국어와 같은 다른 교과의 내용과 관련짓는 것도 포함한다.

교육과정 설계의 또 다른 방법인 수직적 조직은 교육과정 요소를 수직적 방향으로 배열하는 것을 말한다. 사회 과목 중에서 1학년에는 '가족'을, 2학년에는 '지역사회'를 배열하는 것은 수직적 조직의 한 예다. 동일한 주제의 내용을 모든 학년에서 동일하게 다루도록 조직되는 경우도 많다. 다만, 학년이나 수준이 올라갈수록 더욱더 상세해지고 난이도가 높아진다. 이것도 수직적 조직이다. 예를 들어, 초등학교 교육과정에는 수학에서 집합의 개념을 1학년에서 소개하였다가 매년 계속하여 다시 소개하거나 지속적으로 반복한다. 이것은 바로 Bruner의 '나선형 교육과정'의 아이디어와 상응한다.

교육과정 설계는 교육과정의 구성요소 사이의 관계를 진술하고 있기 때문에, 요소들의 관계는 수평적 조직과 수직적 조직 외에도 스코프, 시퀀스, 계속성, 통합성, 연계성, 균형성 등의 다양한 차원에서 생각될 수 있다. 구체적으로 교육과정의 구성은 설정된 일반적인 교육목표를 달성하기 위해

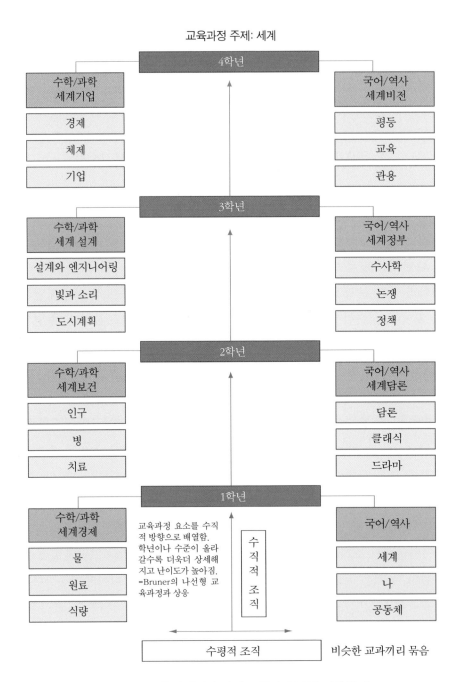

[그림 6-3] **교육과정의 수평적 조직과 수직적 조직의 예**

교육목표를 구체적인 것으로 세목화하고 학습내용 및 경험을 선정, 조직하는 것으로, 여기에는 일반 교육목표의 분석에 의한 구체적 목표의 진술, 스코프와 시퀀스의 설정, 학습내용 및 경험의 선정과 조직, 단원의 구성 등을 행하는 작업이 수반된다. 따라서 목표, 스코프, 시퀀스, 내용과 경험의 조직 형태, 단원이라는 여러 요소들이 어떤 관계를 맺고 있느냐에 따라 그 특징이 나타나게 된다. 특히 교육과정을 구성하는 데 있어 스코프와 시퀀스를 결정하는 방식은 교육과정 구성자의 인식체계를 반영하며, 교육과정이 앞으로 나아가고자 하는 방향을 보여 준다. 교육과정 구성자가 스코프와 시퀀스를 결정한 후 이 틀 안에서 구체적인 내용을 조직하게 된다.

1) 스코프

교육학자들이 어떤 하나의 교육과정 설계를 고려할 때는 반드시 그 교육과정 내용의 폭과 깊이를 의미하는 교육과정의 스코프(scope)를 다루어야 한다(김대현, 김석우, 2005).

Tyler는 자신의 고전적인 저서에서 스코프를 내용, 주제, 학습경험 그리고 교육계획을 구성하는 조직요소로 이루어진다고 보았다. Goodlad(1984)는 스코프를 교육과정의 실질적인 내용에 대한 수평적 조직으로 보면서 스코프에 대한 이러한 정의를 자주 반복하고 있다.

여기에서 우리는 스코프를 학생들에게 제공되는 내용의 깊이와 넓이뿐만 아니라 학생을 학습에 참여시키기 위해서 만드는 학습경험의 다양성과 유형을 가리키는 것으로 본다. 스코프는 인지적 학습뿐만 아니라 정의적 학습까지를 말하며, 어떤 사람은 영성적인 학습까지 포함시키기도 한다. 이따금 교육과정의 스코프는 좀 좁게 말하여 핵심 주제나 활동의 목록을 가리키기도 한다.

교사와 다른 교육자가 교육과정에 어떤 내용이 포함되어야 하고 그 내용을 얼마나 상세화해야 하는지의 문제를 결정하고자 할 때, 그들은 교육과정의 스코프 문제를 고려하고 있는 것으로 볼 수 있다. 현재 직면하고 있는 지식 폭발의 문제는 여러 다양한 방식으로 스코프 문제를 제기하고 있다. 또한 학생 사이에서 발견되는 다양성은 교사에게 교육과정에 포함시켜야 할 내용과 활동의 스코프가 단순히 너무 넓기만 하다고 생각한다. 어떤 교사는 교육과정에서 특정 내용을 무시하거나 새로운 내용을 포함시키지 않는 방식으로 내용 과부하 문제를 해결한다. 또 어떤 교사들은 여러 소주제를 관련시켜 교육과정의 대표 주제를 뽑아내기도 한다.

스코프를 고려할 때 우리는 학습의 인지적, 정의적, 심동적 영역 각각에 주목할 필요가 있다. 각 영역 내에서 무엇이 포함되어야 하고, 무엇이 상세화되어야 하는지는 물론 어느 영역을 가장 중요하게 강조해야 할지를 결정해야 하기 때문에 스코프 문제는 더욱 복잡해진다. 전통적으로 인지적 영역이 지식의 영역과 관련하여 가장 많이 강조되었다. 중등학교 수준에서 흔히 우리는 교육과정의 스코프를 결정하기 위하여 각 지식의 학문과 그 주요 개념에 의존하고 있다. 그러나 최근에 와서 가치와 태도를 다루는 정의적 영역과 운동적 기능 및 각 기능 간의 협응을 다루는 심동적 영역도 강조될 필요가 있다는 인식이 점점 관심을 끌고 있다.

2) 시퀀스

시퀀스(sequence) 혹은 계열성을 고려한다는 것은 교육과정의 누적적이고 지속적인 학습, 즉 교육과정의 요소 간의 수직적 진행이 교육과정 요소를 잘 배열한다는 것을 의미한다(김대현, 김석우, 2005). 구체적으로 교육과정 전문가는 학생이 교육과정에 대한 그들의 이해를 연계하고 심화하는 기회를 가질 수 있도록 내용과 경험을 어떻게 구성하고 재구성할 것인가를 결정해야 한다. 내용과 경험의 계열은 교과의 논리적 구조에 따라 이루어져야 하는지 아니면 학습자가 지식을 습득하는 방식에 따라 이루어져야 하는지의 쟁점은 오래된 논쟁거리다. 심리학적 원리에 근거한 계열을 주장하는 사람은 인간의 성장, 발달 그리고 학습에 관한 이해 및 연구에 의존한다. Piaget의 연구는 내용과 경험을 계열화하고 학습자에 대한 우리의 기대를 개인이 다양한 인지적 수준에서 어떻게 기능하는가에 대한 경험적 지식과 연결하기 위한 개념적 틀을 제공해 주었다. 대부분의 학교 지역구는 학년별로 교육과정 목표, 내용, 경험들을 형성할 때 학생들의 사고단계를 고려한다. 그래서 교육과정은 Piaget의 인지발달이론에 따라 계열화된다. 내용 계열화 문제를 안고 있는 교육과정 학자들은 보편적으로 수용되고 있는 다음과 같은 몇 가지 학습 원리에 의존하기도 한다.

(1) 단순에서 복잡으로의 방법

내용이 간단한 하위 구성요소 혹은 요소에서 이들 구성요소 간의 상호관계를 설명해 주는 복잡한 구성요소로 진행해 가도록 순서 짓는 것을 말한다. 이 방법은 개인에게 쉽고 구체적인 내용을 제시하고 그다음에는 더 어렵고 추상적인 내용을 제시해 주는 방법으로 복잡한 내용을 하위 부분으로 나눌 수 있는 모든 교과에서 사용할 수 있다.

(2) 선행필수학습

부분 학습에서 전체 학습으로 진행해 가는 것과 유사하다. 이런 부류의 학습은 일부 학습이 다른 학습이 이루어지기 전에 반드시 이해되지 않으면 안 된다는 가정 하에서만 효과를 발휘할 수 있다.

(3) 전체에서 부분으로의 방법

인지심리학자들이 지지하는 방법으로 내용이나 경험을 개괄적인 형태로 제시하여 학습자가 배울 내용의 개요를 먼저 학습하고 전체의 작은 부분인 구체적인 정보를 배우도록 계열화하는 것이다. 이 방법은 전체에 대한 이해가 부분들을 이해하는 데 필수적일 때 사용된다. 가령 지리교과처럼 대륙 전체를 가르치고 각 나라와 그 도시를 소개할 때 효과적이다.

(4) 연대순 배열

역사, 정치학, 세계사처럼 교과의 내용이 시간의 흐름과 관련 있을 때 효과적이다. 교육과정 학자는 이러한 조직의 유형을 '세계 관련적'이라고 말한다.

(5) 주제별 방법

이 방법은 내용을 여러 단원으로 묶지만, 단원들이 상호 독립적이어서 학습자가 새로운 단원을 학습하기 전에 이전 단원에서 배운 정보를 활용할 필요가 없을 때 사용한다. 서로 관련이 없는 단원들은 어떤 것을 먼저 배치해도 상관없다.

(6) 학생들의 발달에 의한 방법

학생들은 인지, 정서, 신체 등에서 일정한 단계를 거쳐 발달한다고 생각하고 이 단계에 맞추어 교육내용을 배열한다.

3) 계속성

계속성(continuity)은 교육과정 구성요소의 수직적 조직 혹은 반복을 가리킨다(김대현, 김석우, 2005). 계속성은 이전에 배운 내용과 앞으로 배울 내용의 관계에 초점을 둔 것으로 특정한 학습의 종결점이 다음 학습의 출발점과 잘 맞물리도록 교육내용을 조직하는 것을 말한다. 예를 들어, Tyler는 읽기

기능이 하나의 중요한 목표가 된다면 이 기능이 연마되고 발달할 수 있도록 순환적이면서도 계속적인 기회가 제공되어야 한다고 지적한 바 있다. 이러한 사실은 시간이 경과함에 따라 동일한 종류의 기능을 계속적으로 조직해 줄 필요가 있다는 것을 의미한다. 학생들이 교육과정 전체에 걸친 지식의 깊이와 폭을 넓히기 위해서는 아이디어 혹은 기능을 반복할 필요가 있다. 학생은 가능한 한 많이 중요한 개념과 기능을 재학습할 기회를 가져야 한다.

계속성은 Bruner의 '나선형 교육과정'의 개념 속에 가장 분명하게 나타나 있다. Bruner는 교육과정은 각기 주요 학문에 관한 기본적인 아이디어 간의 상호관계 혹은 구조에 따라서 조직되어야 한다는 것을 지적하였다. 학생들이 이들 기본적인 아이디어와 구조를 파악할 수 있기 위해서 기본적인 아이디어와 구조는 학생들이 학년을 진급해 올라가는 것처럼 깊이와 폭에서 '나선형으로 배열되고 재배열되어야 한다.'

4) 통합성

통합성(integration)은 교육과정 계획 내에 포함된 모든 형태의 지식과 경험을 연결하는 것을 말한다(김대현, 김석우, 2005). 즉, 교육내용들의 관련성을 바탕으로 이들을 하나의 교과나 과목 또는 단원으로 묶는 것을 말한다. 또는 수업의 효과를 높이기 위하여 관련 있는 내용들을 동시에 혹은 비슷한 시간대에 배열하는 것을 의미한다. 학습자가 인위적으로 구분된 지식보다는 통합된 지식을 이해하도록 하기 위해서 교육과정의 모든 부분과 요소를 밀접하게 관련시키는 것을 의미한다. 교육과정 통합은 하나의 단순한 설계 차원을 떠나서 학교의 목적, 교육과정의 자원, 지식의 성격과 활용 등과 관련된 하나의 사고방식이라 볼 수 있다.

모든 설계 차원 중에서 통합성은 교육과정 이론가와 실천가 모두의 관심을 지속적으로 받고 있다. 사실 많은 교육과정이론가는 근본적으로 표준적인 분과 교육과정과는 다른 통합 교육과정을 옹호하고 있다. 어떤 점에서 보면 교육과정의 통합은 단순한 하나의 설계 차원이라고 볼 수 없다. 그것은 학교의 목적, 교육과정의 자원, 지식의 성격과 활용 등과 관련된 하나의 사고방식이라고 볼 수 있다.

사람들은 교육과정 통합을 옹호하는 학생들에게 내용을 따로따로 떨어진 방식으로 보게 하고 세상을 여러 칸막이로 보게 하는 다학문적 교육과정 설계, 즉 지식을 인위적으로 구분된 상자들로 보는 것을 지지하지 않는다. 이러한 사람들은 교육과정은 실생활의 관심사를 중심으로 세계의 주제를 활용하면서 조직되어야 한다고 주장한다. 여기에서 교과 간 혹은 학문 간 구분은 제거된다.

어떤 교육과정 이론가들이나 교육 실천가들도 서로 분리되고 무의미한 방식으로 교육과정이 조직되기를 바라는 사람은 아무도 없다. 그렇기 때문에 교육과정 통합은 설계의 기준이 된다. 그러나 그렇다고 모든 교과나 학문 간 구분을 무시해도 좋다는 뜻은 아니다. 다만, 통합에 대한 관심이 여러 해 동안 사려 깊은 모든 교육자의 관심사가 되고 있다는 점을 지적할 필요가 있다. 사실 1960년대에 Taba는 교육과정이 해체되고 단절되고 분절되고 분리되었다는 점을 지적하였다. 그녀는 교육과정이 정보의 조각이나 파편들만 제시한다면, 그것은 학생들에게 지식을 통합된 형태로 이해시키지 못할 것이라고 지적하였다.

지식의 본질과 학습자 개인의 의미 구성방식에 대한 이해가 깊어짐에 따라 통합성이라는 설계 차원에 대한 관심은 계속될 것이다. 또한 통합성 문제는 교육과정과 학교는 분과 학문적 지식에 의해서가 아니라 사회적이고 정치적인 쟁점에 입각하여 운용되어야 한다고 믿는 사람들의 지속적인 비판적 목소리 때문에 더욱 논의의 핵심이 될 것이다. 개인의 지력, 마음, 정신이나 영혼을 동시에 다루는 방식으로 교육과정 현상을 배열해야 한다는 Eisner의 지적에 많은 사람이 공감하고 있기 때문에 통합성 문제는 앞으로

도 계속 논의의 핵심 사항이 될 수밖에 없다.

5) 연계성

　연계성(articulation)이란 교육과정의 여러 가지 측면의 상호 관련성이며 수직적 또는 수평적으로 연계된다. 수직적 연계성은 어떤 교육과정의 측면이 해당 프로그램의 계열상 나중에 나타나는 관제, 주제, 코스와 맺는 관계를 가리킨다. 연계성을 수직적으로 본다면 우리는 흔히 그것을 한 학년 수준에서 다른 학년 수준으로 내용을 계열화하는 것을 말한다. 수직적 연계성을 말하는 핵심적인 이유는 학생들이 교육과정에서 후속 학습에 대해 선행 요건이 되는 학습을 받는 것을 보장하기 위해서다. 수평적 연계성이란 동시적으로 일어나고 있는 양자 요소 간의 혹은 여러 요소 간의 관련성과 연합을 의미한다. 수평적 연계성은 흔히 말하는 상관성과 동일한 개념이다. 수평적 연계성을 고려할 때 교육과정 의사결정자들은 교육 프로그램의 한 부분을 그것과 비슷하거나 논리적인 관련을 가진 다른 내용과 혼합하고자 한다.

6) 균형성

　균형성(balance)이란 교육자가 교육과정을 설계할 때 교육과정 왜곡이 일어나지 않도록 설계의 각 측면이나 단계에 골고루 비중을 두어야 한다. 균형 잡힌 교육과정이란 학생들이 지식을 완전히 습득하고 내면화하여 자신들의 개인적·사회적·지적 목적에 맞는 적절한 방향으로 그 지식을 이용할 수 있는 기회를 갖게 해 주는 교육과정을 말한다. 교육과정 설계의 구성 요소 간에 균형을 이루는 것은 어려운 일이다. 학교는 항상 변화의 시대에 놓여 있으며, 학교에서 강조되어야 하는 것들은 항상 유동적인 상태에 처해 있다. 여기에서 개별 학생의 요구와 흥미 그리고 모든 학생이 알아야 하는 공통적인 것 사이의 균형 문제가 생긴다.

3. 교육과정 설계

최근 교육과정 이론적 담론은 지식에 대한 반정초주의적 견해와 사회적 자각과 해방을 위한 교육과정 창안에 대한 논의가 주를 이루고 있다. 그러나 실제 교육현장에 직접적인 영향을 미치는 교육과정 설계는 다음과 같은 세 가지 기본적인 설계 유형을 수정한 것이거나 해석하여 통합한 것이라고 볼 수 있다.

- 교과중심 설계(Subject-Centred Design)
- 학습자중심 설계(Learner-Centred Design)
- 문제중심 설계(Problem-Centred Design)

1) 교과중심 설계

교과중심 설계는 현재까지 가장 인기 있고 가장 폭넓게 이용된 교육과정 설계다. 이 설계모형이 실행되는 가장 큰 이유는 이 모형이 학문들 속의 지식, 가치, 기능을 습득하는 데 효과적이기 때문이다. 교과중심 설계는 전통적으로 학교교육에서 중요한 역할을 담당해 왔다. 전통적인 학교는 굳건한 학문적 합리주의의 역사를 가지고 있다. 더욱이 학교에서 사용되는 자료들 역시 내용중심 조직을 반영한다.

교과중심 설계는 많은 하위 유형을 가지고 있다. 이것은 우리가 가장 많은 지식에 관하여 가장 많이 이해하고 있다는 점과 지식이나 내용이 우리 문화 속에서 강력한 전통을 가지고 있다는 점에서 그 이유를 찾을 수 있다.

우리의 학교문화 속에서는 내용이 중심 개념이다. 그렇기 때문에 우리는 내용의 다양한 조직을 설명할 수 있는 많은 개념을 가지고 있다.

(1) 교과형 설계

교과형 설계(Academic Subjects Design)는 가장 오래된 설계이며, 인간을 인간답게 만드는 것은 인간의 지성이라는 신념에 근거를 두고 있다. 1930년 대 중반에 Hutchins는 교과형 교육과정 설계에 포함될 수 있는 교과를 언어와 문학, 수학, 과학, 역사, 외국어 등으로 제시하였다. 교육과정은 여러 가지 교과영역 속에서 지식이 어떻게 발달해 왔는가에 따라 조직된다. 지식의 폭발적 증가와 그 결과로 나타난 여러 가지 지식영역의 전문화와 더불어 교과는 많은 수의 교과로 분할되고 그 내용 또한 매우 세밀한 형태를 띠게 되었다.

교육과정 내용에 대한 이러한 조직에서 교과는 교과서로 대표되며 능동적 역할을 수행하는 사람은 대개 교사이고, 강의, 암송과 반복, 대집단 토의 방법이 주요 수업기법으로 활용되며 언어적 활동을 강조한다. 그러나 비평가들은 교과형 설계방법이 프로그램의 개별화를 방해하고 학습자의 입장이나 견해를 강조하지 않으며, 학습자에게 가장 유의미한 내용을 선택할 수 있는 권리를 박탈하여 학생들을 무력화시킨다고 주장한다. 동시에 이러한 설계는 교육적인 성찰에서 역사, 권력 그리고 시민의 국가적 경험과 국제적 경험의 정치학을 제거한다. 교육과정 내용은 맥락에 대한 고려 없이 제시된다. 또 다른 결점은 학습을 구획화하고 기억의 기능만 강조하게 된다는 것이다. 심각한 문제는 이 설계가 내용을 강조하고 학생의 흥미, 요구, 경험을 무시한다는 것이다. 또한 교사가 이러한 교육과정을 학생들에게 가르칠 때 학생들의 마음속에 학습에 대한 수동성을 길러 주는 경향이 있어 문제가 된다.

(2) 학문형 설계

학문형 설계(Discipline Based Design)는 제2차 세계대전 이후의 시기에 분과적인 교과형 설계에서 발전되었으며, 1960년대 중반까지 절정을 누렸다. 분과적인 교과형 설계처럼 학문형 설계의 기저는 내용의 내적인 조직이라고 볼 수 있다. 그러나 교과형 설계는 교과가 조직되거나 설정되는 근본적인 기초를 분명하게 밝히지 않는 데 반해, 학문형 설계는 학문적인 탐구와 훈련에 그 초점을 두고 있음을 명시하고 있다. 학문형 설계 방법은 초·중등학교, 단과대학, 종합대학의 많은 교육과정 조직 속에 여전히 존재한다.

학문형 설계를 주장하는 사람들은 학교에서 학문에 대한 경험이 일어나도록 할 필요가 있다고 주장하지만, 무엇보다 그들이 강조하는 것은 학문의 개념적 구조와 탐구과정에 대한 이해다. 이것이 학문형 설계와 교과형 설계와의 본질적 차이라고 할 수 있다.

Bruner는 어떤 교과, 어떠한 발달단계에 있는 어떤 아동에게도 효과적이면서 정직한 형태로 가르칠 수 있다고 주장한다. 즉, 학생은 어떤 연령에서도 어떤 교과의 근본적인 원리를 이해할 수 있을 것이라고 주장하였다. 그러나 학문형 설계는 대학에 진학하려는 학생들의 흥미를 해결하려는 데에만 관심을 두고 있다는 것과 학생들이 교육과정에 적응해야 한다고 가정한다는 점, 모든 학생은 공통적인 학습 스타일을 지니고 있다고 가정한다는 점에서 비판을 받는다.

(3) 광역형 설계

간학문적 설계라고도 불리는 광역형 설계(Broad Fields Design)는 교과형 설계의 또 다른 유형이며, 교과형 설계가 원인이 되어 발생한 단편화와 구획화의 잘못을 지적하고 개선하기 위한 하나의 노력으로 나타난다. 항존주의자와 본질주의자의 전통적인 교과 유형에서 변화된 것이며, 20세기 초 대학수준에서 먼저 일어났지만, 초·중등교육에서 가장 큰 인기를 누렸고 오늘날까지도 지속되고 있다.

광역형 설계는 학생들이 의미의 전체성뿐만 아니라 교육과정 내용의 다양한 측면 간의 관련성을 파악할 수 있도록 해 준다. 현재 광역형 설계는 교과나 학문의 체계화된 내용을 통합하는 데 기여한다. 학교에서 구성주의에 대한 강조는 교과나 학문을 간학문적 조직으로 통합하는 것보다는 관련되는 개념군을 중심으로 하는 광역형으로 교육과정을 구성할 것을 제안한다. 이러한 개념군은 특정 주제에 의하여 서로 묶일 수 있다. 학교에서 주로 의존하는 차원은 통합의 차원이다.

(4) 상관형 설계

상관형 설계(Correlation Design)는 분과교육과정과 통합교육과정의 중도적 지점에 있는 것으로 각 교과의 독자성을 그대로 유지하면서 교과 간에 관련을 지으려는 시도라고 할 수 있다. 이때 교과영역의 구분은 그대로 유지되고 교사들은 자신의 교과에 대한 전문성을 그대로 보유한다. 중핵 교육과정의 한 변형인 이러한 설계는 충분한 시간 확보로 수업 시간을 계획하고 운영해야 한다. 그러면 서로 관련되어 있는 여러 가지 내용영역을 맡고 있는 교사들은 함께 연구하면서 학생들이 상관 내용영역에서 도출되는 과제를 해결하도록 한다. 그러나 현실에서 상관형 설계를 활용하는 교사들은 찾아보기 어렵다. 그 이유는 교사 간 협동작업을 위한 시간적 여유와 팀티칭을 위한 시간적 여유 등을 확보하기 어렵기 때문이다.

(5) 과정형 설계

과정형 설계(Process Design)에서는 학문형 설계를 옹호하는 사람은 학생에게 각 학문에 해당하는 지식 습득과정을 가르칠 것을 주장하지만, 과정형 설계를 옹호하는 학자들은 모든 학문에 적용할 수 있는 학습의 일반적 절차나 과정을 가르치는 교육과정 설계를 제안한다. 이들은 모든 지식영역에 적

용 가능한 사고의 과정을 중시하고, 사고와 관련된 교육과정은 절차적 지식
이 모든 교육과정을 관통하여 통합될 수 있도록 조직되어야 한다고 주장한
다. 비판적 창의적 사고(critical creative thinking)와 문제해결 훈련(problem
solving metacognitive training)과 같은 사고의 과정이 과정형 설계모형에서
중요시된다.

　　교육자들은 언제나 학교에서 학생에게 사고력을 가르쳐야 한다고 주장한
다. 교육과정 설계는 절차나 학습하는 방법, 교과에 절차를 적용하는 방법
을 다룰 필요가 있다는 것이다. 지식이나 과정에 대한 이러한 방법은 '학습
하는 방법에 대한 학습' 설계방법이라고 할 수 있다.

2) 학습자중심 설계

　　20세기 초 많은 교육자는 가치가 있는 교육과정을 만들 때 교과를 강조해
야 한다는 전통적인 생각에 대응하여 학생들이 프로그램의 중심이나 초점
이 되어야 한다고 주장하였다. 주로 진보주의자인 이러한 입장의 지지자들
은 학습자중심 설계를 옹호하였다. 학습자중심 설계는 전인교육을 강조하
는 초등학교 수준에서 사용되는 경우가 많으며, 중등수준에서는 교과중심
설계가 더 강조된다. 왜냐하면 학문이 교육과정 조직의 주요 요인으로 작용
하는 대학이나 교과서의 영향 때문이다.

(1) 아동중심 설계

　　아동중심 설계(Child-Centred Design)는 Collins, Kilpatrick, Dewey 등의
주요 학자들의 이론에 바탕을 두고 있다. 아동중심 혹은 학습자중심 설계를
옹호하는 사람들은 우리가 학습을 최적화하려면 학습자가 자신의 환경에
능동적이어야 한다고 믿는다. 학습은 학습자의 삶과 분리되어선 안 되며,
학습자의 삶, 흥미, 요구를 기초로 이루어져야 한다는 것이다. 강조점이 교

과중심의 전통에서 아동의 흥미와 요구로 이행한 것은 Rousseau가 1762년에 출간한 『에밀(Emile)』에 나타난 그의 교육적 견해에서 시작되며, Pestalozzi와 Fröbel 등의 사상에 영향을 받고 있다. 1920~1930년대 Collins와 프로젝트 학습법을 도입한 Kilpatrick과 같은 진보주의자의 연구에서 전성기를 이루었고, 오늘날에도 몇몇 학교가 채택하고 있으며, 미래에 더 많은 지지를 얻을 것으로 보인다.

(2) 경험중심 설계

경험중심 설계(Experience-Centred Design)는 아동중심 설계와 비슷하나 아동의 흥미와 요구는 쉽게 예상할 수 있는 것이 아니기 때문에 아동에게 맞는 교육과정을 계획하는 것은 불가능하다고 본다. Dewey는 『교육과 경험(Experience and Education)』에서 "교육은 학습자가 입학하기 전부터 가지고 있던 경험에서 시작되어야 한다."라고 주장하면서, 필수적으로 경험은 모든 학습의 시작점이라고 본다.

(3) 급진적 설계

급진적 설계(Radical Design)에서는 급진적 개혁자들이 현재 사회는 부정하고 억압적이며 자율적인 치유능력을 상실하였다고 기본적으로 가정하고, 개인이 지식을 비판하는 방법을 배워야 한다고 강조한다. 일반 사회를 결점이 있는 것으로 보고 교육을 사회집단이 젊은이들을 사회적 역할을 수행하는 데 적합하도록 교화시키는 것으로 본다는 것이며, 급진적 설계의 교육과정은 민주적 권력, 사회적 정의, 다양성에 대한 존중을 기르기 위해 개념화되고 전달된다.

(4) 인간중심 설계

인간중심 설계(Humanistic Design)는 학생의 자아개념(self-concept)의 발

달을 강조한다. 개인의 자아실현(self-actualization)의 중요성을 주된 개념으로 가정한다. Maslow와 Rogers 등이 중요한 학자다. 1960~1970년대, 부분적으로는 1950~1960년대 학문을 지나치게 강조하는 경향에 대한 반향으로 제기되었다. 인간중심적 교육자들은 인지적·정의적·심동적 영역이 서로 연결되어 있고 교육과정 설계가 이들 차원을 겨냥해야 한다는 사실을 강조한다. 인간중심 교육과정 설계는 긍정적인 자아개념과 대인관계 기능의 발달을 강조한다. 그러나 교사에게 개인을 잘 다룰 수 있는 엄청난 기술과 능력을 요구하고, 학생의 사회적, 감정적, 영성적 영역을 가장 중요시하며, 인지적 측면은 부차적이라고 생각하는 사고의 근본적인 전환을 요구한다. 자신들의 방법과 기법에만 관심을 가지고 그것들이 학습자에게 어떤 결과를 가져올지 염두에 두지 않는다는 점과 개인의 고유성과 모든 학생이 경험하는 활동을 동시에 강조함으로써 비일관적인 경향을 보인다는 점, 개인을 지나치게 강조하고 전반적인 사회의 요구를 무시한다는 점에서 비판을 받고 있다.

3) 문제중심 설계

문제중심 설계는 개인과 사회 모두를 위한 삶의 문제, 제도적·집단적 삶의 문제에 초점을 맞추고 있으며, 내용과 학습자의 발달을 이중적으로 강조한다는 점에서 다른 설계와 구별된다.

(1) 생활장면중심 설계

학습을 위한 문제해결 절차에 초점을 두고 있다는 점이 강점이고, 과정과 내용은 교육과정적인 경험 속에 효과적으로 통합되며, 생활의 기본적인 영역을 분석하는 데 필요한 수단으로써 학습자들의 과거 및 현재의 경험을 이용한다. 생활장면중심 설계(Life-Situations Design)는 큰 사회 속에 있는 긴박

한 문제는 말할 것도 없고, 하나의 출발점으로서 학생의 즉각적인 관심사도 이용하며, 교과를 하나의 통합된 형태로 제시한다는 점에서 의미를 가진다. 그러나 청년에게 현재의 조건을 주입시킴으로써 사회의 현상 유지를 영속화시키는 데 공헌한다는 문제점을 가지고 있다. 또한 교사들은 생활장면중심 설계에 대한 준비가 없기 때문에 교사들에 의해 설계되기가 어렵다는 비판과 함께 자신들이 받은 교사 교육과 동떨어져 있어 안정감을 느끼지 못한다는 비판을 받고 있다.

(2) 중핵 설계

중핵 설계(Core Design)는 일반 교육을 중심에 놓고 있으며 공통적인 인간 활동에서 제기되는 여러 가지 문제에 근거를 두고 있다. 학습자중심이라기보다는 오히려 문제중심적이며 학생들이 학습을 시작하기 전에 주의 깊게 계획되어야 하지만, 필요한 경우 학생에 맞추어 이루어질 수도 있다. 장점은 내용을 통합하고, 학생들과 관련된 교과를 제시하며, 적극적인 정보의 처리를 조장하는 데 있다. 관련 형태로 교과를 제시하므로 학생들에게 내적인 동기를 촉진하며 협동적인 학습을 조장한다. 비판점은 근본적인 것을 경시하고 교과, 문제해결 기술, 일반적 지식 모두에 숙달된 교사를 요구한다는 것이다. 일반적 교육이 가치 있다는 생각을 수용하는 사람들이 많지 않기 때문에 보편적으로 이용되지 않는다.

(3) 재건주의적 사회문제중심 설계

더 정의로운 사회를 건설한다는 것이 재건주의적 사회문제중심 설계(Social Problems Design)를 옹호하는 사람들의 핵심 생각이다. 사회적 재건주의자들의 교육과정은 인류가 직면한 수많은 심각한 문제를 분석하는 것을 주요 목적으로 하며, 교육과정은 학생들이 지역적, 국가적, 국제적 사회를 비판적으로 분석하도록 하기 위한 것이다. 최근 사회적 문제와 그에 입각한 교육과정을 강조하는 많은 옹호자는 스스로를 재개념주의자로 부른다. 재건주의자와 현재의 재개념주의자 모두 교육과정은 학생에게 사회적, 경제적, 정치적 실제의 적응에 필요한 것을 제공해야 한다고 믿지만, 정치적 · 철학적 동기를 적게 가진 교육과정 학자들은 여전히 사회문제에 초점을 맞추는 교육과정 설계에 관심을 가진다.

chapter 07

교육과정 평가

1. 교육과정 평가의 의미

교육에서 평가란 용어는 대체로 세 가지 측면, 즉 교육평가, 교육과정 평가, 수업평가에서 사용된다. 이 세 가지 평가활동은 상호 관련을 맺고 있으며, 보완적인 입장을 유지하지만, 가장 포괄적이고 광범위한 것은 교육평가다. 교육평가란 학교와 같은 교육기관에서 이루어지는 모든 활동이나 대상에 대한 평가를 총칭하는 표현이다. 이와는 대조적으로 수업평가란 세 가지 중에서 가장 폭이 좁은 평가로서, 학생들의 성취를 평가하거나 교사의 교수방법을 포함한 수업행위를 평가하는 것을 지칭한다. 그리고 교육과정 평가는 교육평가보다는 좁은 의미로 사용되지만, 수업평가보다는 더 폭넓은 의미를 갖는다(박도순, 홍후조, 2002).

교육과정 평가란 교육 내용이나 방법을 개선하기 위하여 현명한 선택이나 결정을 내리는 데 도움을 주는 참고자료나 정보를 구하는 일이다. 교육과정 평가는 학생 개개인의 교육적 결정을 위한 것이 아니라 전체 학생이나 학급, 학교에 공통되는 교육 내용이나 방법에 관한 선택이나 결정을 내리기 위해 실시되는 것이다. 교육과정 평가란 교육과정의 가치를 여러 가지 측면에서 사정하는 것으로 수업평가와 달리 반드시 모든 교사가 평가에 직접 참여하지 않는다.

학교교육의 목적을 달성하기 위해서는 먼저 일정한 절차에 의해 교육과정을 개발해야 하고, 이어 이를 토대로 그 운영에 최선을 다해야 하는데, 교육과정 평가는 이에 대한 환류 역할을 담당한다. 일련의 과정을 통해 교육과정의 운영이 마무리되면 지금까지 개발·운영된 교육과정의 질적 효과를 판단하기 위하여 '의도된 교육과정(계획된 교육과정)' '전개된 교육과정(실행된 교육과정)' '실현된 교육과정(성취된 교육과정)'의 질적 수준과 그 성과를 확인하여 의사결정자들이 해당 교육과정의 유지와 개정에 대한 판단을 내릴 수 있도록 정보를 수집하는 활동이 뒤따라야 한다.

평가에 대해 어떤 관점을 택하는가에 따라 평가의 정의나 평가의 방법 및 절차가 달라진다. 그러므로 평가에 대한 올바른 이해를 위해서는 그 토대가 되는 기본 관점이 드러나는 평가모형들에 대한 고찰이 필요하다. 1960년대 중반 이후 공식적 평가행위의 증가에 따라 많은 평가모형들이 등장하게 되었고, 여러 학자들에 의해 다양한 평가모형들이 철학적 배경이나 평가목적 및 모형의 주요 요소 등과 같은 특정 준거에 의해 분류되는 시도들이 이루어졌다.

2. 교육과정 평가의 모형

교육과정(교육 프로그램)에 대한 평가모형은 분류기준에 따라 여러 가지로 구분될 수 있다. 즉, 평가모형은 목적에 따라 기술적 모형(descriptive model)과 처방적 모형(prescriptive model)으로 분류되고 대상에 따라 참여자 평가모형, 교직원 평가모형 및 프로그램 평가모형으로 구분되며, 기능에 따라 목표달성중심 모형, 내재적 준거중심 모형, 외재적 준거중심 모형, 의사결정촉진중심 모형으로 구분되며, 발전과정에 따라 크게 전통적 평가모형과 그 문제점을 보완하기 위해 개발된 대안적 평가모형으로 구분된다.

첫째, 목표지향 평가모형은 Tyler의 목표성취지향 평가모형, Prouvus의 불일치 평가모형, Hammond의 3차원적 평가모형을 포함한다.

둘째, 의사결정지향 평가모형, 즉 관리지향 평가모형으로서 Stufflebeam의 CIPP 모형, Alkin의 CSE 모형에 대하여 살펴보기로 한다.

셋째, 고객중심 평가모형 또는 수혜자지향 평가모형으로 불리기도 하는 소비자 평가모형으로서 Scriven의 탈목표모형에 대해 알아본다.

넷째, 전문성지향 평가모형(expertise-oriented model)으로서 Eisner의 예술비평 평가모형과 인증 평가모형에 대하여 논의하고자 한다.

다섯째, 반론지향 평가모형으로서 Wolf의 준법정변호 평가모형(quasi-legal evaluation model)에 대하여 살펴보고자 한다.

여섯째, 참여자지향 평가모형, 즉 참여-반응지향 평가모형으로서 Stake의 종합실상 모형(countenance model)에 대해 논의하기로 한다.

1) 목표지향 평가모형

목표지향 평가모형은 가장 많이 알려져 있고, 널리 활용되는 고전적 평가모형으로 교육평가를 교육 프로그램의 목표가 어느 정도 달성되었느냐를 결정하는 것으로 보는 입장이다. 목표의 달성은 프로그램 운영이 성공적으로 이루어졌음을 의미하고 목표의 미달성은 그 반대를 의미하게 된다. 이는 Tyler에 의해 체계화되었다. 대표적인 목표지향 평가모형은 Tyler 모형과 Hammond의 3차원적 평가모형이다.

(1) Tyler의 목표성취지향 평가모형

Tyler의 목표성취지향 평가모형은 교육목표(학습목표)를 평가 기준으로 하여 프로그램이나 수업이 종료된 후 교육목표가 달성된 정도를 비교하는 것이다. Tyler는 이러한 비교를 보다 명확하고 객관적으로 실행하기 위해서는 목표의 세분화와 행동적 목표 진술이 사전에 이루어져야 한다고 주장하면서, 특히 목표를 세분화하는 방법으로 목표의 이원분류를 제안하였다. 교육목표의 달성 정도는 교육과정의 장단점에 관한 정보를 의사결정자에게 제공해 줌으로써 합리적인 의사결정을 하도록 도움을 주게 된다. Tyler는 평가가 그 자체를 위해 존재하는 것이 아니라, 교육과정에 대한 합리적인 판단을 하기 위해 존재한다고 전제하고, 이와 같은 맥락에서의 평가의 역할과 기능을 강조하였다. 그가 제시한 교육평가의 절차를 보면 다음과 같다.

교육목표 설정

설정된 교육목표의 분류

분류된 교육목표를 행동적 용어로 정의

교육목표의 달성이 측정될 수 있는 평가 장면의 설정

측정방법과 도구의 개발 및 선정

측정방법과 도구를 사용하여 자료 수집

결과 해석 및 행동목표와 학생의 성취자료 비교

목표성취지향 평가모형에서는 교육목표 자체가 평가에서 핵심적인 역할을 하고 있으며, 교육목표의 행동적 정의와 진술은 측정 및 평가를 용이하게 함으로써 평가의 효율성을 증진시키고자 한다. 이러한 평가모형을 활용하면 교육목표와 학생들의 성취 간 합치여부의 체계적인 검증이 가능하므로 학교현장에서 실천이 용이하다. 이 이외에도 형성평가의 기능을 강조하여 교육과정과 수업활동을 개선하게 하며, 교육목표의 설정방법의 개발과 측정도구(평가도구)의 개발을 자극하여 평가 방법 및 기술의 발전을 이루게 하였다. 또한 교사로 하여금 교육활동에 대한 책무성(accountability)을 다하도록 자극한다.

이러한 Tyler의 모형은 의도하지 않은 부수적인 교육 효과를 평가할 수 없다는 점과 교육성과에만 주로 관심을 가지므로 본질적인 교육과정의 개선에는 한계가 있다는 문제점을 가지고 있다. 또한 기술적인 합리성만 강조하기 때문에 교육의 정치·사회적 역할이나 윤리·도덕적 역할과 같은 복합적인 측면을 평가할 수 없으며, 측정하기 어려운 경험이나 태도 및 감정 변화 등과 같은 중요한 교육성과와 학습과정을 평가하기 어렵다는 점 등으로 인해 많은 비판을 받고 있다.

(2) Provus의 불일치 평가모형

Provus는 Tyler 모형으로부터 프로그램의 목표를 중시하는 것을, Stufflebeam의 모형과 Alkin의 모형으로부터 프로그램에 관한 의사결정과 그 개선을, Stake의 모형으로부터는 평가 기준의 설정 및 활용을, Scriven의 모형으로부터는 불일치를 발견하여 평가 기준과 프로그램을 개선해 나가는 형성평가의 기능을 차용하여 자신의 평가모형을 개발하였다. Provus(1969)의 모형은 교육 또는 경영 및 관리를 통해 달성해야 할 표준이나 준거와 실제 수행성과와의 차이, 괴리, 상위 또는 불일치점을 분석하는 데 주안을 두기 때문에 불일치 평가모형(discrepancy evaluation model: DEM)으로 불린다. 평가는 첫째, 프로그램의 기준(standard)을 설정하고, 둘째, 그 기준과 수행(performance) 간의 불일치 정도를 확인하고, 셋째, 이러한 불일치에 관한 정보를 활용하는 것으로 이를 공식화시키면 D(discrepancy)＝S(standard)−P (performance)로 설명된다.

Provus가 제시한 구체적인 평가 절차는 다음과 같다.

- 설계: 프로그램에 투입되는 투입(input), 과정(process), 산출(output) 변인을 각각 명시적으로 기술한다.
- 실행: 평가의 표준 및 준거를 열거하고 그 적합도를 확인한다.
- 과정: 프로그램에서 계획한 변화가 일어났는지를 확인하기 위한 자료를 수집한다.
- 성과: 목표의 달성 여부와 그 정도를 확인한 다음 표준 또는 준거와의 일치/불일치 여부와 그 정도를 판단한다.
- 비용-효과 분석: 수행성과와 목표달성을 위해 투입된 예산, 인력, 시간, 노력 등을 비교한다.

그러나 이 모형은 대규모의 인적 자원과 전문가가 필요하며, 프로그램개발팀이나 평가담당 팀이 오랫동안 관여해야 하기 때문에 시간과 비용이 많이 소요된다는 점, 전반적인 평가만 전제하기 때문에 프로그램의 요소에 관한 평가가 용납되지 않는다는 점, 평가 준거 및 기준이 참여자들의 특성에 따라 순간적으로 이루어진다는 점 등의 문제점이 있다.

(3) Hammond의 3차원적 평가모형

Hammond(1973)는 Tyler의 목표성취지향 평가모형을 토대로 일선 학교 수준에서 적용할 수 있는 새로운 평가모형을 제안하였다. 평가의 과정을 체계적으로 구조화시켜, 교육이 일시적인 유행이나 외부 압력에 시달리지 않게 되고 또한 공정하고 정확한 평가가 이루어질 수 있도록 평가과정모형(model for evaluation as a process: MEP)을 제시하였다. 그는 여기에서 교육목표(수업목표)가 달성될 수 있는지 여부를 결정하는 것뿐만 아니라 특정 교

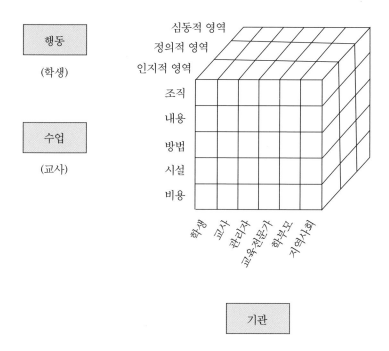

[그림 7-1] Hammond 평가모형의 구조

육혁신의 성패 원인을 규명하는 것에 관심을 가지고, 교육활동의 성패에 영향을 주는 요소를 평가자가 용이하게 파악할 수 있도록 하는 데 중점을 두었다. 이를 위해 그는 교육 프로그램을 기술하고 평가 변인들을 조직하기 위하여 평가의 3차원적 입방체를 구안하여 다음과 같이 개념화하였다.

　Hammond의 평가 구조는 3차원적으로 행동(인지적, 정의적, 심동적), 수업 (조직, 내용, 방법, 시설, 비용) 및 기관(학생, 교사, 관리자, 교육전문가, 학부모, 지역사회)로 구성된다. 먼저 행동차원은 평가대상 프로그램의 인지적·정의적·심동적 목표로서 행동적 용어로 진술된 행동목표를 의미한다. 두 번째 수업차원은 평가대상이 되는 교수활동을 의미하며, 마지막 기관차원은 평가대상이 되는 교육활동(교육 프로그램)에 관련되는 학생·교사·관리자· 교육전문가·학부모·지역사회 등의 하위 변인들 간의 결합 및 관련성에 대한 측면이다. 교육개혁에 영향을 미치는 행동, 수업, 기관을 고려하여 평가수준을 결정한다. 수업에서 조직은 시간적 요소(교과수업에 투입되는 시간의 지속성과 연계성), 공간적 요소(학생의 수직적·수평적 조직을 고려한다.) 기관은 교육개혁에 영향을 미치는 참여집단을 의미한다.

Hammond가 제시한 구체적인 평가 절차는 다음과 같다.

- 변인 선정: 행동, 수업, 기관 차원의 변인에서 프로그램과 직접 관계되는 것을 선정하고, 동시에 그것들 간의 상호작용도 밝혀서 목표로 진술한다.
- 방법 결정: 평가하고자 하는 변인과 상호작용을 가장 잘 측정할 수 있는 방법을 탐색하고 필요한 도구를 제작한다.
- 결과 분석: 자료를 수집, 분석하여 차원 또는 변인별로 목표의 달성 여부와 그 정도를 확인한다.
- 결과 보고: 프로그램 운영 집행기관의 인사들이 이해하고 활용하기 쉽도록 평가결과를 정리하여 보고한다.

평가에 대한 목표중심 평가는 검사나 측정으로부터 평가를 분리함으로써 평가를 하나의 독립된 학문영역으로 발전시켰다는 점에서 그 의의가 크다고 할 수 있다. 또한 목표를 측정하기 위한 평가 절차와 도구의 개발을 자극하여 평가 방법 및 기술을 발전시키게 되었고 경험적, 실증적 연구를 촉진시키는 데에도 공헌하였다. 장점을 구체적으로 제시하면 다음과 같다.

첫째, 논리적이고 합리적이며 명확한 절차를 제시함으로써 어떤 상황에도 쉽게 적용할 수 있다.

둘째, 교육목표를 구체적으로 제시할 것을 강조함으로써 명확한 평가 기준에 의해 평가를 실시할 수 있다.

셋째, 계열성 있는 절차는 교육과정과 평가 간의 논리적 일관성을 유지할 수 있도록 해 준다.

넷째, 목표의 중요성을 강조함으로써 프로그램 개발자나 교사로 하여금 평가결과를 통해 자신의 교육활동에 대한 책무성을 가지도록 자극한다.

목표중심 평가모형이 지니고 있는 한계는 다음과 같다.

첫째, 목표를 미리 설정할 것을 강조함으로써 수업 중에 생겨나는 부수적·확산적 목표의 중요성을 간과하게 된다. 따라서 목표로 설정되지 않은 교육의 부수적인 결과에 대해서는 평가하기가 어렵다.

둘째, 겉으로 평가할 수 있는 행동만을 강조함으로써 행동 용어로 진술하기 어려운 교육목표에 대한 평가가 어렵다. 따라서 잠재적 교육과정, 학생들의 내면적 인지구조의 변화, 가치와 태도 및 감정의 변화를 파악하는 데 한계가 있다.

셋째, 목표에 근거한 평가를 강조함으로써 수업이 평가에 종속되는 경향이 있다.

넷째, 결과에 대한 평가만을 강조하여 교육의 효과와 학생의 성취를 직접적으로 연결시킴으로써 가르치고 배우는 과정 자체에 대한 평가를 간과할 수 있다.

다섯째, 기술적 합리성만을 강조함으로써 교육실제의 복합적이고 복잡한 측면을 평가하기가 어렵다.

2) 의사결정지향 평가모형

목표지향 평가모형은 평가를 교육목표의 달성도를 확인하는 것으로만 국한하고 있다. 반면 의사결정지향 평가모형은 평가를 보다 광범위한 의미로 해석하고 있다. 의사결정지향 평가모형에서는 평가를 의사결정자에게 필요한 정보를 제공함으로써 의사결정을 도와주기 위한 것으로 파악한다. 이 모형은 투입, 과정, 산출을 기준으로 운영되는 체제적 접근을 취하며 의사결정자의 관심, 정보에 대한 요구 및 효율성을 위한 준거에 관심을 둔다. 이 모형에서 평가는 교육평가의 결과를 교육의 개선과 발전에 활용되도록 함으로써 의사결정을 조력하기 위한 행위로 의미가 확장된다.

(1) Stufflebeam의 CIPP 모형

Stufflebeam은 1960년대 중반 미국에서 성행하던 체제 이론과 관리 이론을 받아들여, 교육평가는 교육행정 관리자들이 올바른 의사결정을 내리는 데 필요한 정보를 제공해 주고, 그 결정이 갖는 장단점을 파악할 수 있도록 해 주어야 한다고 주장하였다. 이러한 관점에서 교육평가의 일차적인 기능은 교육목표의 달성도를 확인하는 일이 아니라 교육에 관한 의사결정을 촉진하고 도와주는 관리적 기능이라고 할 수 있다. 그는 평가란 의사결정의 대안을 판단하는 데 필요한 적절한 정보를 획득하여 기술하고 제공하는 과정이라고 하였다. 이 입장에서 평가자는 최종적인 또는 개인적인 가치판단을 하는 것이 아니라 의사결정자에게 충분한 정보와 자료를 제공해 주는 정보 관리자의 역할을 한다. 평가자는 가치를 판단하는 자가 아니라는 점에서 다른 모형과 구별된다고 할 수 있다.

이를 바탕으로 Stufflebeam(1971)은 평가가 의사결정에 필요한 정보를 설계, 획득, 제공하는 과정이라는 정의를 바탕으로 CIPP 모형을 제안하였다. CIPP 평가모형은 네 가지 평가 유형으로 구성된 복합적 평가모형으로 상황평가(C: context evaluation), 투입평가(I: input evaluation), 과정평가(P: process evaluation) 및 산출평가(P: product evaluation)로 구성된다. Stufflebeam이 제시한 구체적인 평가 절차는 다음과 같다.

- **상황평가**: 맥락평가라고도 번역되고 있는 상황평가는 프로그램이나 수업평가를 실시함에 있어 전반적인 맥락 또는 환경을 분석하여 필요한 조건과 실제 상황을 명시하고 필요조건과 실제 상황이 맞아 떨어지지 않은 부분과 해결방안을 확인, 진단하는 과정이다. 상황평가는 프로그램 교육상황에서 무엇이 문제인가, 무엇이 충족되어야 할 것인가를 확인하는 것에 중점을 둔다. 또한 적절한 교육환경의 요소를 개념화하고 그 맥락 속에 현존하는 문제, 욕구, 기회를 확인하는 데 도움을 줄 수 있는 경험적 자료를 수집하는 데도 강조점을 둔다. 그렇기 때문에 상황평가에서는 기술적이며 비교적인 방법을 주로 사용한다.

- **투입평가**: 입력평가라고도 하며, 평가에 동원되는 자원 또는 자원체제의 활용방법을 결정할 때 필요한 정보를 수집, 제공하기 위한 평가다. 그러므로 투입평가에서는 평가에 동원되는 인적 자원의 능력, 목표달성을 위한 전략, 선정된 전략의 실행을 위한 설계를 확인하고 사정한다. 또한 동원할 수 있는 자원, 시간, 예산에 비추어 여러 대안을 탐색하고 평가 실시과정에서 발생할 장애 또는 문제점도 검토한다. 따라서 투입할 수 있는 자원, 시간, 예산에 비추어 여러 대안을 고려하고 평가과정에서 발생할 수 있는 문제점을 검토함으로써 실패의 위험이 있거나 자원 낭비에 그칠 수 있는 상황을 피하도록 정보를 제공한다.

- **과정평가**: 과정평가는 프로그램의 운영 방법과 절차를 수정, 보완하는 데 필요한 정보를 수집, 제공하기 위해 프로그램이 실시되고 있는 동안 프로그램의 운영 상황을 정기적으로 검색하는 평가다. 즉, 교육 프로그램의 목적을 달성하기 위해 실천되고 있는 제반 교수활동의 효율성에 관한 정보를 수집하여, 그것을 의사결정자에게 제공한다.

- **산출평가**: 성과평가 혹은 출력평가라고도 부르는 산출평가는 프로그램이 종료된 후에 프로그램의 성과를 측정하는 평가다. 이 점에서 본다면 산출평가는 목표지향 평가모형과 차이점이 없어 보인다. 그러나 CIPP 산

출평가는 그 프로그램에 관하여 의사결정을 하는 사람에게 필요한 정보를 기술하여 제공할 뿐 평가자 자신이 직접 의사결정을 하지 않는다.

(2) Alkin의 CSE 모형

Alkin(1969)은 평가를 의사결정자가 선택할 수 있는 여러 대안 중의 최선의 방안을 선택하는 데 필요한 자료를 요약, 정리하여 제공할 목적으로 의사결정을 내려야 할 사안 또는 영역을 확인해서 관계 정보를 선정, 수집, 분석하는 과정이라고 하고 CSE(Center for the Study of Evaluation) 모형을 제시하였다.

Alkin은 평가를 "의사결정자의 의사결정을 위해 필요한 정보를 선택 · 수집 · 분석하여 제공하는 과정"이라고 하였다. 따라서 Alkin의 평가모형의 주목적은 의사결정자로 하여금 여러 대안 중에서 합리적인 선택을 할 수 있도록 유용한 정보를 보고하는 데 있어, Stufflebeam의 CIPP 모형과 유사한 배경을 가지고 있다. 그러나 CSE 모형에서는 Stufflebeam이 말한 상황평가를 체제사정평가와 프로그램 계획평가로 나누고, 과정평가를 프로그램 실행평가와 프로그램 개선평가로 세분화한 점이 다르다.

Alkin이 제시한 구체적인 평가 절차는 다음과 같다.

- 체제사정평가(systems assessment evaluation): 특정 상황에 적합하거나 또는 필요한 교육목표를 선정하기 위해 교육목표의 폭과 깊이를 결정하는 데 필요한 정보를 수집하는 과정이다. 즉, 추구하고자 하는 목표와 현재의 상태 간의 격차를 요구라고 했을 때 학생, 지역사회, 국가, 학계의 요구를 확인하여 교육을 통해 기대하는 요구와 체제 및 현상의 차이를 확인, 비교하는 평가다. 정보를 수집하고 보고하는 방법에는 관찰, 조사, 면담, 토의 등이 사용된다.
- 프로그램 계획평가(program planning evaluation): 체제사정평가에서 확인, 선

정한 체제의 교육적 요구를 충족시킬 수 있는 여러 방안 중에 가장 효과적인 방안을 선택하는 데 필요한 정보를 수집하는 과정을 프로그램 계획평가라고 한다.

- 프로그램 실행평가(program implementation evaluation): 프로그램을 선택, 결정한 다음 실제로 프로그램을 운영했을 때 프로그램 계획평가 단계에서 기대하고 결정한 사항이 어느 정도 충족되고 있는지를 확인하는 과정을 말한다.

- 프로그램 개선평가(program improvement evaluation): 프로그램을 개발하는 과정에서 계속 보완하는 작업이 필요하고, 기존 프로그램도 수정해야 한다. 그래서 프로그램 개선에 필요한 정보의 수집과 제공은 프로그램 평가에서 중요한 위치를 차지한다. 개선, 보완에 필요한 정보가 주어지면 즉각적으로 개입해서 적절한 조치를 취하고 그 효과 또는 변화를 확인, 검증하는 것이 프로그램 개선평가의 일반적인 절차다.

- 프로그램 승인평가(program certification evaluation): 어떤 프로그램의 채택 여부를 결정하려고 하면 의사결정자에게는 프로그램의 질에 대한 전체적인 종합평가 결과가 필요하다. 의사결정자의 그와 같은 요구를 충족시킬 목적으로 의사결정자가 프로그램의 채택을 유보할 것인지, 부분적으로 수정하여 실시할 것인지 또는 적극적으로 채택하고 보급할 것인지를 결정할 즈음에 있어야 할 정보를 수집, 제공하기 위한 평가가 프로그램 승인평가다.

운영중심 평가모형으로도 불리는 의사결정지향 평가모형의 중요한 특징은 프로그램의 개선에 초점을 두어 의사결정을 도와주기 위한 평가의 기능을 강조한다는 점이다. 이 평가모형의 장점은 다음과 같다.

첫째, 지속적인 평가를 통하여 피드백을 제공하고 의사결정을 위한 유용한 정보를 제공함으로써 프로그램의 개선에 직접적으로 기여할 수 있다.

둘째, 평가자에게 평가의 각 단계에서 다루어져야 할 중요한 질문들을 생성할 수 있도록 도움을 주어 평가의 초점을 명료화한다.

셋째, 프로그램 진행과정의 어느 단계에서도 필요에 따라 평가를 시행할 수 있다. 따라서 프로그램의 시행과 변화에 다른 모든 요소를 평가할 수 있다.

의사결정지향 평가모형이 갖는 제한점은 다음과 같다.

첫째, 평가자와 의사결정자의 역할이 구분됨으로써 평가자는 의사결정자의 관심과 요구에 적합한 정보만을 제공하게 되고, 의사결정자는 평가자가 제공하는 정보의 수준과 범위 내에서만 판단을 하게 되는 상호 구속적인 관계를 갖게 된다. 따라서 평가의 중요한 측면이면서도 의사결정자의 관심이 아닌 경우 평가에서 제외되는 경우가 발생한다.

둘째, 의사결정자에게 가치판단을 위임함으로써 평가자의 역할이 경시될 수 있다. 평가자의 정보제공을 위한 기능만을 강조하므로 평가자라기보다는 방법론자의 역할만을 제한적으로 수행할 수 있다.

셋째, 완벽하게 실천하기에는 경비가 많이 들고 너무 복잡하다.

3) 소비자지향 평가모형

Scriven에 의해 제안된 것으로, 기존의 목표기준평가가 목표에 준하여 의도했던 일차적 성과만을 확인하고, 이차적 또는 잠재적 부수효과(side effect)를 간과함으로써 실제 성과(actual outcome)를 평가하지 못한다는 문제점을 보완하기 위해 프로그램이 의도했던 효과뿐만 아니라 부수효과까지 포함시킨 실제 효과를 평가하는 방식을 탈목표평가(goal-free evaluation)라고 한다.

탈목표모형은 어떤 프로그램이 본래 의도한 목표는 달성했지만 그 외의 부정적인 부수효과 때문에 폐기될 수 있고, 반대로 원래의 목표는 달성하지 못했지만 긍정적인 부수효과 때문에 프로그램이 계속 채택될 수 있는 결과를 평가할 수 있는 모형이다. 따라서 탈목표모형은 목표기준평가의 약점을 보완해 줄 수 있는 평가모형이다.

Scriven은 목표 자체를 중시하지 않은 것이 아니라 미리 설정된 목표 이외에 다른 유용한 기준도 반영해서 종합적으로 판단해야 함을 주장한다. 그리고 탈목표평가는 미리 설정된 구체적인 목표에 의한 판단이 아니므로 어떤 기준에 근거하여 판단을 내리느냐를 결정하는 것이 평가의 타당성을 확보하는 가장 중요한 과제가 된다. 이런 점에서 전문가로서 평가자의 역할이 강조된다.

Scriven이 제시한 구체적 평가 절차는 다음과 같다.

- 프로그램 시행과 관찰: 프로그램을 운영하면서 목표를 의식하지 않고 프로그램의 운영과정과 성과를 다각적으로 광범위하게 관찰, 기록한다.
- 일차적 효과의 분석: 관찰된 성과 중에 프로그램을 통해 획득하려고 의도했던 성과를 분석, 정리해서 목표를 준거로 하여 그 가치를 판단한다.
- 이차적 효과의 분석: 프로그램을 운영해서 실제로 관찰한 성과 중에 목표에 진술하지 않았거나 또는 전혀 의도하지 않았으나 예상 외의 부수효과를 가져온 것을 추출하여 긍정적인 것과 부정적인 것으로 분류, 정리한다.
- 표적집단의 요구 분석: 프로그램 참가자와 이해관계 당사자들의 프로그램에 대한 요구 또는 기대를 폭넓게 조사하여 항목별로 열거한다.
- 사실상의 효과 분석: 표적집단의 요구와 프로그램에 대한 만족도를 준거로 하여 이차적 효과를 판단한 다음 일차적 효과와 함께 프로그램의 실제 효과를 종합적으로 판단한다.

4) 전문성 지향 평가모형

(1) 예술비평 평가모형

Eisner는 자신의 전공 분야인 미술교육(art education)을 바탕으로 하여 종래의 교육평가에 대하여 비판적인 입장을 취하였다. 그는 교육평가에 대한 과학적·기술적 접근의 한계점을 보완하기 위한 목적으로 예술활동에서 많이 사용하는 감정과 비평의 기술(techniques of connoisseurship and criticism)을 교육과정 평가에 적용하였다. 특히 교육목표를 행동적 용어로 진술하는 것과 그 목표를 중심으로 교육활동을 실천하고 평가하는 것에 대해 비판적인 견해를 밝히면서, 과학적이고 공학적인 패러다임에 근거한 목표중심의 교육평가에 대한 비판적 관점에서 새로운 대안적인 평가방안을 제안하였다. 그는 예술활동에서 많이 사용하는 감정과 비평에서 교육비평이라는 개념을 도출하여 예술작품을 감정 또는 평가할 때 그 분야의 전문가들이 사용하는 절차와 기술을 교육평가에 적용한 것을 감정·비평모형(model of connoisseurship and criticism)이라 하였다.

Eisner에 의하면 수업은 예술적 기교(art)가 요청되는 일종의 예술활동이므로 평가는 교사가 도달해야 할 예술적 기교의 질적인 면을 향상시키는 데 중점을 두고 이루어져야 한다. 예술비평 평가모형은 인간의 경험에 의해 내면화된 비평적인 표현양식을 측정도구로 활용하는 것이 특징이다. Eisner에 의하면 평가도 예술적 비평을 통해 이루어질 수 있다.

평가자는 감정, 즉 대상에 대한 지식과 감정능력을 통해 평가대상에 대한 가치를 인정하게 된다. 평가는 본질적으로 질적인 활동이며, 특정 대상이 표현하지 못한 질적인 측면을 다른 사람이 더 깊이 감상할 수 있도록 언어로 나타내는 활동이다. 이러한 평가는 특정 대상에 대한 부정적 측면보다는 그 대상의 질을 분석, 확인하여 그 가치를 평가하는 것이다. 교육평가에 이러한 방법이 적용되면 평가가 좀 더 깊은 이해수준, 예컨대 감상의 수준까지 승화될 수 있다.

예술비평 평가모형에서 강조하는 비평의 세 가지 측면은 다음과 같다.

첫째는 기술적 측면인데, 비평은 우선 교육현상을 사실 그대로 묘사하고 표현하는 데서 출발한다. 여기에서는 교육현상의 질적 속성을 정확하게 기술·묘사하는 데 중점을 두는데, 이는 비평을 가할 대상 자료를 수집하는 것과 같다. 둘째는 해석적 측면인데, 여기에서는 교육현상에 대한 기술내용을 토대로 사회적 맥락에서 수행된 다양한 형태의 행동이 지닌 의미와 중요성을 이해하고, 그 가치를 인정하는 활동이 이루어진다. 셋째는 평가적 측면인데, 이는 교육적 준거에 입각하여 관찰·해석한 현상에 대하여 감식을 하는 활동으로서, 교육적 가치를 발견하고 판단하는 데 중점을 둔다. 여기에서 평가자는 교육현상에 대한 관찰과 해석을 바탕으로 교육실제의 성격과 그 개선에 관한 결론을 추출하게 된다.

Eisner가 제시하는 평가 절차는 다음과 같다.

- 실제 사상에 대한 감상: 직관을 토대로 평가하고자 하는 교육적 사상 또는 실제의 모습을 보고, 느끼고, 생각한 대로 담담하게 음미하고 감식한다.
- 기술적인 측면의 비평: 교육적 사상을 관찰·감상해서 얻은 특징과 질을 상세하게 기술한다.
- 해석적인 측면의 비평: 기술한 특징과 질에 대한 교육적 의미와 가치를 자세하게 논리적으로 풀어서 설명한다.
- 평가적인 측면의 비평: 기술·해석한 교육적 의미와 가치를 질적으로 판단한다.
- 결론의 도출과 제언: 교육실제를 정확하게 이해하고 개선하는 데 필요한 결론을 도출한다.

(2) 인증 평가모형

발명가가 출원한 발명품을 특허청에서 심사, 인정하거나 공업진흥청에서 제품의 규격과 성능을 심사하여 KS마크를 부여하듯이 전문가들이 어떤 제품이나 기술, 조직체의 구성과 시설, 프로그램 등이 미래 정해 놓은 표준 (standard) 혹은 요건을 충족시키고 있는가를 검토하여 인정 여부를 결정하는 것을 평가인정이라 하며, 이 방법을 교육평가에 적용한 것을 인증평가모형(accreditation evaluation model)이라 한다. 이 모형은 미국에서 의학 교육의 질을 향상시킬 목적으로 의과대학의 교육과정, 교수 구성, 교육방법, 시설 등을 종합적으로 평가하여 의과대학의 설립인가를 결정하기 위해 Flexner에 의해 처음으로 시도되었다. 인증이란 '특정 조직이나 프로그램을 전문가집단이 이미 동의한 평가준거(항목)에 합치하거나 도달하고 있음을 인정하는 과정' 이라고 정의할 수 있다.

인증평가의 일반적 절차를 간략하게 정리하면 다음과 같다.

- 표준설정: 특정한 목적의 기관으로서 갖추어야 할 표준을 정한다.
- 자체평가: 기관 자체평가를 실시하여 표준의 충족 여부와 그 정도를 확인한다.
- 현장평가: 전문가들의 현장 방문평가(on-site evaluation)를 통해 자체평가 보고서를 검토하고 실상을 관찰, 확인한다.
- 최종평가: 자체평가와 현장 방문평가를 종합하여 최종적으로 인정 또는 허가 여부를 확정한다.

여기에서는 각 기관이 교육활동에 관련된 문제점을 자체적으로 파악하여 이를 개선하도록 하는 데 중점을 두며, 전문가집단의 현장방문 평가결과에 의해 대상기관의 전반적인 수준을 평가하여 협의체에서 요구하는 최저수준에 도달했다고 판단되면 그 기관을 인증해 주는 반면, 그 기관이 치명적인 문제점을 가지고 있다든가 또는 최저수준에 미치지 못했다고 판단되면 그 기관에 대한 협의체의 인증을 철회하게 된다. 이 과정에서 중요한 것은 인증평가의 대상인 기관이 설립목적, 사명 및 역할을 제대로 수행하고 있는가에 초점을 둔 평가준거를 설정한다는 점, 각 기관의 자체적인 연구·개발에 대한 노력을 전제로 하여 그 과정을 평가대상으로 한다는 점, 평가결과를 신속하게 해당 기관에 피드백을 해 준다는 점 등이다.

Norton(1997)은 체계적인 교육과정과 수업 매체 개발(Systematic Curriculum and Instructional Development: SCID) 모형에서 교육과정과 관련된 각 활동의 영역을 교육과정 평가영역으로 [그림 7-2]와 같이 제시하였으며, 교육과정의 활동과 과정의 모든 요소가 평가대상이 될 수 있다고 보았다. Norton의 교육과정 평가모형에서 특이할 만한 것은 평가의 영역을 설정하였다는 것인데, 이 평가영역은 각 체제영역 평가하기, 전체 체제 평가하기, 평가결과 사용하기 등을 포함한다.

전문가중심 평가모형(expertise-oriented evaluation)은 가장 오래되고 널리

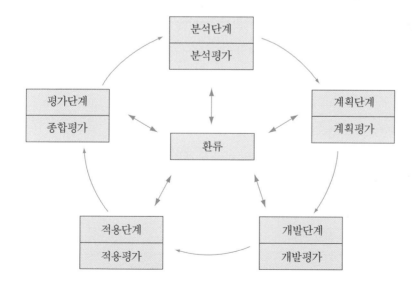

[그림 7-2] Norton의 SCID 교육과정 평가모형

쓰이는 모형으로 전문가의 판단에 의하여 교육제도, 프로그램, 교육상품, 교육활동 등을 평가하는 방법을 의미한다. 전문가의 판단을 중시하는 접근은 그 기원을 정확히 파악하기가 어렵지만, 교육 분야에서 공식적으로 사용되기 시작한 것은 1980년대 각 대학이 입학 조건을 표준화하기 시작했을 때부터이며, 비공식적으로는 공적으로 전문성을 부여받은 개인이 최초로 교육적 노력에 대한 판단을 하기 시작한 때부터 존재해 왔다고 볼 수 있다.

5) 반론지향 평가모형

반론지향 평가모형(adversary-oriented evaluation)은 대부분의 평가에서 완전히 배제될 수 없는 편견을 통제하기 위해 시도된 평가의 하나로, 평가과정 내에서 긍정적인 관점과 부정적인 관점을 결합함으로써 균형을 유지하여 평가의 공정성을 보장하기 위한 방식이다. 하나의 평가에서 대립되는 견해를 모두 다룸으로써 평가대상의 의견을 광범위하게 수렴할 수 있으며, 교육 프로그램의 장점과 단점을 조명하는 데 유용하다. 반론중심 평가는 반대되는 관점을 의식하기 때문에 찬반토의식 평가라고 불리기도 하며, 본래 법정의 배심원제와 재판형식을 평가에 도입하여 교육적 의사결정에 이용하려는 데서 출발하였기 때문에 법정모형 또는 배심원적 평가라고도 한다.

(1) Wolf의 준법정변호 평가모형

Wolf(1979)는 배심원단에 의한 재판과 행정적인 심문에서 개념을 빌어 평가안에 고소인, 변호인, 증인, 판사, 배심원을 포함하는 준법정 평가모형(quasi-legal evaluation model 또는 judicial model)을 제안하였으며, 다음과 같은 단계에 따라 진행된다.

- **쟁점 일반화**: 평가대상에 대한 확인을 위한 단계로 심문에서 주장되어질

쟁점에 대한 이해를 위해 자연주의적 연구 패러다임을 사용하는 것이
일반적이다.
- 쟁점 선택: 평가에 다룰 수 있도록 쟁점의 범위를 축소시키고, 평가의 대
  상이 되는 교육 현안에 대한 적절성을 분석하는 단계다.
- 논쟁 준비: 나타날 수 있는 두 가지 반대되는 관점에 대한 논쟁을 발전시
  키기 위하여 증거를 수집하는 단계이며, 반대되는 두 관점 사이에 정보
  를 공유하는 것이 필수적이다.
- 심문(hearing): 최종적인 심문단계이며, 이 단계에서 자료가 공식적으로
  제시되고 이에 대한 논쟁이 이루어진다. 이를 기초로 배심원단에 의해
  쟁점에 대한 의견이 결정된다.

이와 같은 법정 평가모형에 대해서 평가 프로그램에 법률적인 패러다임
을 적용하는 데 문제가 있다는 비판이 있지만, Wolf는 그의 의도가 법정의
재판과정을 그대로 복사하기 위해서가 아니라 평가 프로그램에 대한 은유
로서 사용되었다는 것을 분명히 하였다.

(2) 다른 형태의 반론중심 평가모형

찬반토의식 평가모형과 같이 단지 상반되는 입장을 가지는 평가방식을
변형하여 두 가지 이상의 다양한 관점을 가진 평가모형이 제안되었다. 위원
회중심 평가라고 불리는 이 평가모형은 평가와 관련된 모든 사람이 모여서
공청회를 실시하고 견해에 대해 설명함으로써 다양한 관점 사이의 합의가
도출되는 것을 특징으로 한다고 하였다. 한편 반론중심 평가를 적용한 평가
의 다른 형태로서 긍정적인 견해와 부정적인 견해에 대한 논쟁의 단계를 거
치지만, 심문의 과정이 없는 평가모형들도 있다. 이와 같이 반론중심 평가
를 변형한 다양한 평가모형이 존재한다.

이러한 평가모형들은 모두 공식적으로 주장이 표명되고, 이 주장을 듣고

공정한 판단자에 의해 판정이 내려진다는 점과 과정 중에 제시된 논의와 증거에 의해서만 결정이 이루어진다는 데 이들 모형의 공통점이 있다.

(3) 반론중심 평가의 장점과 제한점

평가과정에서 있을 수 있는 관점에 대한 반론을 중심으로 교육 프로그램의 질을 판단하는 평가방법은 찬반토론의 개념 자체가 평가대상의 긍정적 측면과 부정적 측면 모두를 잘 밝혀 준다는 장점이 있다. 또한 경쟁의 원리를 이용하므로 청중의 정보에 대한 욕구를 가장 유익하고 흥미로운 방식으로 만족시킬 수 있다. 반론중심 평가는 다양한 입장에 대해 청취하고 이해해야 하며, 이해 당사자들의 참여에 제한이 없기 때문에 개방성을 특징으로 한다. 한편 하나의 관점이 반대의 관점에 의해 평가되기 때문에 어떤 의미에서 메타평가라고 할 수 있다. 반론중심 평가는 하나의 독립된 평가모형으로 사용될 수도 있지만, 어떤 평가방식과도 결합될 수 있는 광범위하고 다원적인 특성을 가지고 있다. 그러나 법률적 패러다임을 평가에 적용함으로써 교육평가에는 불필요한 법정관행에 구속될 가능성이 있으며, 특정 위기나 쟁점이 있을 때에만 평가를 수행하는 것으로 오해할 소지가 있다.

6) 참여자지향 평가모형

Stake(1967)가 그의 논문 「The countenance of educational evaluation」에서, 교사들이 자신의 수업방식을 정확히 이해하고 수업 이론의 발전에 기여하려고 하면, 전체적 평가국면(full countenance of evaluation)을 정확하게 심리ㆍ검토해야 한다고 주장하면서 제안한 교육평가의 틀을 종합실상 모형(countenance model)이라고 한다. 그는 교육평가를 공식적 평가와 비공식적 평가로 나눈 다음, 우연한 기회에 관찰한 잠재적 목표의 달성도에 대해 직관적 규준을 근거로 하여 주관적으로 판단하는 비공식적 평가는 종합실상 평가에서 당연히 제외시켜야 하고 과학적인 방법으로 객관적 판단을 내리는 공식적 평가만을 종합실상 평가의 대상으로 해야 한다고 하였다.

모든 평가는 기술행위(description act)와 판단행위(judgement act)의 과정을 거친다. 즉, 충분히 관찰해서 기술하고 이를 바탕으로 정확히 판단하는 것이 절대적으로 필요하다. 따라서 평가과정에서는 반드시 기술과 관련된 정보, 판단과 관련된 정보가 동시에 수집되어야 한다.

Stake가 제시한 구체적인 평가 절차는 다음과 같다.

- 관찰항목 확정: 선행요건, 실행요인, 성과요인에 대해 각각 어떤 요소 또는 항목을 중점적으로 관찰·분석할 것인지를 검토, 확정한다.
- 기술적 자료의 분석: 프로그램 목표에서 설정한 의도와 실제로 프로그램을 운영하여 관찰한 사항을 3(선행요건, 실행요인, 성과요인)×2(의도, 관찰) 행렬표에 정리하고 연관성과 합치도를 분석한다.
- 표준설정: 판단의 기준으로 사용할 절대적 표준과 상대적 표준을 설정하고 표준의 구체성, 포괄성, 적합성, 중요성, 실용성 등을 다각적으로 점검한다.
- 판단적 자료의 작성: 기술적 자료를 행렬표로 작성한 것과 같이 이번에는 의도-실제를 표준-판단으로 대치하여 기술적 자료에 기록된 사항들에 대해 표준을 근거로 판단을 내린 다음 3(선행요건, 실행요인, 성과요인)×2(표준, 판단) 행렬표를 작성하고 연관도와 합치도를 점검한다.

Stake는 종합실상 모형에서 관찰·수집해야 할 자료를 선행요건, 실행요인, 성과요인에 관한 자료로 구분하였다. 선행요건에 관한 자료는 프로그램 실시 전에 존재하는 학습자의 특성, 교육과정, 교육시설, 학교환경 등을 지칭한다. 실행요인에 관한 자료는 학생-교사 간, 학생 간의 우연적 상호작용을 비롯하여 질의, 설명, 토론, 숙제, 시험 등과 같이 프로그램 실행과정에

작용하는 변인을 뜻한다. 성과요인에 관한 자료는 프로그램에 의해 나타난 학습자의 학업 성취도, 흥미, 동기, 태도 등의 변화를 포함하여 프로그램 실시가 교사, 학교, 학부모, 지역사회에 미친 영향을 의미한다. 이를 도식화하면 [그림 7-3]과 같다.

[그림 7-3]에서 보면 먼저 수집된 기술적 자료를 프로그램 목표에서의 의도와 운영에서 관찰된 것을 분리하여 선행요건, 실행요인, 성과요인별로 행렬표에 분류, 정리한다. 판단적 자료 역시 같은 행렬표에 작성한 다음 기술적 자료의 연관성과 합치도를 분석한다. 의도(intents)와 실제 관찰(observations)을 구분하여 선행요건, 실행요인, 성과요인 간의 연관성(congruence)을 점검하는 것은 연관성 분석이고, 각 요인별로 논리적으로 탐색해서 정한 의도한 목표와 경험적으로 관찰된 결과가 일치하는 정도를 분석하는 것은 합치도(contingencies) 분석이다.

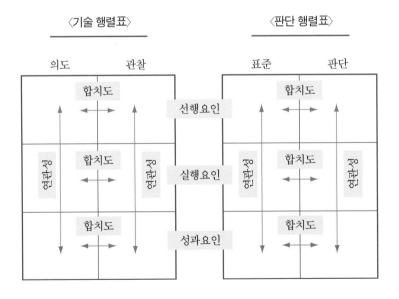

[그림 7-3] 종합실상 모형

　　마지막으로 프로그램의 질 판단을 위해 표준을 정한 다음, 그것을 준거로 하여 기술적 자료를 분석 · 정리한 결과의 가치와 중요성을 매겨야 한다. 판단 행렬표(judgment matrix) 역시 연관성과 합치도를 점검한다.

　　이상의 여섯 가지 평가에 관한 모형들은 어느 한 가지가 최상의 것이 아니라, 각 평가방법의 장점과 제한점을 가지고 있다. 또한 소개된 평가모형 중에는 개괄적이고 애매한 부분이 많아서 엄격한 의미에서는 아직 모형의 형태를 갖추지 못한 경우도 있다. 평가모형의 효과는 적용되는 상황에 따라 달라지는 것이 당연하기 때문에 특정한 평가모형에 대한 추종은 위험하다. 또한 일부 평가자는 대안적인 평가방식을 결합시켜 사용하기도 하는데, 대안적 입장에 있는 평가모형은 각기 다른 철학적 가정에 기초한 것이 대부분이기 때문에 평가방법의 무조건적인 절충 역시 위험이 따른다. 그러므로 다양한 관점들 사이에서 어느 하나의 평가모형을 선택하려할 때에는 각각의 특성을 숙지하여 특정한 상황에서 상대적으로 보다 효과적인 모형을 선택해야 한다.

chapter 08

우리나라 교육과정 Ⅰ

　우리나라의 교육과정은 그 시대의 역사적 흐름 속에서 변화와 발전을 거듭해 왔다. 우리나라 역시 정부 수립 후 사회 정치적 변동이 있을 때마다 교육과정이 개정되어 왔다. 즉, 과거 우리나라 교육과정 개정의 특징은 교육적 요구에 따른 자연스러운 개정이라기보다는 다분히 정책적임을 알 수 있다(조경원 외, 1990).

　사회변혁으로 인해 국가의 교육정책이 바뀌고, 그 정책을 교육내용에 포함시키려는 의도에 따라 교육과정이 개정되어 왔다고 할 수 있다. 최초의 교육과정이 1945년 해방 후에 제정된 후, 제1차 개정은 6 · 25전쟁을 겪은 이후인 1955년에, 제2차 개정은 5 · 16 군사 정변을 겪은 이후인 1963년에, 제3차 개정은 유신헌법의 출발과 비슷한 시기인 1973년에, 제4차 개정은 제5공화국의 출범과 함께 1981년에 각각 이루어졌고, 제5차 개정은 국제 경쟁력 강화 및 사회 전반적인 민주화, 자유화, 자치화의 분위기에 부응하여 이루어졌고, 제6차와 제7차 개정은 21세기 정보화 · 세계화 시대에 적합한 인재 양성이라는 시대적 요청에 따른 것이다.

제6차와 제7차 교육과정은 지방분권형 교육체제를 택한다는 점에서 중앙
집권형 교육체제를 유지한 과거 교육과정과 다르다. 특히 제7차 교육과정은
지방분권형 교육체제를 기반으로 다양하고 획기적인 교육과정 운영방식을
도입하여 교육과정의 변화 패러다임의 변화를 주도하고 있다. 따라서 이 장
에서는 제7차 교육과정 이전의 교육과정 변화를 분석하고 이후 제7차 교육
과정은 다음 장에서 본격적으로 논의될 것이다.

1. 우리나라 교육과정의 구성

우리나라의 국가 교육과정은 크게 총론과 각론으로 구성되어 있다. 총론
은 학교 교육과정 편성 · 운영 전반에 적용되는 일반적인 사항을 의미하며,
각론은 각 교과별 교육과정에 해당하는 사항을 의미한다. 총론에는 교육과
정 구성의 방향, 학교 급별 교육목표, 편제와 시간 배당 기준, 교육과정의 편
성 · 운영 지침이 포함되어 있다. 각론에 해당하는 각 교과 교육과정은 해당
교과의 성격과 목표, 학년별 내용, 교수-학습 방법, 평가로 구성되어 있다.

1) 총론의 구성

총론은 크게 다음과 같은 다섯 가지 영역으로 구성되어 있다.

- 교육과정의 성격
- 추구하는 인간상, 교육과정의 구성 방침 등 교육과정 구성의 방향
- 초등학교, 중학교, 고등학교의 학교 급별 교육목표(교육의 일반적 목표)
- 편제와 시간(단위) 배당 기준
- 지역 및 학교에서의 교육과정 편성 · 운영을 위한 기본 지침

편제란 교육과정을 어떻게 구성할 것인가에 관한 기본적인 틀을 말하며, 교육과정의 편제는 학습내용을 일관성 있게 선정하고 조직하는 일에 해당되며, 교육과정을 결정하는 데 있어서도 그 근간을 이루고 있는 것이 바로 교과 편제일 것이다. 해방 이후 제7차 교육과정에 이르기까지 교과 편제는 교육의 이념과 추구하는 인간상을 형성하는 도구로서 생성과 소멸과 통합을 거치면서 교육과정 변천의 실질적 변화를 이끌어 왔다. 교과 속에는 이념이 스며들어 있으며, 그 사회의 주도적인 세계관들이 포함되어 인간행동의 바람직한 변화를 추구하며 강조되어 왔다. 이에 교육과정 개정시 구성방침에 따라 어떤 교과목이 어떻게 변천하며 편제되고 또 강조되어 왔는지를 조사해 보는 것은 교육과정의 구성 방침과 그 운용 실제의 일치성 여부를 평가하는 데 있어서 의미 있는 일이며, 교육과정 속에 나타난 세계관을 가늠하는 중요한 작업이 될 것이다.

2) 각론의 구성

각론은 예를 들어 '역사과 교육과정' 과 같이 각 교과별로 구성되어 있다. 그 구조는 크게 성격, 목표, 내용(내용체계, 학년 또는 영역별 내용), 교수-학습 방법, 평가의 다섯 가지 영역으로 구성되어 있다. 각론의 구성에 있어서 문제가 되는 것은 총론과의 유기성이다. 총론이 각론에 앞서 개발되어 각론에 우선한다고 볼 수 있으나, 총론의 관점이 각론의 교육과정에 유기적으로 연결되는가는 별개의 문제라고 할 수 있다.

총론에 제시된 교육과정 개정의 지침이나 원칙이 각론 교육과정에 내실 있게 반영되기 위해서는 총론 지침의 실천적 의미를 명료하게 할 필요가 있다. 가령 제7차 교육과정에서는 교육과정 내용의 양을 30% 정도 축소한다고 하였는데, 이 지침은 숫자로 표현되어 있어 대단히 구체적인 것처럼 보이나 의미는 명료하지 않으며, 각 영역에 포함된 주제의 수는 줄어들 수 있으나 실제적인 학습내용의 증감을 수치로 판단하는 것은 무리가 있어 보인다(노선숙 외, 2003). 또한 총론 수준에서 제시되는 교육적 인간상 및 학교급별 목표와 각론 수준에서 수립되는 교과별 목표와의 연계성 연구도 필요하다. 현행 교육과정의 목표로 본 총론과 각론의 연계성은 표명된 의도와는 달리 총론과 각론이 통일된 목표를 지향하는 것으로 보기는 힘들다.

따라서 총론과 각론의 일관성을 위하여 교육과정 총론은 어떤 내용으로 구성되어야 할 것인가라는 근본적인 문제가 교육과정 개정시 항상 재검토될 필요가 있다(홍후조, 1999). 각 교과 교육과정과 일관성을 유지하는 발전적인 교육과정 총론을 구성하기 위해서는 교육과정을 통해 가르쳐야 하는, 학습자들이 배우기를 기대하는 기본 능력과 지식이 무엇인지를 교사들에게 적합한 방식으로 기술하고, 그 교육적 의의를 밝혀 주는 부분이 총론의 핵심이 될 수 있도록 변화될 필요가 있다. 이와 같은 총론과 각론의 통합적 관점이 형성되기 위해서는 교육과정을 개선하기 위해 교육과정 개발에 참여하는 사람들이 개발의 전 과정에서 이루어지는 의사결정에 지속적으로 영향을 주도록 하며, 다양한 교육적 제안들을 검토하고 실행 가능한 특정 대안을 정련해 가는 숙의단계가 요청된다.

2. 우리나라 교육과정의 변천과정

우리나라 교육과정은 사회 정치적 변동이 있을 때마다 변화되어 왔다는 특징과 함께 각 교육과정의 인식론적 배경이 외국, 특히 미국의 교육사조에 기반을 두고 있다는 특징이 있다. 가령 '교수요목 시대'에는 전통적인 분과 교육과정을 택하고 있었으나, 교육학자들은 진보주의 이념을 우리나라에 도입하려고 노력하였다. 제1차 개정에서 우리나라는 미국의 아동중심사상을 도입하였으며, 제2차 개정에서는 한때 미국에서 유행했던 진보주의 세력인 사회중심 교육과정을 도입하였다. 제3차 개정은 Bruner가 주장했던 학문중심 교육과정에 기초하였다. 제4차 개정은 미국의 인본주의 교육의 영향을 받았다. 이처럼 우리나라 교육과정은 미국의 교육사조의 영향하에 있어 왔던 것이 사실이다. 이러한 현상은 단순한 모방주의라고 평가될 성질의 것이라기보다는 국내의 독자적인 연구의 부족과 경험의 부족으로 인한 것이라고 보는 것이 옳을 것이다(조경원 외, 1990). 최근에 이루어지는 교육과정은 종전의 교육과정 개편안들이 어느 특정한 교육과정 모형을 강조한 것과는 달리 절충적, 상황적, 현상학적, 과정적 접근에 의해 이루어진다는 특징을 갖는다.

우리나라 교육과정은 8 · 15광복을 기점으로 하여 교육에 대한 긴급조치기와 교수요목기 그리고 제1차부터 제7차 교육과정기로 구분할 수 있다. 교육과정기의 구분은 일반적으로 제1차, 제2차 등의 차수에 따른 구분방식을 택하고 있는데, 전면 개정을 할 경우에만 새로운 차수를 붙이고 있다. 해방 이후 오늘날까지의 교육과정 변천을 교육과정 개정 시기의 역사적 · 사회적 맥락에 기초해 살펴보면 다음과 같다.

1) 교육에 대한 긴급 조치기(1945~1946년)

1945년 일본의 패망과 함께 서울로 진주한 미군은 한국교육위원회를 조직하고 이 위원회의 건의를 받아들여 미군정청 학무국에서 '신조선의 조선인을 위한 교육'을 일반명령으로 시달하였다. 이 시기 제국주의적 색채가 강한 수신과를 없애고 공민과를 신설한 점, 우리말로 수업이 이루어진 점, 국사를 교과목에 포함시킨 점 등이 주목할 만하다.

2) 교수요목기(1946~1954년)

교수요목기는 전환적인 시기라고 할 수 있다. 1945년 광복이 되면서 우리 나라는 서구식 민주주의 교육사조의 영향을 받게 되었다. 특히 미국의 영향 은 지대하였다. 1946년 3월 미군정에 의해 설치된 교육 자문기관인 교육심 의회는 교육이념을 건의하고, 교육심의회의 교수요목제정위원회는 교과의 지도내용을 상세히 기술한 문서인 교수요목(syllabus)을 제정하며 교과서를 편찬하는 일에 착수하였다. 교수요목, 즉 강의계획서에서 알 수 있듯이, 이 시기 우리나라는 교육제도의 기본적인 문제를 해결하는 데 어려움을 겪고 있었다. 이 시기는 우리나라 최초의 교육과정이 등장하기 전 단계로 교과 서, 교사용 교재, 지도서 등이 체계적으로 표준화되지 않았다. 개별 학교들 은 다소 자체적으로 교육과정을 구성하고 있었으며, 일본이나 미국의 도서 를 번역한 교재를 사용하는 경우가 많았다. 이에 따라 우리나라의 교육학자 들은 단일화된 국가 교육과정이 필요하다고 판단하게 되었다. 전쟁으로 지 연되었지만, 교육학자들은 교과서와 교재를 선택하는 문제와 교육과정 내 용을 정하는 데 있어서 미국식 모델을 응용할 것인지 아니면 좀 더 한국적 인 모델을 개발할 것인지에 대한 논의를 계속하였다.

이 시기 교육과정의 전반적인 특색은 다음과 같다.

- 교과의 지도내용을 상세하게 표시하고 기초능력을 기르는 데 주력하 였다.
- 교과는 분과주의를 선택하여 체계적인 지도와 지력을 기르는 데 중점 을 두었다.
- 우리나라의 교육이념인 홍익인간의 정신에 입각한 애국애족 교육을 강 조하였으며, 일제의 잔재를 없애고자 각별히 노력을 기울였다.

그러나 당시 교수요목은 충분한 시간을 두고 제정하지 못하였기 때문에 각 교과별로 가르칠 주제를 열거하는 정도에 불과하였고, 교수목표나 지도 시 유의사항 등에 관한 언급도 없었다. 특히 내용수준이 학생들의 지적 능력에 비해 너무 높다는 평이 있었다. 각 교과별 교수요목에 나타난 특징은 다음과 같다.

- 교육과정의 진술체계가 통일되지 않아 대부분의 교과가 단원 또는 제재명과 내용 요소만을 제시하고 있다.
- 모든 교과가 단원 또는 제재별로 이수할 시간 수를 밝히고 있다.
- 교과에 따라 내용 요소의 진술 형식이 다르다.
- 교과 편제는 지금과 비슷하지만 사회생활과가 있다.

3) 제1차 교육과정(1954~1963년)

해방 후부터 6·25전쟁을 거치는 동안 교수요목기를 거친 후 우리나라 최초의 법령형태 교육과정은 1954년 제정·공포된 '교육과정 시간 배당 기준령' 과 1955년 공포된 '교과과정' 이었다. 6·25전쟁으로 인하여 사회가 혼란스러웠으므로 국방교육과 외래의 민주주의를 잘못 받아들인 데 대한 반성으로 도의교육을 강조하였다. 특히 교육과정 시간 배당 기준은 종래의 주당 및 시간이라는 기준을 없애고 교과별 연간 시간을 최저와 최고의 시간 기준으로 표시하여 지역별, 학교별 여건에 맞게 운영할 수 있게 하였다. 그리고 시간 배당 기준령 제2조에서는 "각 학교의 교과목 및 기타 교육활동의 편제"로 정의함으로써 교육과정을 법령상 교과과정으로 설명하고 있으며, 교과과정에서는 교과서를 중시함으로써 교과과정에 따라 국정·검정·인정 교과서가 만들어졌다. 이 시기의 교육과정을 '교과과정 시기' 또는 '교과중심 교육과정 시기' 라고 부르며, 제1차 교육과정은 우리 손으로 만든 최초의 체계적인 교육과정이라는 점에서 의의가 크다.

해방 이후 한국 사회와 교육을 지배해 온 특징은 전체 지향적이고 중앙 집중적인 성격으로 개인보다 전체를 중요시하는 교육과정이 우선시되어 개인의 선택과 다양성을 추구하기보다는 교수요목과 교과를 중심으로 하는 전체주의적 교과중심의 교육과정이 시행되었다. 이 시기의 교과과정은 지적인 체계를 존중하는 교과중심 교육과정 강조의 시기이지만, 미국의 영향을 받아 '새교육 운동'이라 불리는 사조가 교육계에 팽배하였으며, 생활교육을 교과서 편찬에 반영시키기 위한 노력도 있었다. 또한 해방 직후의 사회적 혼란과 전쟁으로 인한 도덕적 타락으로 도덕을 교과로 독립시켜 학교 생활 전면에 걸쳐서 도의교육을 강조하였다. 대체로 교수요목기의 교육과정과 유사한 도의교육의 강조와 초등학교의 실과 부활과 모든 학교급에서의 특별활동이 교과 편제에 신설되었다는 점에서 차이가 있다. 특히 특별활동을 교과와 동등하게 취급하고 시간 배당을 한 점, 특히 교과활동과 특별활동의 2개 영역으로 교육과정의 전체 구조를 체계화한 것이 두드러진 특징이라 할 수 있다.

교과과정 시기는 그 자체가 교과중심이었으나 교과서는 교수요목기에 이어 생활중심을 지향하였다. 교과서 편찬에서 계통적 학습을 중심으로 하던 종래의 교과학습 배열을 버리고 생활중심의 단원학습으로 배열하였으며, 소단원제 대신 대단원제를 택함으로써 학습의 생활화 효과를 가져왔다. 또한 일제의 주입식, 암기식 학습을 피하고 학생의 생활과 경험을 토대로 이해와 기능 및 태도를 기르는 방향으로 전환하고자 노력하였으며, 학습자의 흥미를 중심으로 하는 작업 단원을 많이 설정하고, 학습자의 능동적인 참여와 생활경험을 심화·확충하는 방향으로 개선하였다. 이 시기는 그동안 부분적으로 반영된 Dewey식 진보주의 교육사상을 본격적으로 반영시킨 시기로 볼 수 있다.

제1차 교육과정에서는 구성 방침이나 목표를 구체적으로 제시하지 않고 있지만 각급 학교의 교육과정에 공통적으로 들어 있는 '본 과정의 기본 태도'에 나타난 중심내용은 현실 생활을 개선하고 향상시키려는 사회 개선의 지를 강조하였고, 정부 수립 후 제정·공포한 교육법에 제시된 교육목적을 달성하는 방도로서의 교육과정임을 분명히 하며, 교육과정에서는 최소한의 필수적인 교육내용만을 표시하여 국가 기준의 교육과정임을 분명히 하였다.

6·25전쟁과 휴전 성립 직후 제정된 교과과정은 교수요목기 이후 한국 정부가 만든 최초의 체계적인 교육과정으로서의 의의를 가지며, 당시의 혼란스러운 시대상황 속에서 충분한 내용 검토가 부족하였고, 자주적이고 구체적인 한국 고유의 교육목표를 설정하지는 못하였다. 한편 '홍익인간'에 바탕을 둔 교육이념이 제정되고 적용되면서 민족주의와 민주주의를 더욱 굳건히 한 시기이기도 하였다.

(1) 이념 및 기본 방향

정치적 급변기로서 1954년에 초등학교, 중학교, 고등학교의 교육과정 시간 배당 기준령을 공포하고, 1955년에 초등학교 교과과정을 공포하였다.

이 시기 교육과정은 '각 학교의 교과목 및 기타 교육활동의 편제'로 정의되었으며, 법령상의 명칭이 교과과정이었으므로 이 시기의 교육과정을 '교과과정 시기' 또는 '교과중심 교육과정 시기'라고 부른다. 이러한 제1차 교육과정은 우리 손으로 만든 최초의 체계적인 교육과정이라는 점에서 의의가 크다.

우선 현실 생활을 개선하고 향상시키려는 사회 개선 의지를 강조하고 있고, 정부 수립 후 제정·공포한 교육법에 제시된 교육목적을 달성하는 방도로서의 교육과정임을 분명히 하고 있다. 또한 교육과정에는 최소한의 필수적인 교육내용만 표시하여 국가 기준의 교육과정임을 명확히 하고, 반공교육, 도의교육, 실업교육을 강조하여, 특별활동 시간을 배당하여 전인교육을 지향하고 있다.

(2) 편제 및 운영

교과과정기라 불리는 제1차 교육과정 교과 편제의 특징은 교과활동과 특별활동의 2코스로서 교육과정의 전체 구조를 갖추고 있었다. 교과는 국어, 산수, 사회생활, 자연, 보건, 음악, 미술 및 실과의 8개 대교과제로 편성하였으며, 교수요목기에 중등교과로 편제한 실과가 다시 부활하였다. 특별활동은 교과 이외의 기타 활동으로서 4개의 활동영역을 제시하였다. 특히 도덕과는 교과 편제에서 하나의 독립된 교과로 나타나지 않으나, 각 학년 총 이수시간의 범위 안에서 연간 35시간 이상의 시수를 확보하여 전 교과 및 기타 교육활동 전반에 걸쳐 도의교육이 강조되었다. 그리고 사회생활(공민, 지리 · 역사)의 통합교과를 통하여 교과중심에서 경험중심의 교육과정으로의 움직임을 느낄 수 있다. 교수요목과는 달리 지식중심의 교과과정을 지양하고 학생들의 경험과 생활을 존중하는 교육과정을 편성하기 위하여 노력하였으며, 특히 전시생활을 지도하기 위한 전시교재와 문교부가 발행한 전시학습 지도요항은 생활중심 교육을 강조하고 단원학습 방법을 권장하였다. 이렇게 구성된 제1차 교육과정은 운영상의 주의점만 제시하고 있으므로 교육과정으로서 미흡한 면이 많았으나, 교육과정 시간 배당 기준령과 교과과정의 공포가 대한민국이 수립된 후 처음으로 제정된 것으로 우리나라 학교 교육과정의 틀이 만들어지는 기초가 되었다.

4) 제2차 교육과정(1963~1973년)

제2차 교육과정기는 정치 · 사회 구조적인 측면에서 군사정권의 정치적 이데올로기를 정당화하는 등 정치적 영향이 강하게 미친 교육과정이었다. 정부는 새 국가질서의 의지를 반영하여 반공, 도덕, 생활을 교육과정 3대 구성요소로 삼았으며, 내용 면에서는 자주성, 생산성, 유용성을, 조직 면에서는 합리성을, 운용 면에서는 지역성을 강조하였다. 광복 후 도입된 생활중심, 경험중심의 진보적인 교육사조를 실천 면에서 적극 도입한 시기로 단편적 주지교육에서 탈피하여 학생의 경험과 흥미를 중시한 생활중심 교육과정을 강조하였다.

이 시기는 학교 간의 연계성과 아울러 교과 간의 통합성이 강조되었고, 초·중학교의 교육과정은 교과활동과 반공·도덕교육 및 특별활동의 3개 영역으로, 고등학교는 교과활동과 특별활동의 2개 영역으로 전체 구조를 이루어 특별히 반공, 도덕교육을 강조하였다. 교육과정 시기는 교과과정 시기와는 달리 교육과정의 정의에서 교과계획이나 학과계획에 국한되는 것이 아니고, '학교의 지도하에 학생들이 가지는 경험의 총체'로 봄으로써 학교생활의 전체 계획이라는 성격을 띤 방향으로 발전하였다. 그러나 '학교의 지도하'라는 단서에서 알 수 있듯이, 진정한 의미의 경험중심의 진보적인 교육이라 보기 어렵다. 또한 생활중심 교육과정은 교육의 실제 면에서는 교사들과 학부모들이 교과 교육과정에 익숙해 있었고, 상급학교 진학의 현실적인 필요 때문에 여전히 교과 교육과정을 벗어나지 못하여 문서상의 교육과정과 교육실제에서의 괴리현상을 보여 주었다. 민주주의와 동일시되며 개인의 자유를 중시하는 진보주의 교육은 낭만주의적 아동중심사상과 생활중심사상으로서 교과를 중심으로 한 전체주의와 대립되는 특성으로 인해 실제적으로는 뿌리내리지 못하고 교육의 현실과 이상을 분리시키는 원인으로서 작용하기도 하였다.

그 후 1968년 국민교육헌장의 선포로 1969년에 부분개정이 있었으며, 국민교육헌장의 이념은 교과활동, 생활지도, 반공·도덕 및 학교행사를 통해 전방위로 구현하도록 하였다. 문교부는 국민교육헌장 이념의 구현과 한글전용 계획 등의 정부 시책과 시대적 요구에 부응하여 민족주의 교육을 강화하였다.

(1) 이념 및 기본 방향

이 시기에는 교육과정을 '학교의 지도하에 학생들이 가지는 경험의 총체'로 봄으로써 이를 교육과정의 개념상 '생활중심 교육과정' 또는 '경험중심 교육과정'이라고 부른다.

특히 총론에서는 "교육과정은 곧 학생들이 학교의 지도하에 경험하는 모든 학습의 총화를 의미한다. 따라서 학생들의 경험 여하에 따라 그들이 어떤 인간으로 성장하게 되느냐가 결정되는 것이다."라고 교육과정을 정의하고 있다.

이 기간은 산업구조의 변화가 뚜렷한 기간이었다. 이 교육과정은 실용성을 강조한 경험중심 교육과정으로, 진보주의 교육사조와 맥락을 같이 한다고 볼 수 있는데, 개정의 요점은 '기초 학력의 충실' '교육과정의 계열성과 일관성 유지' '생활경험중심의 종합지도' 등을 강조하였다.

(2) 편제 및 운영

제2차 교육과정은 저·중·고학년이 1964년부터 연차적으로 시행되었으며, 기존의 '시간 배당'과 '교과과정' 양자를 포함시켜서 '교육과정'으로 통합하였다. 기존의 교과와 특별활동에 더하여 '반공·도덕생활'이 추가되었는데, 많은 논란이 있었지만 확고한 민주적 신념과 생활태도를 기르고 올바른 국민정신을 신장시켜 철저한 반공의식을 함양하기 위하여 학교생활의 모든 기회를 포착하여 이에 대한 종합적인 지도계획을 세워 지도할 것을 요망하였다. 사회생활과의 명칭이 사회로 바뀌었고, 한글전용을 위한 시책으로 국어과에서 한자교육을 하지 않도록 하였으며, 도의교육을 대신한 반공·도덕생활은 주당 1시간에서 2시간으로 늘려 반공교육을 철저히 하였다. 제2차 교육과정은 국정 교과서 제도를 지향하여 초등학교 전 교과서가 국정으로 발행되었고, 중·고등학교도 국정이 확대되었다. 이처럼 교과의 편제와 시책을 통해서 군사정권의 주도로 정치의 영향이 크게 미친 국가 교육과정이라 할 수 있을 것이다.

5) 제3차 교육과정(1973~1981년)

　　제3차 교육과정기는 1968년 국민교육헌장의 공포, 1960년대 후반부터 연이은 고도 경제성장 그리고 대내외적으로 정치적 격동과 1972년 단행된 10월 유신 등을 시대적 배경으로 국민교육헌장의 생활화와 유신교육, 국적 있는 교육, 충효교육을 강조하였다. 기본 방향으로 유신과업의 추진을 언급하면서 국민적 자질의 함양, 인간 교육의 강화, 지식 · 기술 교육의 쇄신을 들고 나왔다. 이것은 기본 능력을 기르고 기본 개념을 파악하게 하며 판단력과 창의력을 함양하는 동시에 근대화를 이루기 위한 산학협동교육을 강화하자는 것이었다. 교육목표로는 개인 면에서의 자아실현과 사회 면에서의 국가발전 및 민주적 가치 함양에 두었다. 이 시기는 우리나라 교육과정 제정상 처음으로 교육과정심의회에서 시안을 확정하고 2년간의 실험평가를 거쳐 최종 확정되었다. 이는 국민교육헌장의 이념과 1960년대 미국 교육계를 주도한 학문중심 교육과정 이론에 바탕을 둔 것이었다. 즉, 사회의 급격한 변화 속에서 팽창하는 학문적 지식을 효과적으로 학습하기 위해서는 지식의 근간을 이루는 지식의 구조를 학생들에게 가르치되, 학생 스스로가 발견하고 탐구할 수 있도록 해야 한다는 이론에 바탕을 두고 있다. 종래의 교과중심 교육과정이 지식의 결과를 받아들인 것임에 대하여 제3차 교육과정에서는 지식 · 기술의 획득과정에 관심을 기울인 것이 크게 다른 점이라 할 것이다. 아동과 생활중심의 진보주의 교육에 대한 반발로 교과와 학력을 중시하는 학문중심 교육과정이 다시 등장하였다. 제3차 교육과정의 특색은 국민 정신교육의 강화와 유신이념의 구현이며, 교육 원리에 있어서의 학문중심 교육과정을 배경으로 한 기본 개념의 이해와 지식의 구조적 학습과 탐구능력을 중시한 것이다.

(1) 이념 및 기본 방향

제3차 교육과정은 우리나라 교육과정 제정상 처음으로 교육과정심의회에서 시안을 확정하고 2년간의 실험평가를 거쳐 최종 확정되었다. 이는 1968년 선포된 국민교육헌장의 이념과 1960년대 미국 교육계를 주도한 학문중심 교육과정 이론에 바탕을 둔 것이다. 즉, 사회의 급격한 변화 속에서 팽창하는 학문적 지식을 보다 효과적으로 습득하기 위해서는 지식의 근간을 이루는 지식의 구조를 학생들에게 가르치되, 학생 스스로가 발견하고 탐구할 수 있도록 해야 한다는 이론에 바탕을 두었다.

1968년 국민교육헌장이 선포됨으로써 그 이념의 구현을 기본 방향으로 하여 '국민적 자질의 함양' '인간교육의 강화' '지식·기술 교육의 쇄신'을 강조하였다. 이러한 경향은 과학 관련 교과에서 더욱 뚜렷하게 나타났는데, 이들 교과교육은 지식의 구조, 기본 개념, 탐구방법 등을 강조하는 학문중심으로 방향을 전환하였다. 가령 초등학교 자연교과 교과서는 자연현상에 대한 설명이나 지식을 전달하는 내용보다 자연을 탐구해 가는 질문이나 지시문으로 진술되었고, 탐구활동을 통하여 과학의 개념이나 법칙을 알아내도록 하려는 의도가 강하게 나타나 있었다. 또 교사용 지도서에는 과학의 기본 개념의 구조, 탐구의 과정, 인지 발달 이론에 따른 지도요령 등이 자세하게 제시되었다.

(2) 편제 및 운영

유신정권에 의해 개정된 제3차 교육과정은 다시 교과와 특별활동으로 편제되었으며, 도덕이 교과로 전환되어 국민교육헌장의 이념 구현을 체계화하고 반공교육의 방향을 조정하였다. 특히 생활을 위한 기초 교육으로서의 초등학교 교육이 생활중심 교육에서 학문을 위한 기초 교육, 즉 학문중심 교육을 강조하며, 교육의 내용 선택에서 지식의 구조를 강조하고 기본 개념과 학문의 원리 발견 및 탐구학습을 중요시하는 이른바 나선형 교육과정으

로 변하였다. 또한 교육과정의 편제에서는 반공, 도덕영역이 없어지고 도덕
과가 신설되면서 교과활동과 특별활동의 2채 편제가 되었다. 중학교 단계에
서 국사를 하나의 교과로 독립시켰고, 실업·가정과에서 여자기술을 가정
으로 바꾸고, 선택교과였던 가정을 가사로 이름을 바꾸었다.

6) 제4차 교육과정(1982~1987년)

제4차 교육과정기는 제3공화국의 퇴조와 제5공화국의 출범 및 1980년
5·30 교육개혁 조치, 학문중심 교육과정이 안고 있는 문제점 반성 등을 배
경으로 하며, 전인교육에 바탕을 둔 인간중심 교육과정이라 할 수 있다. 교
육과정 구성의 기본 방향으로 국민 정신교육의 체계화, 전인교육의 강화,
진로교육의 강화, 과학기술교육의 심화, 교육내용의 양과 수준의 적정화에
두고 건전한 심신육성, 지력과 기술의 배양, 도덕적 인격형성, 민족공동체
의식의 고양을 강조하며 전인으로서의 인간 교육에 역점을 두었다. 이를 통
해 민주사회, 고도 산업사회, 건전한 사회, 문화사회, 통일조국 건설에 필요
한 건강하고 심미적이며 능력 있고 도덕적이며 자주적인 사람을 길러 내는
데 목적을 두었다. 제4차 교육과정은 새로운 개념들을 복합적으로 적용하고
있다.

이 시기의 또 하나의 특징은 한국교육개발원에 교육과정 개정안 개발을
위촉함으로써 문교부장관이 정하도록 되어 있는 교육과정이기는 하지만,
정부 독주의 가능성을 배제하고 연구기관의 참여로 교육과정 개발의 전문
화를 꾀하였다는 것이다. 이 시기의 새로운 시도로 초등학교 저학년의 교과
통합지도를 가능하게 한 점이 주목되며, 종전 교과별로 분리해서 가르치던
수업을 관련 있는 교과끼리 통합하여 가르칠 수 있도록 교과별 시간 배당을
묶어 놓았다. 제3차 교육과정 운영이 학문중심 교육과정으로서 지나칠 정도
로 지적 학습에 편중되자 인간중심의 교육과정, 학생중심의 교육과정을 기

본 방침으로 하는 전인교육을 강조하였다. 교육 이론들이 대립되는 교육적 갈등으로부터 벗어나 교육철학에 대한 반발로 인간중심 교육과정이 시행되었다.

(1) 이념 및 기본 방향

제1차에서 제3차에 이르는 이전 교육과정과 달리, 제4차 교육과정은 다양한 개념을 함께 적용하고 있다. 제4차 교육과정은 한국교육개발원에 의해서 추진되었다. 즉, 기존의 교육과정과 달리 제4차 교육과정은 문교부에서 직접 개발하지 않고 한국교육개발원에 위탁하여 기초 연구와 총론, 각론, 시안을 개발하도록 한 연구 개발형의 성격을 띠고 있다. 이는 교육과정을 개발하는 데 있어 외국 모델을 따르기보다는 한국 실정에 적합한 교육과정 개발에 대한 사회의 요구를 반영한 것이라고 할 수 있다.

제4차 교육과정의 목적은 민주사회, 고도 산업사회, 건전한 사회, 문화사회, 통일조국 건설에 필요한 건강한 사람, 심미적인 사람, 능력 있는 사람, 도덕적인 사람, 자주적인 사람을 길러 내는 것이었다. 제4차 교육과정의 이념은 어느 한 사조나 이념만을 고수하는 교육과정이 아니라 종합적이고 복합적인 성격을 지니고 있다. 따라서 교과중심, 경험중심, 학문중심 등과 같은 접근 위에서 변화와 미래에 대한 인식을 강조하는 미래지향적 교육과정의 인식이 반영되었다. 특히 종전까지 소홀히 해 온 인간중심 교육과정의 성격도 반영되어 개인적, 사회적, 학문적 적합성을 고루 갖춘 교육과정이 되었다.

세계적 과학 교육사조와 제3차 교육과정의 시행으로 과학교육 개선 운동이 학문중심 교육과정으로 전개되어 많은 변화를 가져왔다. 그러나 학문중심 교육과정은 흥미 유발, 내적 동기 유발, 탐구를 통한 기쁨을 주므로 과학에 소질이 있는 학생들에게는 적합하지만, 모든 학생에게 적합한지에 대한 문제가 제기되었다. 이러한 문제점을 학문중심 교육과정과 인본주의 교육사조와 조화를 이루게 하였다. 특징적인 사항은 1학년에서 산수와 자연이 '슬기로운 생활'로 통합되는 편제를 창출하였다는 것이다.

(2) 편제 및 운영

제5공화국 정부에 의해 개정된 제4차 교육과정은 종전과 큰 차이는 없으나 국민교육헌장 및 유신헌법의 색채를 없애는 작업을 추진하였고, 특히 국민 정신교육 관련 내용이 전 교과에 반영되도록 지침이 하달되었다. 교과 간의 연관성과 학생의 발달단계를 고려하여 1, 2학년은 교과 간의 통합을, 3학년 이상은 분과를 원칙으로 배당하고 있으며 또 특별활동 시간은 3학년 이상부터 배당한 것이 종전과 다른 점이라 하겠다. 그리고 교육과정 전체 구성이나 운영 면은 학문중심 교육과정에서 학문·인간·경험 중심의 종합된 과정으로 편성되었다. 이렇듯 제4차 교육과정은 학생들의 학습력을 증진시키고 변화해 가는 현대를 살아가는 데 필요한 탐구력과 전인교육에 바탕을 둔 인간교육을 초점으로 편제하였다고 볼 수 있다.

특별활동은 학급활동과 학도호국단 활동으로 통합하여 학도호국단 활동, 클럽활동, 학교행사의 3개 영역으로 편성하였다. 학도호국단 활동과 클럽활동에 각각 주당 1시간을 배정하였다.

7) 제5차 교육과정(1987~1992년)

제5차 교육과정기는 제4차 교육과정의 기본 체제를 유지하면서 교육과정 및 교과용 도서 중 개선이 필요한 부분만 개정한다는 것을 기본 원칙으로 삼고, 점진적으로 보완하고 수정한 것으로 제4차와 같이 인간중심 교육과정이라는 측면에서 공통성을 지니고 있다. 제4차 교육과정 개정까지는 모두 그 나름대로의 사회적 변화에 부응한다거나 학문적 경향의 변화에 따른다는 비교적 뚜렷한 명분이 있었으나, 제5차 개정 때에는 이러한 명분이 뚜렷하지 않았다. 그러나 교육과정을 개정할 수밖에 없었던 이유는 사용 중인 교과서의 사용기간인 5~7년을 넘을 수 없다는 행정상의 이유와 급변하는 사회변화에 대응하는 미래지향적 교육과정의 필요에 있었다.

(1) 이념 및 기본 방향

제5차 교육과정은 제4차 교육과정과 큰 차이점을 보이지 않는다. 제5차 교육과정은 교육과정 및 교과용 도서 중 개선이 필요한 부분만 개정한다는 것을 기본 원칙으로 삼고 건강한 사람, 자주적인 사람, 창조적인 사람, 도덕적인 사람을 기르는 데 목적을 두었다. 교육과정 구성의 기본 방향으로 교육과정의 적정화, 내실화, 지역화를 표방하였으며, 교육과정 개정의 전략으로 기존 교육과정의 기본 골격을 유지하는 지속성과 혁명적이고 총체적인 개혁보다 현실 여건을 감안한 점진적인 개선을 추구하는 점진성, 그리고 교육과정이 의도한 대로 기대하는 교육적 성취를 가져오도록 하는 제반 조치의 시행에 따른 효율성을 제시하였다. 초등학교 입문기에 1개월간 '우리들은 1학년' 교과가 신설되어 유치원과 연계교육이 이루어졌고, 양성평등교육을 지향하며 실업·가정과에서 남녀가 공통으로 이수할 수 있는 기술·가정이라는 과목이 신설되었다. 또한 특별활동 영역의 확대를 통해 민주화과정에서 학생들의 자치활동, 자율활동을 강조하였다. 특히 중앙집권적 교육과정체제를 지방화하기 위하여 교육과정의 지역화를 강조하였고, 교육과정이 실제 교육현장에서 제대로 실현될 수 있도록 교육과정의 효율화를 중시하였다. 즉, 실제 교육현장과 괴리된 것이 아니라 현장에서 그대로 실현되는 교육과정이 되도록 하는 것이다.

(2) 편제 및 운영

적정화, 내실화, 지역화를 표방한 제5차 교육과정의 편제와 시간 배당은 교과활동과 특별활동으로 학교 급별 연계 위에 조직하는 것을 기본으로 하였다. 교과활동은 크게 기초 학습 기능 및 도구 교과, 생활경험 및 생활과 환경탐구 교과, 표현활동 및 건강·정서교과, 노작활동 및 실업교과, 자유선택 및 기타 활동의 5개 영역으로 분류기준을 설정하였다. 특히, 1, 2학년은 통합교과활동으로 구성하여 '우리들은 1학년'과 '바른생활' '슬기로운 생활' '즐거운 생활'로 편성하였으며, 국어와 산수가 독립되었다. 제4차 교육과정에서는 8개 교과로 분과가 독립되어 있으면서 3개 교과군으로 묶어 시간 배당을 했던 교과의 통합적 운영체제에서 통합교육과정의 체제로 바뀌었다. 또한 1, 2학년의 국어와 산수 교과를 독립시켜 저학년에 걸쳐 언어, 수리 등의 기초 기능을 강화하고 학습의 효율을 높이기 위한 의도였다. 교과서의 개념이 확대되어 1교과 다 교과서 정책이 실현되어 국어과는 말하기, 듣기, 읽기, 쓰기가, 산수과에는 산수와 산수 익힘책이, 바른생활은 바른생활과 바른생활 이야기가, 슬기로운 생활은 슬기로운 생활과 관찰이, 도덕은 도덕과 생활의 길잡이가, 사회과는 사회와 사회과 탐구가, 자연은 자연과 실험관찰이, 실과는 실과와 실습의 길잡이가 발행되었다. 4학년 사회과의 경우 지역사회와 관련된 내용을 담은 지역화 교과서가 인정 교과서로 발행되었다. 이처럼 다양한 교과서에 따라 수업의 형태 또한 다양한 방법을 요구하였다. 교과에서 특징적인 부분은 컴퓨터교육 내용을 편성하고 경제교육 내용을 체계적으로 편성하여 미래사회에 대비하기 위한 교육을 강조한 것이었다.

8) 제6차 교육과정(1992~1997년)

21세기를 주도할 건강하고 자주적이며 창의적이고 도덕적인 한국인 육성을 기본 방향으로 한 이 교육과정에서는 교육과정 결정의 분권화, 구조의 다양화, 내용의 적정화, 운영의 효율화를 이루도록 중점 개정하였다. 이 시기 정부는 한국 교육제도의 대개혁을 추진하였다. 교육의 논의에서 수요자,

공급자, 수월성 등의 시장경제 중심의 개념들이 처음 사용되었다. 세계화와 자유시장경제를 특징으로 하는 정부의 정책은 교육정책에도 영향을 미쳤다. 학부모와 학생은 수요자로 분류되었고 공교육의 경쟁력 강화문제가 논의되었다.

제6차 교육과정기에는 국가수준에서만이 아니라 지역 교육청의 수준에서도 일정 부분 교육과정을 결정한다는 의미에서 '교육과정 지역화'라는 용어를 쓰기도 하였다. 그리고 문맥에 따라서는 국가수준 교육과정 결정권을 지역 교육청이나 단위학교 수준으로 이양한다는 의미에서 '교육과정 분권화(decentralization)'라는 용어를 사용하기도 한다. 이들 개념은 서로 연관되어 있고, 각각 교육과정 결정과 운영의 주체 차원에서 강조점을 달리한다고 볼 수 있다. 곧 최종적으로는 단위학교의 자율적인 교육과정 편성ㆍ운영을 통한 학교교육의 다양화를 추구하는데, 이를 위해서 국가수준 교육과정의 대강화, 시ㆍ도 교육청의 규제적 지침 완화 등이 필요하다. 이 점에서 학교 교육과정 자율화를 위해서는 다음과 같이 각 수준별로 요구되는 과제를 추진해 나갈 필요가 있을 것이다. 〈표 8-1〉은 각 수준 내에서 어떻게 교육과정을 운영해 나가야 하는지에 대해 알려 준다.

제6차 교육과정(1992년에 고시된)에서 교육과정 적용과 관련하여 국가, 시ㆍ도 교육청, 단위학교 간의 역할 배분을 통해 교육과정 의사결정의 분권화를 시도하였다. 학교중심 교육과정 개발이라 불리는 제6차 교육과정 체제는 학교 교육과정의 편성과 운영에 있어서 단위학교 구성원들이 보다 주체적이고 창의적이며 자율적으로 참여할 수 있는 기회를 확대하고자 하였다. 이 시기는 우리나라에서 교육과정 자율화에 대한 본격적인 노력을 시작한 시기라고 할 수 있으며, 국가만이 아니라 지역 교육청의 교육과정 편성의 중요성이 부각되었으며, 교육과정 지역화의 의미가 강조되었다.

표 8-1	교육과정 결정과 운영의 수준별 구성

운영 수준	세부내용
국가 수준	• 국가 교육과정의 역할과 범위 재규정 • 국가 교육과정의 대강화(융통성 있는 편제 구성) • 교육과정 결정권의 일정 부분을 지방 교육청 및 단위학교에 이양 • 지역과 단위학교 중심의 교육과정 지원체제 구축
시 · 도 교육청 수준	• 국가 교육과정을 지역의 실정과 교육 방향에 맞게 재편성 • 지역 교육청의 교육과정 지원 기능 강화 • 교육과정 편성 · 운영과 관련된 규제적인 지침 개 · 폐 • 교원, 재정, 교수-학습 자료 등 단위학교의 효율적인 교육과정 지원체제 　구축
단위학교 수준	• 단위학교의 교육 방향, 학교 구성원들의 교육 수요를 반영한 교육과정 편 　성 · 운영 • 학교별 교육과정 특성화 • 학교교육의 내실화, 효율화

(1) 이념 및 기본 방향

　제6차 교육과정은 건강한 사람, 자주적인 사람, 창의적인 사람, 도덕적인 사람을 기르는 데 목적을 두고 있다. 제6차 교육과정에서는 이러한 인간상과 함께 제5차 교육과정에 대한 평가를 기반으로 개정 중점을 다음과 같이 설정하였다.

- 교육과정 결정의 분권화
- 교육과정 구조의 다양화
- 교육과정 내용의 적정화
- 교육과정 운영의 효율화

　제6차 교육과정기는 교육과정에 관한 의사결정에 있어 분권화와 학생의 선택이 획기적으로 이루어진 교육과정이었다. 가령 각론적인 측면에서 '우리들은 1학년'의 교육과정을 시·도 교육청에서 구성하도록 하였으며, 초등학교 3학년에서 6학년까지 주당 1시간씩 학교 재량시간을 설정하여 다양한 활동을 할 수 있도록 하였다. 이것은 중학교의 '선택' 시간이나 고등학교의 '교양 선택' 시간과 유사한 것이었다. 교육과정의 구성 방침은 도덕성과 공동체의식이 투철한 민주시민을 육성하며, 사회의 변화에 대응할 수 있는 창의적 능력을 개발하는 것이었다. 또한 학생의 개성, 능력, 진로를 고려하여 교육의 내용과 방법을 다양화하고, 교육과정 편성·운영 체제를 개선하여 교육의 질을 강화하려고 하였다. 교육과정 개정의 중점으로는 교육과정 결정의 분권화를 통하여 중앙집권형 교육과정을 지방분권형 교육과정으로 전환시켜 시·도 교육청과 학교의 자율 재량권을 확대하는 것이다. 국가수준, 지역수준, 학교수준의 교육과정을 명백히 구별하고 교육부 ↔ 시·도 교육청 ↔ 학교로 이어지는 교육과정 편성·운영 체제를 강조하였다. 학교수준 교육과정은 국가수준의 교육과정과 시·도 교육과정 편성·운영 지침을 분석·검토하여 각 학교의 실정에 맞도록 만든 교육과정 편성·운영 지침이다. 또한 교육과정 구조의 다양화를 통하여 다양한 이수과정과 교과목을 개설하고, 필수과목을 축소하는 한편, 선택과목을 확대하여 교육내용의 획일성을 줄였다. 그리고 교육내용의 적정화를 통하여 학습량과 수준을 조정하고, 교과목의 체계 개선으로 교육내용의 적합성을 높여 학습 부담을 줄였으며, 교육과정 운영의 효율화로 학생의 적성, 진로, 능력을 고려하여 학습과 생활의 기초능력을 신장하며, 평가방법을 개선하여 교육과정을 효율적으로 운영할 수 있도록 하였다. 지금까지의 교육과정이 국가에 의하여 주어진 교육과정이었다면, 제6차 교육과정부터는 국가와 교육청, 학교를 통해 만들어 가는 교육과정으로 획기적인 전환을 시도하였다. 교과서 중심의 학교교육을 교육과정 중심의 학교교육으로 전환하고자 시도하였다. 전환기적·과도기적 시도였다고 할 수 있을 것이다.

(2) 편제 및 운영

분권화와 학생의 선택이 획기적으로 이루어진 제6차 교육과정은 개정 방향을 교육과정 결정의 중앙집중성에서 분권화로, 교육과정 구조의 획일성에서 다양성으로, 교육과정 내용의 부적합성을 시정해서 적정화하고, 교육과정 목표달성의 비효율성을 지양하며 효율화하는 방향으로 개선하였다. 교과 편제에 있어서는 기존의 교과와 특별활동의 두 가지 코스에서 '학교재량시간'을 추가하여 세 가지 코스로 편성하게 됨으로써 큰 변화를 가져왔다. 학교재량시간을 신설하여 교육과정 결정 및 운영의 자율화를 추구하였으며, 종래에는 다양한 활동의 기회가 적고, 교과 편제가 획일화되어 있어 학생들에게 부담이 되어 왔었는데, 학교재량시간을 둠으로써 교과시간을 줄여 교과에 대한 부담을 줄이는 대신 다양한 활동의 경험을 확대하였다. 그리고 '우리들의 1학년'이라는 통합교과가 없어지고 입학 초기 학교 적응 활동을 별도로 70시간 확보하였으며, 교육과정 구성 및 교과용 도서의 개발을 시·도에 이관하였다. 저학년은 통합교과를 합리적으로 조정하여 유치원 교육과 연계를 중시하면서 3학년에서의 교과교육을 위한 기본 교육으로서의 특징이 나타나도록 개선하였다. 또 산수가 '수학'으로 바뀌며 사회과 앞에 배치됨으로써 기본적인 학습기능을 강조하였다. 또한 교육과정 부분 개정(교육부고시 제1992-16호)을 통하여 1997년 3월에 3학년부터 조기 영어 교육을 연차적으로 시행하여 국제화시대에 대비한 교육의 범위를 확장하였다. 그리고 고학년의 경우 실기와 실험·실습을 요하는 교과는 교과전담제에 의한 수업의 권장으로 교수 및 학습 부담이 경감되고 교육의 질 향상이 의도되었다. 교과서의 개념도 더욱 확대되고 다양화되어 2종 도서의 종수가 확대되었고, 시·도 교육감의 권한으로 인정도서를 심의할 수 있게 되어 나름의 인정도서를 개발하여 사용할 수 있게 되었다. 이처럼 교육과정 편성·운영의 결정권을 시·도 교육청 및 학교가 가지도록 하여 '교과서 중심'의 학교교육을 '교육과정 중심'의 학교교육으로 전환을 시도하였다. 특히 제

6차 교육과정에서는 1980년대 이후로 수업의 질적 변화를 추구하여 지도적인 학교를 중심으로 전개되던 '열린교육'과 전교조의 '참교육'이 크게 확산되고 공식화되었으나, 위로부터의 지원과 강요에 의한 거부감과 형식적인 부분에 치중한 전시적 형태로 인하여 현장에 적응하지 못하고 열기가 식어 갔다. 민주화 교육에 익숙한 교사들에 의하여 중앙집중식 표준화된 수업과 정부정책에 대한 반발이 심화되고, 현장교사들을 비롯한 아래로부터의 변화를 시도하려는 움직임이 강해졌다. 제6차 교육과정은 타율·획일에서 자율로, 중앙집중에서 분산화 또는 탈중심화로 한국 교육의 패러다임 전환을 가져온 시기라고 할 수 있다.

chapter 09

우리나라 교육과정 II

해방 이후 우리나라는 급격한 학교의 양적 팽창을 이루어 왔다. 이 과정에서 정부는 중앙 정부의 획일화 및 평준화의 기본 정책 아래 국가중심의 표준적인 교육과정(standardized curriculum)을 운영해 왔다. 중앙집권적 패러다임 우리나라의 교육과정은 중앙 정부가 교육과정 개정의 전 과정을 주도하여 왔다. 교육과정 개정의 계획을 중앙 정부가 직접 수립하며, 계획에 따라 교육과정을 실질적으로 개정하고, 개정된 교육과정을 운영하는 데 필요한 세부적인 모든 지침을 작성할 뿐 아니라, 그 결과를 평가하는 일에 있어서도 국가가 직접 관여하고 시행하는 등의 교육과정 개정, 운영, 평가의 전 과정을 중앙 정부가 총괄해 왔다. 우리나라는 교육과정 개정 시기별로 교육사조의 영향에 따라 개정의 특징을 달리하며 지금까지 7번의 전면 개정을 진행해 왔다.

우리나라의 교육과정은 제5차 교육과정까지는 철저하게 중앙집중적이었다가 제6차부터 점차로 시·도 교육청과 학교에 재량권이 주어지기 시작하였다. 교육과정 운영에 있어서 중앙 정부에서 지방으로의 권한 위임은 우리나라 국가중심 교육과정 운영의 패러다임에 변화를 예기하는 것이었다. 즉,

제6차 교육과정에서 중앙 정부가 교육과정 편성·운영권의 일부를 지역과 학교에 위임하기 시작하면서 교육과정을 국가수준, 지역수준, 학교수준의 세 가지 수준으로 나누어 제시하였다. 그러나 이와 같은 시도는 교육현장의 실질적인 변화를 뒷받침해 주는 다양한 교육정책과 연결되지 못한 채 선언적 시도에서 그치는 경향이 있다.

우리나라 교육과정이 중앙집권이 아닌 지방분권이라는 틀 속에서 다양한 교육정책을 함께 체계적으로 시도한 것은 제7차 교육과정부터라고 할 수 있다. 이때부터 교육과정 운영의 무게중심이 시·도 교육청과 개별 학교로 옮겨졌다는 전제하에 수준별 교육과정과 자기주도학습과 같은 현장수업의 운영방식 변화도 함께 시행되기 시작하였다. 즉, 제7차 교육과정과 함께 학교 교육과정이라는 개념이 강조되기 시작하였으며, 교육과정은 교육부가 고시한 교육과정(국가수준 교육과정)뿐만 아니라 시·도 교육청의 교육과정 편성·운영 지침(지역수준 교육과정), 단위학교의 학교 교육과정(학교수준 교육과정)을 모두 포함하는 광의적 개념으로 이해하게 되었다.

교육과정의 영역도 교육내용뿐만 아니라 운영방식을 포괄하는 광의의 개념으로 이해하기 시작하였다. 이러한 관점에서 보면 교육부가 교육법에 근거하여 고시하는 국가수준 교육과정은 그 자체를 교육과정이라고 보기에는 지나치게 일반적이고 거시적인 수준이어서, 교육과정이라는 용어보다는 교육과정 기준, 교육과정 요강, 교육과정 지침 등과 같은 용어를 사용하는 것이 적절하게 되었다. 따라서 교육부가 고시한 교육과정을 학교 교육과정과 동일시해서는 안 되며, 국가수준 교육과정은 학교 교육과정의 편성·운영을 돕기 위한 실질적 기준으로 보아야 할 필요가 생겼다.

1. 제7차 교육과정

제7차 교육과정은 제6차 교육과정보다 더 획기적인 변화를 요구하고 있으며, 2000년부터 초등학교를 대상으로 단계적으로 실행되었다. 초등학교 1, 2학년의 경우는 2000년 3월 1일부터, 초등학교 3, 4학년과 중학교 1학년의 경우는 2001년 3월 1일부터, 초등학교 5, 6학년과 중학교 2학년, 고등학교 1학년의 경우는 2002년 3월 1일부터, 중학교 3학년과 고등학교 2학년의 경우는 2003년 3월 1일부터 그리고 고등학교 3학년의 경우는 2004년 3월 1일부터 제7차 교육과정이 적용되었다.

1) 이념 및 기본 방향

제7차 교육과정은 지식사회로 일컬어지는 21세기를 주도할 자율적이고 창의적인 한국인을 육성하기 위해 자율과 창의에 바탕을 둔 '학생중심 교육과정'을 지향하고 있다. 제7차 교육과정은 교육기본법 제2조의 교육이념을 바탕으로 다음과 같은 목적을 갖고 있다.

- 전인적 성장의 기반 위에 개성을 추구하는 사람
- 기초능력을 토대로 창의적인 능력을 발휘하는 사람
- 폭넓은 교양을 바탕으로 진로를 개척하는 사람
- 우리 문화에 대한 이해의 토대 위에 새로운 가치를 창조하는 사람
- 민주시민의식을 기초로 공동체의 발전에 공헌하는 사람

이상의 교육목적 구현을 위해 제7차 교육과정은 국가수준의 공통성과 함께 지역, 학교, 개인 수준의 다양성을 추구하는 교육과정, 자율성과 창의성

을 신장하기 위한 학생중심 교육과정, 교육 주체가 함께 실현해 가는 교육과정, 학교교육을 교육과정 중심으로 개선하기 위한 교육과정, 교육의 과정과 결과의 질적 수준의 유지 및 관리를 위한 교육과정으로 구성하는 것을 목표로 하고 있다. 또한 국민공통 기본 교육 기간의 설정과 수준별 교육과정의 도입은 학습량의 최적화와 수준 조정을 통해 수준별 교육과정 도입의 근본 취지의 의미 있는 학습경험을 제공하는 것을 지향점으로 하고 있다.

2) 주요 성격과 구조적 특징

제7차 교육과정의 주요 성격과 구조적 특징은 다음과 같다.

- 기본 구조는 국민공통 기본 교육과정과 선택중심 교육과정으로 이원화되어 있다.
- 수준별 교육과정을 도입하였다.
- 재량활동을 신설하거나 확대하였다.
- 질 관리 중심의 교육과정 평가체제를 도입하였다.
- 교육기관 및 교육행정 기관의 교육과정 관련 역할을 구분하고 명확히 함으로써 교육과정의 분권화를 강화하였다.
- 교육과정 운영의 유연성을 높였다.

이와 같은 특징은 〈표 9-1〉에서 찾아볼 수 있다. 〈표 9-1〉은 제7차 교육과정의 편제와 시간 배당 기준에 관한 것이다. 제7차 교육과정에서는 초등학교 1학년부터 고등학교 1학년까지의 10년간을 국민공통 기본 교육 기간으로 설정하였다. 이 기간 중의 교과별 학습내용을 학년제 또는 단계 개념에 기초하여 기본 교과 중심의 일관성 있는 체제를 갖추기 위하여 국민공통 기본 교육과정을 마련하였다.

| 표 9-1 | 제7차 교육과정의 편제와 시간 배당 기준 |

학교		초등학교						중학교			고등학교		
		국민공통 기본 교육과정										선택중심 교육과정	
학년		1	2	3	4	5	6	7	8	9	10	11	12
교과	국어	국어 210~238		238	204	204	204	170	136	136	136	선택 과목	
	도덕	수학 120~136		34	34	34	34	68	34	34	34		
	사회	바른생활 60~68		102	102	102	102	102	136	136	170 (국사 68)		
	수학	슬기로운 생활 90~102		136	136	136	136	136	102	102	136		
	과학			102	102	102	102	102	136	136	102		
	실과			·	·	68	68	기술·가정					
								68	102	102	102		
	체육	즐거운 생활 180~204		102	102	102	102	102	102	68	68		
	음악			68	68	68	68	68	34	34	34		
	미술	우리들은 1학년 80~		68	68	68	68	34	34	68	34		
	외국어 (영어)			34	34	68	68	102	102	136	136		
재량활동		60	68	68	68	68	68	136	136	136	204		
특별활동		30	34	34	68	68	68	68	68	68	68	8단위	
연간수업시수		830	850	986	986	1,088	1,088	1,156	1,156	1,156	1,224	144단위	

※ 이 표의 국민공통 기본 교육 기간에 제시된 시간 수는 34주를 기준으로 한 연간 최소 수업 시간 수이며, 재량활동과 특별활동은 감축운영 가능하며, 11, 12학년의 특별활동과 연간 수업 시간 수에 제시된 숫자는 2년 동안 이수하여야 할 단위 수임.

※ 1시간의 수업은 초등학교 40분, 중학교 45분, 고등학교 50분을 원칙으로 함.

※ 재량활동은 교과 재량과 창의적 재량으로 구분하며 특별활동을 자치, 적응, 계발, 봉사, 행사 활동으로 한다.

(1) 이원화된 교육과정

1학년부터 10학년까지의 10년 동안 학생들이 공통적으로 반드시 배워야 하는 내용으로 구성되어 있는 국민공통 기본 교육과정은 교과, 재량활동, 특별활동으로 구성되며, 국민공통 기본 교과는 국어, 도덕, 사회, 수학, 과학, 실과(기술·가정), 체육, 음악, 미술, 외국어(영어)를 포함한다. 단, 초등학교 1, 2학년의 교과는 국어, 수학, 바른생활, 슬기로운 생활, 즐거운 생활 및 우리들은 1학년으로 구성되어 있다. 재량활동은 교과 재량활동과 창의적 재량활동으로 이루어지며, 특별활동은 자치활동, 적응활동, 계발활동, 봉사활동, 행사활동으로 세분화되어 있다.

국민공통 기본 교과의 가장 큰 특징은 3학년에서 10학년까지 연계성 있는 교육과정을 구성한다는 점이다. 10년 국민공통 기본 교육과정의 취지를 살려, 종래의 초등학교·중학교·고등학교의 학교 급별 구분을 없애고 3학년에서 10학년까지 연계성 있는 교육과정을 구성하였다. 현재의 교육과정 체제하에서 교육과정의 내용, 방법, 체제상의 가장 큰 비약은 초등학교 6학년과 중학교 1학년 그리고 중학교 3학년과 고등학교 1학년 사이에서 나타났다. 학생의 입장에서 보면, 1년의 차이임에도 불구하고 교육과정은 너무나 급격한 변화를 보이기 때문에 적응에 상당한 어려움이 있는 실정이다. 이와 같은 학교 급별 차이를 없애고 학교 급별 교과의 일관성을 유지하기 위하여 〈표 9-1〉에서 보는 바와 같이, '자연' 교과는 '과학'으로, '영어' 교과는 '외국어'로 교과의 명칭을 각각 변경하였다. 이와 같이 제7차 교육과정에서는 학교급 간의 이동에 있어서 교육내용의 비약 없이 연속적인 변화를 이루도록 하였다. 특히 초등학교 6학년과 중학교 1학년 사이에서는 질적·양적 격차를 줄이는 데 역점을 두었다.

제7차 교육과정의 다른 한 축인 선택중심 교육과정은 〈표 9-1〉의 11학년과 12학년에 해당되는 고등학교 2, 3학년에 적용된다. 이는 학생의 장래 진로나 적성에 따라 전문화된 교육을 받을 수 있는 준비과정으로서 학생이 과

| 표 9-2 | 제7차 교육과정의 선택중심 교육과정 |

구 분			국민공통 기본 교과	선택과목	
				일반 선택과목	심화 선택과목
교과	인문·사회 과목군	국어	국어(8)	국어 생활(4)	화법(4), 독서(8), 작문(8), 문법(4), 문학(8)
		도덕	도덕(2)	시민 윤리(4)	윤리와 사상(4), 전통 윤리(4)
		사회	사회(10) 국사(4)	인간사회와 환경(4)	한국지리(8), 세계지리(8), 경제지리 (6), 한국 근·현대사(8), 세계사(8), 법과 사회(6), 정치(8), 경제(6), 사회·문화(8)
	과학·기술 과목군	수학	수학(8)	실용 수학(4)	수학 I (8), 수학 II(8), 미분과 적분(4), 확률과 통계(4), 이산 수학(4)
		과학	과학(6)	생활과 과학(4)	물리 I , 화학 I , 생물 I , 지구과학 I : 각 (4) 물리 II, 화학 II, 생물 II, 지구과학 II: 각 (6)
		기술·가정	기술·가정(6)	정보사회와 컴퓨터(4)	농업 과학, 공업 기술, 기업 경영, 해양 과학, 가정 과학: 각 (6)
	예체능 과목군	체육	체육(4)	체육과 건강(4)	체육 이론(4), 체육 실기(4 이상)*
		음악	음악(2)	음악과 생활(4)	음악 이론(4), 음악 실기(4 이상)*
		미술	미술(2)	미술과 생활(4)	미술 이론(4), 미술 실기(4 이상)*
	외국어 과목군	외국어	영어(8)	–	영어 I (8), 영어 II (8), 영어 회화(8), 영어 독해(8), 영어 작문(8)
			–	독일어 I , 프랑스어 I , 스페인어 I , 중국어 I , 일본어 I , 러시아어 I , 아랍어 I : 각(6)	독일어 II, 프랑스어 II, 스페인어 II, 중국어 II, 일본어 II, 러시아어 II, 아랍어 II: 각 (6)

	한문	–	한문(6)	한문 고전(6)
교양 과목군	교련	–	교련(6)	–
	교양	–	철학, 논리학, 심리학, 교육학, 생활 경제, 종교, 생태와 환경, 진로와 직업, 기타: 각 (4)	–
이수단위		(56)	24 이상	112 이하
재량활동		(10~12)	–	
특별활동		(2~4)	8	
총 이수 단위			216	

※ ( ) 안의 숫자는 단위 수이며, 1단위는 매주 50분 수업을 기준으로 하여 한 학기(17주) 동안 이수하는 수업량임.
※ 국민공통 기본 교과와 재량활동에 배당된 단위 수 및 특별활동 4단위는 10학년에서 이수함.
※ *표시한 체육, 음악, 미술실기의 심화 선택과목은 체육, 예술계 전문교과의 과목 중에서

정이나 계열의 구분 없이 희망하는 과목을 선택할 수 있음을 의미한다. 교과와 특별활동으로 구성되고, 교과는 보통 교과와 전문 교과로 구분되고, 〈표 9-2〉에서처럼 보통 교과의 선택과목은 일반 선택과목과 심화 선택과목으로 나뉘며, 인문 · 사회 과목군, 과학 · 기술 과목군, 예 · 체능 과목군, 외국어 과목군, 교양 과목군 등의 5개 과목군으로 구분되어 있다.

제7차 교육과정은 학생의 인지적 발달에 맞는 내용으로 구성된다. 초등학교 저학년인 경우, 추상적인 개념을 이해하는 데는 형식적인 사고력이 필요하기 때문에 어려움이 예상된다. 뿐만 아니라 한 과제에 대한 집중력이 고학년에 비해 상대적으로 떨어지기 때문에 학습 주제의 크기를 작게 할 필요가 있다. 따라서 새 교육과정의 저학년에서는 주로 현상중심의 내용으로 하되, 한 학습 주제의 크기를 줄이는 대신 학습 주제의 수를 늘리는 방향으로 교육과정이 구성되었다. 반면 고학년으로 올라갈수록 점차 개념을 중심 내용으로 하면서 학습 주제의 크기를 크게 하고 그 수를 작게 하는 방향으로 교육과정이 구성되었다.

즉, 제7차 교육과정은 기존의 학교급 구분에 따른 교육과정의 문제점을 극복하고, 교육내용의 선정 조직이나 수준별 교육과정의 편성에 있어서 연속성을 보장하는 데 목적을 둔다. 이에 따라 국민공통 기본 교육과정에서 수준별 교육과정은 심화·보충형으로 편성·운영하도록 하여 학생의 학습 능력과 요구에 부응하는 교육 기회를 제공하고, 동시에 교육의 수월성을 확보함으로써 궁극적으로 자기주도적 개별화 학습이 가능하도록 하였다.

(2) 수준별 교육과정

수준별 교육과정은 국민공통 기본 교과 중 몇몇 교과의 교육과정을 편성·운영하는 방식으로 도입된 것이다. 수준별 교육과정은 학생들이 수준에 따라 교육을 받을 수 있게 하려는 목적으로 도입된 것으로, 단계형 수준별 교육과정과 심화·보충형 교육과정, 과목 선택형 수준별 교육과정으로 나눌 수 있다. 단계형은 학생들이 한 단계의 내용을 일정 수준 이상 이해한 다음에야 다음 단계로 진급할 수 있다는 것을 의미하며, 심화·보충형은 학생들에게 기본 내용을 공통으로 가르친 다음, 학생들의 이해 정도에 따라 심화 내용이나 보충 내용을 가르치는 것을 의미한다. 과목 선택형은 학생들에게 동일 교과에서 위계가 다른 여러 과목을 제시한 다음, 자신의 수준에 맞는 교과목을 선택하여 이수하게 하는 것을 의미한다. 단계형 교육과정에는 1~10학년까지의 수학교과와 7학년부터 10학년까지의 영어교과가 포함되며, 국어, 사회, 과학, 3학년부터 6학년까지의 영어교과는 심화·보충형 수준별 교육과정에 포함된다. 국민공통 기본 교과 중 수학은 10학년까지 10단계로 편성하고, 영어교과는 7~10학년까지 4단계를 두며, 각 단계별·학기별로 2개의 하위단계를 설정하여 단계형 수준별 교육과정을 운영하고, 국어는 1~10학년까지, 사회와 과학은 3~10학년까지, 영어교과는 3~6학년까지 심화·보충형 수준별 교육과정을 운영한다. 과목 선택형 교육과정은 11, 12학년의 선택형 교과를 의미한다. 또한 학습 결손을 보충하는 '특별

보충과정'을 둘 수 있도록 하여 저학력층을 배려하고 있다. 제7차 교육과정에서는 교과서의 자유 발행제가 더욱 확대되고, 지역별 교과서 전시회, 공청회 등이 열리고 있다. 각 교육청별 교과서를 평가·심의할 기구가 구성되어 학교 현장중심, 교사중심의 수업 개선 노력이 활발해지고 있다(이홍우, 조영태, 2003).

수준별 교육과정은 제7차 교육과정의 개혁적 성격을 잘 보여 주는 것으로 실제적 교육을 실현하기 위한 방안으로 채택된 것이다. 그 성격에 논란의 여지가 많지만, 수준별 교육과정은 학생의 흥미와 필요 등에 부합하도록 교육과정을 다양화·세분화하여 제시하는 것을 가리킨다.

교육과학기술부(2000)는 수준별 교육과정을 학생들의 능력, 적성, 필요, 흥미에 대한 개인차를 최대한 고려함으로써 학생 개개인의 성장 잠재력과 교육 효율화를 극대화하기 위하여 마련하였다. 하지만 제7차 교육과정 운영에서 수준을 나누기 위하여 고려하는 요인은 학생의 능력, 적성, 필요, 흥미 중에서 능력에 한정되므로 결국 현재 실시되고 있는 수준별 교육과정은 학생들의 능력수준에 따라 교육의 내용이나 방법을 달리하는 교육과정이라고 할 수 있다.

학생들로 하여금 어떤 수준의 교육내용을 배우도록 할 것인가를 결정하기 위한 평가의 기준은 말할 필요도 없이 학생들이 이수한 수준의 교육내용이다. 학생이 평가결과에 의거하여 앞으로 공부해야 할 교육내용을 결정할 때는 물론이요, 그 평가내용을 결정할 때에도 그 기준은 수준별 교육과정에 제시되어 있는 내용 항목일 수밖에 없다. 이 점에서 보면 평가의 문제는 분명 수준별 교육과정을 운영하는 단계에 와서 비로소 제기되는 것인지도 모른다. 다시 말해, 수준별 교육과정을 편성하는 단계에서는 평가의 문제는 제기되지 않는다는 것이다. 그렇다면 수준별 교육과정의 편성이 그 운영에 시간상 우선한다고 해서 그것을 근거로 하여 운영의 단계에서 문제가 되는 평가가 편성의 단계에서 문제가 되지 않는다고 말하기는 어렵다. 즉, 교과의 내용은 평가가 가능한 형태로 제시되지 않으면 안 된다는 것이다. 요약하면, 수준별 교육과정에서는 적어도 평가될 수 없는 것을 내용으로 제시해서는 안 된다는 것이 암묵적으로 전제되어 있다. 분명 이것은 교육내용이 평가를 규제하는 것이 아니라 평가가 교육내용을 규제하는 것이며, 이 점에서 수준별 교육과정은 평가 위주의 사고방식에서 벗어나지 못한 것이라고 말할 수 있다.

　수준별 교육과정이 평가 위주의 사고방식에 의존하고 있다는 것을 가장 단적으로 보여 주는 것이 바로 앞에서 말한, 수준별 교육과정에서는 교과 또는 교육내용과 내용항목을 동일시한다는 것이다. 내용항목의 형태로 제시되지 않는 한, 교육내용은 평가의 기준이 될 수 없는 것이다. 시험지 위에 답을 쓰는 지필평가이든 과학실험을 직접 해 보게 하는 수행평가이든 일체의 평가는 제3자에 의하여 확인 가능한 명시적 내용을 그 대상으로 하여 실시되는 것이다. 이와 같이 교육내용과 평가를 긴밀히 관련시킴으로써 교육내용을 명시적 형태의 내용항목으로 한정할 때 그것이 가지는 가장 심각하고도 근본적인 문제는 우리들의 관심을 묵시적 차원의 교육내용으로부터 멀어지게 한다는 데에 있다. 이 문제가 얼마나 심각한 것인가 하는 것은 수준별 교육과정과 평가와 관계에서 직접적으로 야기되는 다음과 같은 문제를 살펴보면 보다 분명해진다.

　수준별 교육과정은 학생들의 다양한 개인차를 존중하는 것과는 처음부터 거리가 멀다. 물론 교과의 내용수준과 학생의 학습수준을 일치시키려는 수준별 교육과정은 원래 의도가 학생의 개인차를 존중하는 데에 있다고는 하지만, 그 일치라는 것이 평가결과에 의존하는 것인 한 학생의 개인차를 제대로 존중하는 것이라고 말하기 어렵다. 학생들이 교과 공부에서 다양한 개인차를 나타낸다는 것은 틀림없는 사실일 것이다. 그러나 수준별 교육과정이 교과내용을 그 수준에 따라 몇 가지로 나누어 놓고 그것을 기준으로 하는 평가결과에 따라 학생의 학습수준을 결정한다는 것은 학생의 다양한 개인차를 몇 가지로 구분하여 획일적이고 단순하게 유형화한 것에 불과하다. 그리하여 수준별 교육과정에서는 눈에 잘 띄지 않는 학생들의 다양한 개인차가 그 자체로 존중되기보다는 오히려 묵살될 가능성이 높다. 물론 학생들의 다양한 개인차를 몇 개의 수준으로 획일적으로 유형화하는 데에는 그 나름의 장점이 있을지도 모른다. 특정 교과 학습에 있어서 한 학급의 학생들이 보여 주고 있는 개인차를 두세 가지로 정리하는 것은 수업사태를 단순화시켜 표준화하는 데 도움이 될 것이다. 표준화된 수업사태는 규격화된 교수방법과 교육매체 및 학습자료를 투입하기 위한 전제조건이 된다.

(3) 재량활동

제6차에 이어 교육과정의 분권화와 학생 선택의 폭이 더욱 확대된 제7차 교육과정은 교과, 특별활동과 학교재량 시간이 '재량활동'으로 명칭을 바꾸어 활동중심의 교과 재량활동과 창의적 재량활동으로 구성하고 강화하였다. 재량활동 교육과정은 학습자와 지역사회의 요구, 학생의 상황과 학교장 및 교사의 교육관에 따라 학교 나름대로 특색 있는 교육활동을 전개할 수 있도록 교육과정 결정 및 운영의 자율화를 도모하고자 도입한 것이다. 재량활동에서 교과 재량활동은 국민공통 기본 교과의 심화·보충 학습과 중등학교의 선택과목 학습을 위한 것이며, 창의적 재량활동은 학교의 독특한 교육적 필요, 학생의 요구 등에 따른 범교과 학습과 자기주도적 학습을 위한 것이다.

재량활동의 역사를 살펴보면, 제6차 교육과정의 재량 시간 설치에서 연원을 찾을 수 있으나, 더 멀리는 1970년대의 장학습의 날의 시행으로 그 시작을 알 수 있다. 이러한 교육과정 형태는 1970년대 프랑스에서 중앙집권적인 교육과정 운영체제의 결함을 줄이기 위하여 학교 수업 시간 중 10%의 시간을 학교장의 책임 아래 자유롭게 사용할 수 있도록 한 10% 개혁운동(Yves, 1979)에서도 찾아볼 수 있다. 재량활동이 교육과정의 결정 및 운영의 자율화를 바탕으로 한 것이라면 국가는 지역이나 학교에 교육과정과 관련된 권한을 실질적으로 이양하고, 지역이나 학교는 이를 수용할 수 있는 인력, 예산, 조직, 문화 등을 갖추어야 한다.

(4) 교육과정 분권화

제7차 교육과정(1997년 12월 31일 고시)에서는 지역 교육청 수준만이 아니라 단위학교 차원에서 교육과정 편성·운영의 자율성을 확대할 수 있도록 하였다. 곧 제7차 교육과정에서는 재량활동을 확대하고, 고등학교에 선택중심 교육과정을 도입하였으며, 국어, 수학, 사회, 과학, 영어 등 5개 교과에서 수준별 교육과정을 도입하여 단위학교의 교육과정 편성·운영의 자율성을 확대할 수 있도록 하였다. 이러한 제7차 교육과정의 자율화 조치는 이전과는 다른 획기적인 조치로서 학교현장의 교육과정 편성·운영의 자율성 확대 기반을 마련한 셈이다. 그러나 제7차 교육과정이 학교현장에서 적용되는 양상을 보면, 예상과는 달리 학교별 다양성이 그렇게 크게 나타나지는 못했다. 이는 한편으로는 학교수준에서 교육과정 다양화를 위한 시도를 적극적으로 하지 않는 점도 있고, 또 다른 한편으로는 국가 교육과정 편제가 여전히 경직되어 있고, 내신제나 대학수학능력시험 등의 제도가 교육과정 자율화와 다양화를 촉진시키는 데 장애로 작용했기 때문이다.

제7차 교육과정에서는 지역 교육청 수준만이 아니라 단위학교 차원에서 교육과정 편성·운영의 자율성을 확대할 수 있도록 하였다. 재량활동을 확대하고, 고등학교에 선택중심 교육과정을 도입하였으며, 국어, 수학, 사회, 과학, 영어 등 5개 교과에서 수준별 교육과정을 도입하여 단위학교의 교육과정 편성·운영의 자율성을 확대할 수 있도록 하였다. 이에 개별 학교는 국민공통 교과별로 연간 총 수업시수의 20% 범위 내에서 증감 편성할 수 있도록 하여 전인교육과 심화교육의 조화로운 운영을 도모할 수 있으며, 교과별로 학년·학기 단위 집중이수를 확대하여 학생의 학습 부담을 경감시킬 수 있고, 재량활동과 특별활동을 통합하여 학교 여건에 따른 융통성 있는 수업시간을 편성할 수 있게 되었다.

교육과정 분권화는 중앙 집중화된 교육과정 결정체제로는 급변하는 사회의 요구와 학습자의 다양한 수준, 능력, 흥미에 맞는 교육을 제공하기 어려우므로, 구체적인 교육과정의 편성·운영을 지역 교육청과 학교에 맡겨야한다는 시대적 필요성에 의해서 제안된 것이다. 이는 선택 교육과정의 확대, 재량활동의 신설 강화, 열린 교육의 확대 등으로 학교 현장중심의 교육과정 확대를 추구하며, 지방분권화의 확대, 전문성의 확대에 기반을 둔 자율성의 확대, 책무에 기초한 참여의 확대라는 방향으로 교사, 학교, 지역 교육청에 권한을 분산 이양하는 것을 특징으로 한다.

2. 교육과정 수시 개정 체제

제7차 교육과정이 고시된 때(1997년 12월 30일)로부터 오랜 기간이 경과되면서 사회·문화적으로 많은 변화가 있었다. 정보통신기술 이용이 보편화되고, 주 40시간 근무제가 확대되면서 교육현장에서도 주 5일 수업제가 월2회 실시되는 등 변화가 있었다. 이러한 다양한 변화를 교육과정에 반영할 필요성이 생기면서 교육과정 개정에 대한 여론이 확산되었다. 이에 제7차 개정 이후 10년만에 2007년 개정이 이루어졌고, 2009년 교과 교육과정은 2007년 개정 이후 2년만에, 2011년 교과 교육과정 역시 2009년 개정 이후 2년만에 이루어졌다.

제6차와 제7차 개정은 5년이라는 개정 주기가 보이지만, 그 밖의 개정에서는 일정한 주기성이 없었다고 할 수 있다. 결국 국가 교육과정 개정방식은 일정한 기간을 정한 엄밀한 주기성보다는 일정 기간이 지나면 개정하는 넓은 의미의 주기성이 유지되었다고 할 수 있다. 이러한 의미에서 2007년 개정, 2009년 개정, 2011년 개정은 기존의 주기성에서 벗어난 수시 개정체제라고 할 수 있다.

교육과정 개정의 대상 범위를 살펴보면, 교육과정을 개정할 때 개정의 대상이 되는 모든 영역을 대상으로 하여 개정하는 전면적 개정이 진행되었다. 전면적 개정은 포괄적, 총체적, 전체적 개정이라는 용어로 표현될 수도 있다. 즉, 모든 학교급, 모든 학년, 모든 교과 그리고 교과의 경우 교과의 전 영역에 대하여 개정을 하는 것을 의미한다. 우리나라 교육과정 개정의 사례가 좋은 예다. 우리의 경우 교육과정을 개정할 때 유치원은 물론 초 · 중 · 고등학교를 포함한 모든 학교급, 고등학교의 경우는 일반계 고교는 물론 실업계, 특수 목적계, 기타계 고교를 포함한 모든 유형의 학교, 각 학교의 모든 학년, 모든 교과 그리고 교과의 경우 일부 내용이 아니라 전체 내용을 모두 바꾸었다. 이런 의미에서 2009년 개정 교육과정은 총론에서 전면 개정의 성격이 강하지만, 각론에서 필요한 부분을 개정하는 부분 개정의 성격을 지향하였고, 이후 전면 개정보다는 부분 개정을 교육과정 개정의 방향으로 설정하고 있다. 즉, 우리나라 교육과정의 개정체제는 중앙집권성은 유지하면서 '일시-전면' 개정체제였으나, 2007년, 2009년, 2011년 개정에서부터 '수시' 개정체제로 전환하고 있다. 이는 사회변화 속도가 빨라져 전면적인 개편보다는 필요한 내용을 쉽게 수정할 수 있는 수시 개정체제가 더 적합해졌기 때문이다.

1) 2007년 개정 교육과정

제7차 교육과정 개정 이후의 사회문화적 변화를 반영하여 교육내용 및 내용체계를 개편할 필요가 생겼다. 종전의 제5차와 제6차 교육과정에서는 5년 정도의 기간을 두고 개정되어, 교과서 사용 기간이 5년을 넘지 않았는데 제7차 교육과정의 경우 9년 이상 동일한 교육내용과 내용체계를 유지함으로써 상당 부분 개정이 시급하게 되었다. 또한 국가 · 사회적인 요구사항을 반영할 필요가 생겼다. 즉, 국가 경쟁력의 기초를 형성하기 위해 과학교육을 강화해야 한다는 요구와 주변국의 역사 왜곡에 능동적인 대처를 위해 역사교육을 강화해야 한다는 요구 등에 대해 국가 · 사회적인 공감대가 형성됨에 따라 이를 반영할 필요가 생겼다. 현행 교육과정을 적용하면서 나타난 문제점과 교과 교육내용의 개선이 필요하게 되었다. 학교의 자율권을 확대하고, 수준별 · 선택중심 교육과정을 개선해야 한다는 요구와 학습량 및 수준을 적정화하고, 학교급 · 학년 · 교과 간 내용의 연계성을 강화해야 한다는 요구를 반영할 필요가 생겼다. 2006년 3월부터 주 5일 수업제를 월 2회 실시하게 됨에 따라 수업 시수 등을 일부 조정할 필요가 생겼다.

2007년 2월 28일에 개정 고시된 교육과정은 초등학교의 경우 2009년 3월에 1, 2학년을 시작으로 연차적으로 확대 적용하게 된다. 중학교는 2010학년도 신입생부터, 고등학교는 2011학년도 신입생부터는 수학, 영어를 제외한 전 과목을 개정 교육과정에 의해 배우게 된다. 다만 2006년 8월 29일에 개정 고시된 수학, 영어과 교육과정의 경우 초등학교는 다른 과목과 적용시기가 동일하나, 중 · 고등학교의 경우에는 다른 과목과 달리 2009학년도 신입생부터 적용한다. 2007년 개정 교육과정의 주요 내용은 다음과 같다.

(1) 단위학교의 교육과정 편성 · 운영의 자율권 확대

제6차 교육과정 이후 학교수준 교육과정이 강조됨에 따라 학교의 자율권이 확대되었다. 역할 분담 원칙에 따라 국가의 권한을 시 · 도 교육청과 학교에 위임하기 시작하였으며, 제7차 교육과정에서는 이를 더욱 확대하였다. 그러나 학교의 자율권이 여전히 제한적, 부분적이라는 지적과 실질적인 자율권 확대를 요구함에 따라 다음과 같이 학교의 자율권을 더욱 확대하였다.

첫째, 재량활동 운영의 학교 자율권을 확대하였다. 초등학교의 경우 창의적 재량활동을 학교 자율적으로 운영하도록 하고, 중·고등학교의 경우는 영역별 시간 배당 기준을 시·도 교육청의 편성·운영 지침에 따라 학교에서 편성하도록 하였다. 예를 들면, 종전에는 중학교의 경우 교과 재량활동 3시간, 창의적 재량활동 1시간 등으로 구분하여 제시하던 것을 재량활동 3시간으로 통합하여 제시하고, 하위 영역의 시간 배당은 학교가 자율적으로 편성·운영하도록 하였다.

둘째, 교과의 효율적인 운영을 위해 '교과 집중 이수제'를 도입하였다. 중학교와 고등학교에서 학기 또는 학년 단위로 교과를 집중 이수할 수 있도록 허용하였다. 예를 들면, 1, 2학기 주당 각 1시간인 교과의 경우 1학기 또는 2학기에 주당 2시간으로 편성하여 집중 운영할 수 있다. 또한 각 학년별 1~2시간인 교과의 경우 한 학년에서 주당 2~4시간 집중 운영도 가능하도록 허용하였다.

셋째, 특성화 학교, 자율학교 등에서는 학교의 설립 목적과 특성에 따른 교육을 할 수 있도록 교육과정 편성·운영에 자율권을 부여하였다. 국민공통 기본 교과에 배당된 총 이수 시간의 범위 내에서 교과별 수업 시간 수를 증감 운영할 수 있도록 하였다. 단, 교과별 수업 시간 수를 연간 68시간 미만으로는 감축하여 운영할 수 없도록 하기 위해 최소 이수 기준을 설정하였다. 고등학교의 경우 국민공통 기본 교과 외의 선택과목은 단위학교별 특성에 따라 자율적으로 편성하여 운영할 수 있도록 하였다. 특성화 학교의 경우 보통 교과 및 전문 교과의 총 이수 단위 수를 조정, 운영할 수 있도록 하였다. 이와 관련한 구체적인 사항은 시·도 교육청의 지침에 따르도록 하였다.

(2) 국가·사회적 요구사항의 반영

사회·문화적 발달 및 변화 등에 따라 생성되는 교육내용의 증대와 사회의 지속적 발전 및 발달, 변화에 대한 교육적 대응이라는 관점에서 국가·사회적 요구사항을 파악하여 교육과정 개정에 반영할 필요가 있다. 그동안

정부 부처 및 관계 기관, 각종 단체 및 개인으로부터 교육과정에 반영해야 할 다양한 요구들이 제기되어 왔다. 이러한 의견을 종합 심의하여 관련 교과와 재량활동, 특별활동에서 범교과 학습내용을 반영하도록 제시하였다.

- 세계화 시대의 국가 경쟁력을 높이고 과학적 기초 소양 교육을 강화하기 위해 고등학교 1학년 과학과 수업 시수를 주당 3시간에서 4시간으로 증대하였다.
- 주변국의 역사 왜곡에 대응하고 국제화 시대에 적합한 역사교육을 위해 중·고등학교 사회교과에서 역사 과목을 독립시키고, 고등학교 선택 과목으로 동아시아사를 신설하는 한편, 고등학교 1학년의 역사과목 수업 시수를 주당 2시간에서 3시간으로 증대하였다.
- 고등학교 1학년 기술·가정에 진로 관련 단원을 추가하여 고려하고 학교급별 진로교육 내용을 체계화하였으며, 논술 교육을 강화하여 국어 과를 중심으로 논술 관련 내용을 반영하고 사회, 과학, 도덕 등 논술 지도가 가능한 교과에 논술 관련 학습요소 및 평가내용을 추가 설정하여 논술 지도방안을 강구하도록 하였다.
- 그 밖의 지속 가능한 발전교육, 양성평등교육 등은 범교과 학습내용으로 제시하여 학교교육 활동 전반에 걸쳐 통합적으로 지도하도록 하였다.

(3) 고등학교 선택중심 교육과정 개선

고등학교 2, 3학년에 해당하는 선택중심 교육 기간에는 학교의 자율권을 확대하는 데 중점을 두었다.

- 단위학교가 필요한 선택과목을 신설할 수 있도록 하였다.
- 일반 선택과목과 심화 선택과목을 통합하여 '선택과목'으로 함으로써

선택의 폭을 넓혔다.

- 선택과목의 단위 수가 과목에 따라 4, 6, 8단위로 되어 있던 것을 교양 등 일부 과목을 제외하고는 6단위로 통일하여 학교에서의 운영 편의를 도모하였다. 이수 단위의 증감 운영 폭을 2단위에서 4단위까지 확대(최소 4단위는 유지하도록 함)하여 운영에 융통성을 부여하였다. 또한 사회 환경의 변화를 반영하여 일부 과목을 폐지, 신설, 통합, 분리하는 등의 조정을 하였다.
- 선택과목군을 5개에서 6개로 조정하여 예체능 과목군(체육, 음악, 미술)을 체육 과목군(체육)과 예술 과목군(음악, 미술)으로 분리함으로써 지·덕·체의 조화로운 인성교육이 이루어지도록 노력하였다.

(4) 주 5일 수업제 월 2회 시행에 따른 수업 시수의 일부 조정

주 5일 수업제를 시행하게 될 경우 수업 일수와 수업 시수를 조정해야 할 필요가 있다. 수업 일수의 경우는 초·중등교육법 시행령 제45조에 연간 220일의 수업 일수를 10분의 1의 범위 내에서 탄력적으로 감축하여 운영할 수 있도록 하고 있다. 그러나 수업 시수에 대해서는 별도의 감축 기준이 없어 교육과정에 정하게 된 것이다. 주 5일 수업제를 월 2회 실시함에 따라 주당 평균 2시간의 감축 요인이 발생하나, 주당 1시간(연간 34시간)만을 감축하기로 하였다. 감축 기준은 학교급의 특성을 고려하여 달리 제시하였다.

- 초등학교 1, 2학년은 다른 나라에 비해 현재의 수업 시수가 적다고 판단되어 감축하지 않았다.
- 초등학교 3~6학년, 고등학교 2~3학년은 학교 자율로 교과에서 주당 1시간을 감축하도록 하였다.
- 중학교 1학년~고등학교 1학년은 재량활동에서 주당 1시간을 감축하였다.

2) 2009년 개정 교육과정

2009년 개정 교육과정은 학기당 이수 교과목 수 축소를 통한 학습의 효율성을 제고하고, '창의적 체험활동' 도입을 통한 배려와 나눔을 실천하는 창의 인재를 육성하며, 고등학교 교과 재구조화를 통한 학생의 핵심 역량 강

표 9-3 2007, 2009년 개정 교육과정 비교

구 분	2007년 개정 교육과정	2009년 개정 교육과정
초·중·고 공통사항 (2009년 신설)	–	• 학년군, 교과군 개념 • 교과별 기준 시수 20% 증감 운영 • 교과교실제 운영 활성화 유도
초등학교	• 초등학교 통합교과 '우리들은 1학년' 분리 독립 • 정보통신 활용 교육, 보건교육 재량활동 활용해 지도	• '우리들은 1학년' 폐지, 창의적 체험활동에 반영 • 한자교육 창의적 체험활동 활용해 지도
중학교	• 선택과목 - 한문, 정보, 환경, 생활 외국어, 보건 등	• 선택과목에 진로와 직업 등 추가 • 학기당 이수과목 수를 8개 이하로 편성
고등학교	• 고1 교과는 필수 • 총 이수단위: 210단위 • 외국어 계열 고등학교: 전문교과 이수단위의 50%를 전공외국어로 하고, 전공 포함 3개의 외국어 교육	• 고교 모든 교과 선택 • 총 이수단위: 204단위 • 학기당 이수과목 수를 8개 이하로 편성 • 대학과목 선수이수제 과목 개설 가능 • 과학, 영어, 예술 등 영역별 중점학교 운영가능 • 외국어 계열 고등학교: 전문교과 이수단위의 60%를 전공외국어로 하고, 전고외국어 포함 2개의 외국어 교육
범교과 학습 요소	• 민주시민교육, 경제교육 등 35개 요소	• 녹색교육, 한자교육, 한국문화사교육 추가

출처: 교육과학기술부(2007, 2009). 2007, 2009년 개정 교육과정.

화, 교육과정 자율화를 통한 학교의 다양화 유도 등의 기본 방향에 따라 이루어졌다. 2009년 개정 교육과정은 '국가교육과학기술자문회의'가 마련한 '미래형 교육과정 구상(안)'의 현장 적용방안으로 강구되었다. 원래의 명칭은 미래형 교육과정으로 이후 '2009년 개정 교육과정'으로 명칭이 변경되었다.

단위학교 차원에서 유연하고 창의적인 교육과정 운영을 통해 학생들의 학습부담 경감 및 학교교육 정상화를 도모하고 있다.

총론 문서가 고시되면 그에 입각하여 교과 교육과정과 교과서가 개발된 이후에 학교현장에 적용되던 다른 개정과 달리, 2009년 개정 교육과정은 학교현장에 총론부터 먼저 적용되었다. 2011년부터 초등학교 1, 2학년, 중학교 1학년, 고등학교 1학년에 적용되었다. 2009년 개정 교육과정에 따른 교과 교육과정 개발은 완료되어 2011년 8월 9일에 고시되었다. 미래형 교육과정으로 기획된 2009년 개정 교육과정은 다음과 같다.

(1) 공통 교육과정 기간 축소 및 선택 교육과정 기간 확대

2009년 개정 교육과정에서는 종래의 1학년에서 10학년까지의 국민공통기본 교육과정 기간을 1학년부터 9학년까지로 축소하고, 고등학교 1학년부터 선택 교육과정체제가 도입, 확대 실시된다. 또한 '국민공통 기본 교육과정'이라는 용어는 '공통교육과정'으로 개칭된다. 이와 같이 공통교육과정 이수 기간을 중학교 3학년까지로 조정한 것은 고등학생들에게 자신의 진로와 적성 및 필요에 따른 학습기회를 보다 더 많이 제공하기 위한 것이다.

(2) 학년군 및 교과군 설정

2009년 개정 교육과정에서는 기존의 학년별, 교과별 수업 시수 배정에서 벗어나 학년군별 총 수업 시수를 배정함으로써 교과 및 학교의 특성을 고려하여 단위학교에서 자율적 편성 · 운영이 가능하도록 하였다. 초등학교는 1~2학년, 3~4학년, 5~6학년으로, 중학교는 7~9학년으로, 고등학교는

10~12학년으로 묶여 총 수업 시수(단위 수)가 배정되었다.

교과(군)은 공통교육과정 10개 교과를 교육목적상의 근접성, 학문 탐구 대상 또는 방법상의 인접성, 생활양식에서의 연관성 등을 고려하여 학교급별로 재분류되었다.

(3) 수업 시수 20% 증감

2009년 개정 교육과정에서는 종래의 수업 시수의 성격을 '연간 최소 수업 시수'에서 증감이 가능한 '기준 시수'로 전환하여 각 학교로 하여금 교과 수업 시수를 자율적으로 증감하여 편성·운영하도록 하였다. 수업 시수의 증감 범위는 학교의 특성, 학생·교사·학부모의 요구를 고려하여 각 교과(군)별로 20% 범위 내에서 증감이 가능하도록 하였다. 1~9학년 공통교육과정의 편제와 최대 20% 증감된 적용 시간이 배당되었다.

(4) 학기당 8개 과목 집중이수제

학기당 이수 교과목 수 '8개 이내' 및 '교과 집중이수'를 통해 한 학기에 이수하는 교과목 수를 줄여 학습을 적정화하고 교육 효과를 증대하고자 하였다. 교과 집중이수의 유형은 편성 기간을 기준으로 '학기 집중이수' '학년 집중이수' '학기·학년 집중이수'로 나누어 볼 수 있다. '학기 집중 이수'는 2개 학기에 걸쳐서 편성되는 것을 1개 학기에 집중 편성하는 방법으로서, 지금까지 3년간 6개 학기에 걸쳐서 배워 온 교과를 2~5학기에 학기 단위로 집중이수할 수 있도록 하는 것이다. '학년 집중이수'는 학년 단위로 집중 편성하는 방안이다. 예를 들면, 특정 교과목을 2개 학기에 편성하면 1개 학년으로 이수를 종료하게 되고, 4개 학기에 편성하면 2개 학년 이수하게 된다. 학기·학년 집중이수는 학기 집중이수와 학년 집중이수를 혼합하여 운영하는 것이다. 집중이수를 적용한 중학교 교육과정 편성안(예시)으로서 여기에서 도덕, 사회, 역사, 음악, 미술은 학기 집중이수를, 선택과목(한문,

일본어, 정보)은 학년 집중이수, 과학, 기술·가정은 학기·학년 집중이수를 적용한 것이다.

(5) '창의적 체험활동' 도입

2009년 개정 교육과정에서는 기존의 교과 외 활동, 즉 5개 영역으로 세분화되어 있던 특별활동과 2개 영역으로 세분화되어 있던 재량활동이 통합되어 '창의적 체험활동' 으로 운영되고 시수도 확대된다.

3) 2011년 개정 교육과정

2011년 개정 교육과정은 2011년 8월 9일 교육과학기술부 고시 제2011-361호('2009년 개정 교육과정에 따른 교육과정')으로 발표된 대한민국의 교육과정이다. 제7차 교육과정의 3번째 개정안이다. 2011년 개정 교육과정은 2009년 개정 교육과정을 따르고 있어 2000년 개정 교육과정의 휴무 조치라고 할 수 있다. 원래 교육과정이 개정되면 총론과 각론이 같이 나오는데 2009년 개정 교육과정 때 먼저 총론이 나오고, 2011년 교과 교육과정에서 각 과목별 각론이 나오는 형태를 가지고 있다. 2011년 개정 교육과정은 2014년 고등학교 신입생부터 적용된다. 단, 영어과는 1년이 앞선 2013년에 적용된다. 2009년 개정 교육과정은 '글로벌 창의인재 육성' 을 내세워 학년(군), 교과(군)별 수업 시수 증감 20%, 집중이수제, 창의적 체험활동(재량＋특활)을 특징으로 내세웠다. 그 시작은 미래형 교육과정이다. 자문회의는 교육과정 편제표 때문에 모든 학교 교육과정이 똑같다며 학년군을 중심으로 교과(군)별 수업 시수 증감으로 다양성을 추구하였다.

2009년 개정 교육과정이 창의·인성교육을 강조하였다면, 2011년 개정 교육과정은 국가정체성, 녹색성장까지 세 가지를 교과 교육과정에 반영하고 있다.

chapter **10**

학교중심 교육과정

1. 학교중심 교육과정의 이해

능동적으로 새로운 지식을 창출하는 능력이 중시되는 현대사회에서는 학습자의 자율성 및 창의성의 계발이 학교교육의 기본적인 과제로 제시되고 있다. 이를 위해 국가수준 교육과정이 실행되고 있는 우리나라도 학습자중심의 만들어 가는 교육과정을 표방하는 등 학교중심 교육과정의 개발 및 운영방안을 모색하고 있다. 이에 따라 2000년 초등학교 1, 2학년부터 연차적으로 적용되어, 전체 학교급에 걸쳐 시행되고 있는 제7차 교육과정과 제6차 교육과정에서 교육과정 결정권의 분권화를 표방한 것을 계기로 교육과정 편성과 운영에 있어서 현장의 자율성을 확대하고, 학교의 실정에 따라 교육과정을 만들어 갈 수 있도록 교육과정의 다양화와 적합화를 강조하고 있다.

학습자의 자율성과 창의성을 계발하기 위해서는 국가수준의 개혁뿐 아니라 교사수준에서 자율적이고 창의적인 교실수업을 설계하고 실행할 수 있어야 한다. 이로써 교육과정 연구에서 '학교단위' '학교중심' '학교수준'

의 교육과정을 개발한다는 아이디어에 대한 논의가 새로운 관심으로 부각되었다(정영근, 2000). 더불어 '교육과정'이란 '가르치려고 계획'한 것으로 간주하고 '실제로 교실에서 가르치고 있는 것'은 '수업' 혹은 '교수-학습 활동'이라는 용어로 구분하여 진행되어 오던 상황에 변화가 모색되었다. '교육과정'과 '수업'을 별개의 활동으로 구분하던 지금까지의 교육과정 연구와는 달리, 교육에 관한 계획이라는 단일한 기준을 바탕으로 거시적 관점에서 미시적 관점에 이르는 일련의 연속된 과정이자, 본질에 있어서 동일한 활동으로 보게 된 것이다(함수곤, 1994).

중앙집권적 교육과정의 전통이 우세한 우리나라에서는 학교중심 교육과정에 대해 교육과정 변화의 주도적인 현상으로 보기에는 아직 이르다. 그러나 제6차 교육과정 이래로 학교현장의 중요성이 강조되고 현장전문가로서의 교사역할이 부각됨에 따라 학교중심 교육과정은 전통적인 교육과정 존재방식에 대한 새로운 도전과 변화 중 하나로 이해되고 있다(김춘일, 1993).

1) 학교 교육과정 개발의 개념

학교 교육과정은 국가수준이나 지역수준에 의거하여 지역의 특성과 학교의 실정, 학생의 실태에 맞게 편성한 단위학교의 구체적인 교육과정을 말한다. 학교 교육과정 개발은 학교중심 교육과정 개발(School-Based Curriculum Development: SBCD)을 의미하며, 학교중심이라는 말은 여러 가지 방식으로 해석된다. Connelly와 Ben-Peretz(1980)는 '학교중심'이라는 표현 대신에 교사의 역할을 강조하며 교사를 사용자-개발자(user-developers)로 접근하였다. '사용자'와 '개발자'는 같은 의미를 나타내며 동시에 동일한 사람(즉, 수업하는 교사)을 지칭하기도 하지만 일치하지 않는 경우가 많다. 가령 '사용자'와 '개발자'는 반드시 학교에서만 있는 것은 아니며 학교에서의 교육과정 개발 역시 반드시 사용자가 개발한다는 것을 의미하지는 않는다. '사

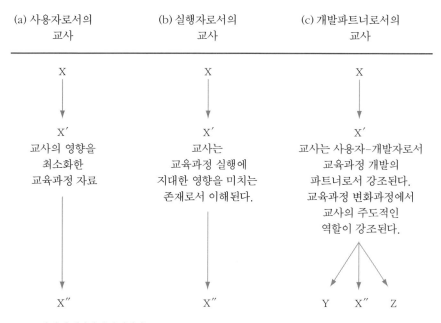

(a) 사용자로서의 교사	(b) 실행자로서의 교사	(c) 개발파트너로서의 교사

X : 교육과정 개발자의 아이디어
X′ : 교육과정 아이디어를 교육과정 자료에 반영
X″ : 교실수업에서 교육과정 아이디어 반영
Y, Z : 교육과정 아이디어에 대한 대안

[그림 10-1] 교육과정 실행과 교사의 역할

용자' '개발자'라는 표현은 상업적으로 전파 보급되는 일련의 수업자료를 학생들의 요구에 적합하도록 수정하기 위해 외부의 교육과정 전문가의 자문과 지도하에 작업하는 여러 학교의 교사들로 구성된 팀을 지칭하는 것이다.

교사를 교육과정 개발자로 보는 입장에서는 교사가 교육과정을 연구하고 개발하는 과정에 참여하기를 희망한다고 강조한다. 즉, 교사는 그들이 사용하는 교육과정을 스스로 연구하고 결정하고자 하는 의지를 가지고 있다는 것이다. 예를 들면, Connelly와 Ben-Peretz(1980)는 개발 파트너로서의 교사역할을 주목하고, 교사는 외부의 교육과정을 그대로 실행하는 사용자의 역할에 머무르지 않는다고 주장한다.

교사가 이러한 팀에 참가하게 되는 것은 대학에서 개설하고 있는 현직 연수 프로그램에 관여함으로써 일반적으로 가능하다. 연수 프로그램에 참여하는 교사는 그 팀이 개발한 수업자료를 사용함으로써 사용자 개발자가 되는데, 교사가 사용하는 프로그램은 학교의 상황을 참작하여 만들어진 것이기는 하지만 학교에서 개발된 프로그램은 아니다. 그 프로그램은 학교가 주도하여 만든 것도 아니며, 옆 교실에서 동일한 교과를 가르치는 다른 동료교사가 채택하지 않는 경우도 얼마든지 있을 수 있다. 한편으로 학교가 그 학교에 있는 교사들로 팀을 만들어서 참여한 교사들이 직접 개정한 프로그램을 채택할 경우에 이 프로그램은 학교에서 개발된 교육과정이 된다. 하지만 그 프로그램 개발에 참여하지 않는 교사들은 사용자 개발자에 해당되지 않는다.

그렇다면 학교중심 프로그램의 개발에 참여하는 사람은 과연 누구인가? 특정 교과를 가르치는 모든 교사인가 아니면 그 교사들 중의 단지 일부인가? 만약에 외부 당국이나 학교 당국에서 선택할 수 있는 범위를 정해 놓고 있기는 하지만, 그 범위 내에서 교사가 무엇을 가르칠 것이며 어떤 자료를 수업에 사용할 것인지를 비교적 자율적으로 결정할 수 있게 해 준다면, 이 경우는 학교중심 교육과정 개발이라고 할 수 있는가? Sabar(1983)는 학교중심 교육과정 개발은 모든 단계에서 교사가 중요한 역할을 수행하는 교사중심 교육과정 개발로 축소되어서는 안 되며, 교육에 관여하는 모든 사람과 함께 결정을 내리는 참여적 형태이어야 한다고 주장한다. 또한 Sabar는 학교중심 교육과정 개발에서 적합하다고 생각되는 교육과정 개발의 파트너들로서 학부모, 학습자 그리고 사회의 여타 기관들을 지목하고 있다. 흔히 교육실제에서는 지방 당국이나 지방교육 당국의 대표가 교육과정 결정에 참여하는데, 특히 교회, 노동조합, 대학, 다른 고등교육기관과 같은 다양한 이익집단들이 학교 교육과정에 대해 요구의 목소리를 내기도 한다. 지방행정 당국은 보통 자신들의 관할 지역권 내에 있는 모든 학교에 대해 학교가 운

영해야 할 프로그램에 영향력을 행사하려고 한다. 그러한 교육 프로그램의
개발은 분명히 학교중심 교육과정 개발이 아니다. 이런 점에서 보면 교육과
정에 대한 결정권을 중앙에서 지방으로 이양하는 것과 학교중심 교육과정
개발은 별개의 문제다.

　교육과정 문헌을 살펴보면 교육과정 문제에서의 권한 이양과 학교중심
교육과정 개발이라는 이 두 가지 주제는 실제로 상이한 현상이지만, 흔히
하나의 제목에서 취급되고 있는 것을 볼 수 있다. 권한 이양은 학교중심 교
육과정 개발의 전제조건일 뿐이다. 그것은 학교중심 교육과정 개발을 촉진
시키는 필요조건이지 충분조건은 아니다. 권한 이양, 사용자, 개발자, 학교
중심 교육과정 개발이라는 개념들 간의 차이점을 충분히 파악하지 않고서
는 교육과정 개발에 관한 정확한 의미를 포착하는 것은 불가능할 것이다.

　그렇다면 학교중심 교육과정 개발의 범위를 어떻게 이해할 것인가? 학교
중심 교육과정 개발을 가장 넓게 정의한다면, 그것은 학교가 완전히 자율적
으로 가르쳐야 할 내용으로 결정하는 것은 물론 이미 만들어진 교재에는 최
소한으로 의존하면서 가르쳐야 할 수업자료를 스스로 준비하는 것까지를
포함한다. 학교중심 교육과정 개발의 의미를 아주 좁게 정의하면, 그것은
학교에서 운영하는 교육 프로그램 중에 극히 제한된 부분에 대해서만 결정
할 수 있는 권한을 지방 교육청이나 학교에 위임하는 것을 명문화하는 것을
의미한다. 실제에 있어서는 넓은 의미의 학교중심 교육과정 개발의 아이디
어에 따라 교육과정을 개발하고 운영한다는 것은 불가능하다. 그리고 그러
한 원리에 따라 운영되는 학교도 찾아보기 어렵다. 그러므로 현실적으로 가
능한 방법은 협의의 정의에 입각하여 주어진 자율권을 최대한 활용하여
SBCD 접근법의 어떤 요소들을 통합하여 학교중심 교육과정을 개발하는 데
에 최선을 다하는 것이다.

2) 학교 교육과정 개발모형

제6차 교육과정은 국가수준의 교육과정, 시·도 수준에서의 교육과정에 의거하여 실제 교육에 투입될 수 있도록 조정·편성된 학교수준의 교육과정을 교육과정의 범위에 포함시키고 있다. 이러한 움직임은 교육과정 결정권의 분권화가 강조됨에 따라 더욱 부각되고 있다. 일반적으로 학교중심 교육과정이라고 하면 교육과정을 둘러싼 의사결정의 구조가 분권화되어 가는 과정의 한 산물이라고 보는 시각이 지배적이다. 교육과정 결정권의 중심적 역할을 종래의 국가 혹은 교육 전문가 집단으로부터 단위학교 혹은 학교 교사들로 바꿔야 한다는 교육과정 결정 패러다임의 변화는 교육의 이념과 목적, 교육에 대한 책임 소재 면에서 변화를 시사하기 때문이다. 이에 대해 Skilbeck(1984)은 학교중심 교육과정을 "학생들이 다니는 학교가 학생들의 학습 프로그램을 기획·설계·적용·평가하는 교육과정"이라고 정의함으로써, 교육과정 의사결정에서 교사와 학생에 대한 고려를 중요한 변인으로 설정하였다. 한편 우리나라에서는 학교중심 교육과정을 구체적인 교육 프로그램으로 설명하고 있다. 즉, 국가의 기준과 지역 교육청의 지침을 받은 단위학교는 각급 학교의 실정에 비추어 학습자의 교육경험의 질을 관리하는 구체적인 교육 프로그램을 계획하는데, 이러한 구체적인 교육 프로그램은 교육목표, 내용, 방법, 평가, 운영방식 등을 핵심으로 하여 구성되며, 이들에게 영향을 미치는 교육 구조적 요인에 대한 배려까지도 포함하게 된다. 따라서 단위학교는 국가수준의 교육과정과 시·도 교육청의 편성·운영 지침에 기초하고, 당해 학교의 학생실태, 학부모의 요구, 교사의 구성, 학교의 시설, 지역사회의 여건 등을 고려하여 성취목표를 구체적으로 설정하고, 내용의 범위와 수준을 제시하며, 교수-학습 방법과 평가방법을 실용성 있게 구성하여, 학교 교육과정을 편성·운영하게 된다. 결국 학교중심 교육과정은 일차적으로 국가수준의 교육과정 기준과 시·도 교육청 지침 안의 범위 속에서 계획하는 것을 원칙으로 하되, 교육과정을 구체적으로 재구성하는 것을 의미한다(교육부, 1992).

　Skilbeck(1984)도 전통적 교육과정 개발모형의 경직성과 비현실성을 비판하면서, 학교현장의 교사들이 융통성 있게 교육과정 개발에 참여할 수 있도록 허용하는 대안적 접근방식, 즉 학교중심 교육과정 개발(SBCD) 모형을 제안하였다. Skilbeck(1984)이 제안한 학교중심 교육과정 개발모형을 요약해서 [그림 10-2]로 나타냈다. [그림 10-2]에서 Skilbeck이 제시한 각 과정의 구체적인 내용을 보면 상황분석과정은 학교의 외적 요인과 내적 요인으로 구분하여 상황을 구성하고 있는 요인들을 〈표 10-1〉과 같이 분석하였다.

　Skilbeck은 Tyler가 소홀히 하였던 학습자와 사회의 특성 및 요구분석과정을 중요시한다. 그는 교육과정 개발의 출발점을 추상적 상황에서 목표를 설정하는 것이 아니라 학교에서 일어나는 학습상황에 중점을 둔 '학교중심 교육과정 개발모형'을 제안하였다. Skilbeck이 제안한 상호작용적 교육과정 개발모형은 다음의 두 가지 측면에서 Tyler의 모형과 차이가 있다.

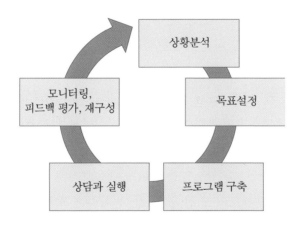

[그림 10-2] Skilbeck의 **교육과정 개발모형**

표 10-1	학교의 외적 요인과 내적 요인
구 분	내 용
외적 요인	• 문화적, 사회적 변화 그리고 부모의 기대, 고용주의 요건, 지역사회의 가치, 인간관계의 변화(부모와 자식 간의), 이데올로기 • 교육제도의 요건 및 도전 • 가르쳐야 할 교과의 성격변화 • 교사지원 체제의 잠재적 공헌 • 학교 내의 자원유입
내적 요인	• 학생: 적성, 능력 및 분명한 교육적 요구 • 교사: 가치, 태도, 기능적 지식, 경험, 특별한 장점과 단점, 역할 • 학교 풍토 및 정치적 구조: 권력분배, 권위관계, 규범에 조화를 이룰 수 있는 방법, 일탈행위의 처리 등을 포함한 물적 자원

첫째, 교육과정의 계획에서 상황분석의 단계를 추가하였다.

둘째, Skilbeck은 교육과정 개발자가 지각한 요구에 적절하다고 판단하는 시점에서 교육과정의 개발을 시작하라고 권고하였다.

[그림 10-2]는 Skilbeck이 제안한 교육과정 개발모형을 도식화한 것인데, 교육과정 개발모형의 단계별 특징을 차례대로 살펴보면 다음과 같다.

상황분석의 단계: 이는 Skilbeck 모형의 가장 큰 특징이라고 할 수 있는데, 여기에서는 교육과정 개발상황을 구성하고 있는 외적 · 내적 요인들을 분석하게 된다. 먼저 외적 요인으로는 학부모의 기대, 지역사회의 가치, 변화하는 인간관계, 이데올로기 등과 같은 사회문화적 특성, 교육제도의 요건 및 도전, 변화하는 교과의 성격, 교사지원 체제 등을 들 수 있다. 그리고 내적 요인으로는 학생의 적성 · 능력 · 교육적 요구, 교사의 가치관 · 태도 · 기능 · 지식 · 경험, 학교의 환경과 정치적 구조, 교육시설 및 설비, 교육과정 내에 존재하는

문제점 등을 들 수 있다.

목표설정의 단계: 여기에서는 예견되는 학습결과를 진술함으로써 교사와 학생의 행동을 강화할 수 있는 목표를 설정하게 된다. 이 목표는 어디까지나 상황분석에 기초하며, 교육활동의 방향을 제시하기 위한 가치와 판단을 포함한다.

프로그램 구축의 단계: 여기에서는 교수-학습 활동의 내용·구조·방법·범위·계열성 등의 설계, 수단-자료(키트, 자원, 교재 등에 관한 상세한 목록)의 구비, 적절한 시설환경(실험실, 작업실, 공작실 등)의 설계, 인적 구성과 역할 부여, 시간표 짜기 등을 수행하게 된다.

판단과 실행의 단계: 여기에서는 교육과정의 변화를 일으키는 문제 등을 판단(규명)하고, 그 해결을 실행하게 된다.

모니터링, 피드백 평가, 재구성의 단계: 여기에서는 교육과정 개발에 대하여 계속적으로 모니터링을 하고, 그에 따른 피드백 평가를 수행할 뿐만 아니라, 그 결과를 토대로 교육과정을 재구성하는 활동이 이루어지게 된다.

역사적으로 볼 때, '학교중심 교육과정 개발'이라는 아이디어는 교육과정 개발에 관한 중앙집권적 의사결정 체제가 갖는 문제점에 대한 반작용의 결과로 제기되었다(Skilbeck, 1984). 1950년대에 미국과 영국의 경우, 보다 질 높은 교육과정 개발의 필요성 때문에 국가적 차원에서 대규모의 재정지원 속에 각 학문영역의 전문가들을 중심으로 새로운 교육과정을 개발하여 각급 학교에서 활용하도록 하였다. 그러나 새로 개발된 교육과정은 '위에서 아래로의(Top-down)' 형태를 띠게 됨으로써 학교현장에서 활용이 극히 미흡하였다. 이것은 교실 외부의 교육과정 개발주체와 실행주체인 교사 사이에는 필연적인 간격이 존재하며, 따라서 외부에서 개발되어 교사에게 전달되는 형태의 교육과정은 아무리 좋은 것이라도 그것이 의도하는 소기의 목적을 달성하는 데는 근본적인 한계가 있음을 시사한다. 즉, 중앙 정부에서 개발한 교육과정을 실행하는 데 있어서 문제점과 불만족, 일상생활 전반에 걸친 민주화의 촉진으로 인한 의사결정 권한의 분산, 교사의 전문적인 지위와 권위의 상승에 대한 주장 등으로, 교육과정 개발에 관한 지방분권적 의사결정 체제가 요구되었고, 나아가 지역사회와 학생의 요구에 맞는 교육과정 개발이 요청되었다Brady(1992). 그 결과 1970년대 후반과 1980년대 초반에 이르러 교육과정 전문가들은 교사를 교육과정의 수용자, 즉 외부에서 개발된 교육과정을 학교 교육현장에서 실천하는 사람으로 인식하기보다는 교육과정 개발과정에서 보다 많은 공헌을 할 수 있는 전문가로 인정하게 되었다. 이러한 시대적 흐름 속에서 교육과정 분야에서는 교사가 주체가 되는 학교중심 교육과정 개발로 이어졌다(Skilbeck, 1984).

그러나 학교중심 교육과정 개발은 교육과정 개발에 관한 권한이 중앙정부에서 각급 학교로 이양되는 것을 의미하지만, 지방분권적인 교육과정 개발 체제를 취하고 있던 미국이나 영국 등의 여러 나라에서는 이미 이전부터 학교중심 교육과정이 개발되고 운영되어 왔다. 단지 1970년대와 1980년대에 접어들면서 확산된 학교중심 교육과정 개발과 그 의의는 보다 다양해졌지만, 공통점은 교육과정 개발 권한이 학교에 있다는 점이다. 예를 들어, 영국의 Skilbeck(1984)은 학교중심 교육과정을 "학교의 구성원인 학생의 학습을 위한 프로그램을 학교가 계획하고, 설계하고, 실행하여 평가하는 교육과정"으로 정의하고 있다. 특히 이 정의에서는 교사와 학생 수준에서 이루어지는 가치, 규범, 절차, 역할 등을 포함하는 교육과정 의사결정에 주안점을 두고 있다. 반면에 Brady(1992)는 교육과정 개발의 변인에 대한 좀 더 명료한 개념을 제시하였다. 그는 학교중심 교육과정이 포괄해야 할 세 가지 변인, 즉 교육과정 개발의 접근방법, 참여 인사, 시간 등을 제시하고 있다.

앞에서 살펴보았듯이 학교중심 교육과정은 각급 학교와 교사가 단순히 교육과정 실행자의 역할을 수행하도록 하는 국가수준 교육과정과 대조를 이루는 개념이다. 학교중심 교육과정은 국가나 지역 교육청 수준에서 개발된 교육과정을 각급 학교에서 채택, 변용하기도 하고, 독자적으로 교육과정을 개발하기도 한다. 이러한 점에서 교육과정에 관한 중앙집권적 개발 체제와 지방분권적 개발 체제는 각각 국가수준과 지역학교 수준으로 서로 대립되는 개념이지만, 교육과정 개발이라는 연속선상에 있다는 사실에 비추어 볼 때, 실제로 양자 간에는 서로 영향을 주고받는다고 할 수 있다.

제6차 교육과정에서 '학교 교육과정'이라는 용어가 등장함으로써 종래의 중앙집권적 의사결정 권한의 일부가 학교에 이양(devolution)되는 양상을 보여 주었다(교육부, 1992). 즉, 시·도 교육청과 각급 학교에 역할을 분담하도록 함으로써 교육과정에 대한 자율 재량권과 책임의 일부를 나누어 교육의 자율성을 확대하고 현장 교사의 교육에 대한 책무성(accountability)과 전문성 신장을 도모하고 있다. 그리고 현재 시행 중인 제7차 교육과정에서는 국민공통 기본 교육과정 편성, 수준별 교육과정의 도입, 재량활동의 신설 및 확대, 고등학교 2·3학년의 학생 선택중심 교육과정 도입 등 개정 중점사항에서 볼 수 있듯이, 국가는 교육과정 편성(개발)과 운영의 기본적인 지침을 안내하고, 교육과정을 개발하고 운영하는 권한은 시·도 교육청과 각급 학교가 행사하도록 하고 있다.

2. 우리나라 학교중심 교육과정

제6차 교육과정은 국가수준의 교육과정, 시·도 수준의 교육과정에 의거하여 실제 교육에 투입될 수 있도록 조정·편성된 학교수준의 교육과정을 교육과정의 범위에 포함시키고 있다. 단위학교 혹은 개별 학교가 의사결정하고 통제하는 학교 교육과정은 국가수준의 교육과정과 시·도 교육청의 편성·운영 지침에 기초하고, 당해 학교의 학생실태, 학부모의 요구, 교사의 구성, 학교의 시설, 지역사회의 여건 등을 고려하여 성취목표를 구체적으로 설정하고, 내용의 범위와 수준을 제시하며, 교수-학습 방법과 평가방법을 실용성 있게 구성한 것이다(교육부, 1992). 이러한 움직임은 교육과정 결정권의 분권화가 강조됨에 따라 더욱 부각되고 있다.

일반적으로 학교중심 교육과정이라고 하면 교육과정을 둘러싼 의사결정의 구조가 분권화되어 가는 과정의 한 산물이라고 보는 시각이 지배적이다. 교육과정 결정권의 중심적 역할을 종래의 국가 혹은 교육전문가 집단으로부터 단위학교 혹은 학교 교사들로 바꿔야 한다는 교육과정 결정패러다임의 변화는 교육의 이념과 목적, 교육에 대한 책임 소재 면에서 변화를 시사하기 때문이다.

한편 우리나라에서는 학교중심 교육과정을 구체적인 교육 프로그램으로 설명하고 있다. 즉, 국가의 기준과 지역 교육청의 지침을 받은 단위학교는 각급학교의 실정에 비추어 학습자가 교육경험의 질을 관리하는 구체적인 교육 프로그램을 계획하는데, 이러한 구체적인 교육 프로그램은 교육목표, 내용, 방법, 평가, 운영방식 등을 핵심으로 하여 구성되며, 이들에게 영향을 미치는 교육 구조적 요인에 대한 배려까지도 포함하게 된다. 따라서 단위학교는 국가수준의 교육과정과 시·도 교육청의 편성·운영 지침에 기초하고, 당해 학교의 학생실태, 학부모의 요구, 교사의 구성, 학교의 시설, 지역사회의 여건 등을 고려하여 성취목표를 구체적으로 설정하고, 내용의 범위와 수준을 제시하며, 교수·학습 방법과 평가방법을 실용성 있게 구성하여, 학교 교육과정을 편성·운영하게 된다. 결국 학교중심 교육과정은 일차적으로 국가수준의 교육과정 기준과 시·도 교육청 지침안의 범위 속에서 계획하는 것을 원칙으로 하되, 교육과정을 '구체적으로 재구성하는 것'을 의미한다(교육부, 1992).

1) 학교중심 교육과정 개발

교육과정 개발이란 교육에 대한 이미지와 열정을 교육 프로그램으로 옮기는 과정(Eisner, 1994)이다. 특히 학교수준에서의 교육과정 개발에서는 개발의 대상을 크게 교과 편제(개설 교과목의 종류 및 과목별 시간 배당), 교과별 교육과정(과목별 주요 학습내용 및 그 수준), 교수-학습 자료(교과 교육과정에서 제시된 주요 학습내용을 가르치기 위해 사용되는 교과용 제반 수업자료) 등으로 나누어 볼 수 있다(허경철, 2002). 이러한 대상을 자체 개발하느냐, 수정·보완하느냐, 만들어진 것들 중에서 선택하느냐에 따라 학교중심 교육과정 개발의 유형이 결정되며, 이를 황규호(1995)는 〈표 10-2〉에 담긴 아홉 가지 유형으로 구분하였다.

황규호(1995)는 특히 여러 가지 학교중심 교육과정 개발의 유형 중에서 교과별 교육과정 및 교수-학습 자료의 수정·보완, 즉 재구성을 가장 중요한 업무로 꼽았다. 이는 교과별 교육과정이나 교과서 등을 바탕으로 교수-학습 자료의 내용을 더욱 상세화하거나 첨삭하는 수정·보완하는 일이야말로 교사중심으로 진행되는 '학교중심 교육과정 개발'의 가장 중요한 업무임을 시사한다. 현재 실시 중인 교과별 교육과정의 체제를 분석해 보아도

표 10-2 학교중심 교육과정 개발의 유형

활동의 성격 / 개발의 대상	자체 개발	재구성(수정·보완)	선택
교과 편제	교과 편제의 자체 개발	교과 편제의 수정·보완	교과 편제의 선택
교과별 교육과정	교과별 교육과정의 자체 개발	교과별 교육과정의 수정·보완	교과별 교육과정의 선택
교수-학습 자료	교수-학습 자료의 자체 개발	교수-학습 자료의 수정·보완	교수-학습 자료의 선택
커진다	←	교사의 역할 →	작아진다

알 수 있듯이, 개발 유형에 따라 교사가 학교중심 교육과정과 관련하여 수행해야 할 역할은 명확해진다. 이와 같은 논의를 요약하면 〈표 10-2〉와 같다.

교사는 국가교육과정 문서에 나타난 단원수준까지의 목표를 참조하여 차시별 수업목표를 개발·진술하고 내용 요소를 매시간의 수업에 적당한 크기로 상세화해야 한다. 수업에 관한 일반적인 전략에서 크게 벗어나지 않으면서 구체적인 교수활동을 계획하고, 평가의 원칙을 지키면서 평가도구를 작성·실행해야 한다.

결국 국가 교육과정의 총론에 나타난 교육과정의 성격과 교과별 교육과정의 핵심 요인에 대한 내용을 기초로, 교육과정을 상세화하고 첨가하는 등의 활동을 통한 재구성을 진행하게 되는 것이다. 이는 개발된 교육과정과 교과서를 해석하고 번역한다는 것으로도 설명될 수 있는데, 교육과정의 실천을 담당한 최전선의 전문가로서 교사가 지역과 학교의 특수성, 학생의 필요, 자신의 안목과 지식에 비추어 교육과정과 교과서의 내용을 있는 그대로 가르치는 피동적인 지식·정보의 전달자가 아닌, 교육과정 실천가로서 자신의 직무를 능동적이고 창의적으로 실행하는 것이라 할 수 있다. 지금까지 교사는 교과서에 의존하고 교육과정을 수용함으로써, 스스로 자신의 교육과정을 창조하기보다 만들어진 교육과정을 실천하는 것으로 역할이 한정되어 왔다. 이는 교육과정을 잘 정리된, 숙달해야 할 고정된 예정안으로 보는 교육과정 관점에 따른 것으로, '가르침'을 전달과 흡수의 과정으로 이해하는 관점의 근거가 되고 그것에 의해 정당화되어 왔다. 그러나 지식은 개인의 경험을 바탕으로 구성되며, '교수'는 학생들에게 적절한 경험을 제공하고 의미가 진화·구성될 수 있는 기회를 제공하는 것이라는 시각이 강조되면서 교사의 역할에도 변화가 모색되기 시작한 것이다.

일반적으로 교사는 자신의 가치와 성향에 따라 교과내용의 선택, 교재 사용, 교수전략, 학생의 요구에 대한 반응 면에서 차이를 나타낸다. 교사는 각자 자신만의 개인적 교육과정(personal curriculum)을 만들어 사용하며, 이는 때로 교재와 갈등을 일으키기도 한다. 교사는 교재에서 제시되는 어떤 내용을 강조할 수도, 다루지 않고 그냥 넘어갈 수도 있으며, 그것을 불완전한 교재로 취급하여 다른 자료들을 가지고 보충할 수도 있기 때문이다. 따라서 학생을 가르치고 지도하는 일의 전문가라 할 수 있는 현장교사는 단순히 국가가 정한 교육과정을 기계적으로 학생들에게 전해 주는 우편배달부(Curriculum deliverer) 역할, 즉 수동적 전달자로서의 역할에 머물 것인가 아니면 학생 교육에 대한 전반적인 구상과 계획에서부터 실행에 이르기까지 총체적 책임자, 즉 능동적인 전문가의 역할을 수행할 것인가라는 문제에 직면하게 된다(손충기, 2000). 교사가 우편배달부로서의 역할을 담당하게 되면 교실 외부에서 결정된 표준화된 교육과정에 전혀 이의를 제기할 수 없고 있는 그대로 가르칠 수밖에 없다. 반면 교사가 능동적인 전문가의 역할을 담당하게 되면 학생중심 교실에서 학생을 위한 교재로 학습환경을 적절하게 운영할 수 있는 가능성을 가지게 된다.

2) 교육과정 개발을 위한 인적 구성과 역할

학교 교육과정 개발에는 학교를 둘러싼 다양한 구조적 요인, 즉 시간적, 물리적, 정치-법률적, 조직적, 인적, 경제적, 문화적 요인들이 작용하게 된다(Posner, 1998). 이 요인들은 각각 교육과정 개발에 직간접적으로 큰 영향을 미쳐 교육과정 개발의 자원이 될 수 있는 반면에 보는 관점에 따라 제약조건도 될 수 있다. 이들 가운데 인적 요인은 교육과정 개발에 핵심적인 요인이 된다. 교육과정 개발은 특정한 신념과 가치관을 가진 일단의 사람들에 의해 계획, 편성·운영, 평가되기 때문이다.

Lewy(1991)는 학교중심 교육과정은 국가 또는 주 수준의 교육과정이라는 큰 틀에서 이루어지며, 이에 영향을 미치는 인적 요인들은 법규에 규정된 집단과 법규에 규정되지 않은 집단으로 구분될 수 있다. 법규에 규정된 집단으로는 국가, 자치행정구(주), 지방자치단체, 지방교육 당국, 교사 등을 들 수 있으며 법규에 규정되지 않은 집단으로는 자발적·자생적 조직, 지역 사회, 지역 상공인, 후원단체, 학부모, 학습자 등을 들 수 있다. 이러한 구분은 교육체제에 따라 상이할 수 있다는 것이다. 특히 그중에서 부모와 학습자가 참여할 권리는 어떤 교육체제에서는 그 법적 근거가 존재하지만 대부분의 나라에서는 이 권리가 진술되지 않기 때문에 이와 같이 분류하였다는 점을 덧붙여 진술하고 있다.

교육과정 개발과 운영은 방대한 작업을 필요로 한다. 따라서 바람직한 교육과정을 개발하기 위해서는 효율적인 작업을 할 수 있는 인적 조직이 필요하다. 왜냐하면 특정한 교육과정은 일정한 인적 조직하에 있는 특정 인사들이 그 성원이 되어 상호 논의, 협의하는 일련의 의사결정 과정을 밟아 성안되기 때문이다.

이러한 중요성을 가진 학교 교육과정 개발을 위한 인적 구성에 대해 여기에서는 앞에서 열거한 집단들 가운데 현재 우리나라 교육과정 개발에 직접 관여하거나 직간접적으로 크게 영향을 미친다고 생각되는 학교장, 교사, 학생, 학부모, 지역사회 인사 등을 중심으로 논의해 보고자 한다.

(1) 학교장

학교중심 교육과정 개발에 있어서 교육행정가로서의 교장의 역할은 더 많은 관심의 대상이 되고 있다. 더구나 중앙집권식 하달 형태의 교육과정 개발에 대한 비판으로 인해 학교중심 교육과정 개발을 지향하거나 아니면 교육과정 운영의 대부분의 권한을 일선 학교에 맡기는 경향이 우세해지면서 그 관심이 증대되었다. 교장의 역할은 교육과정 개발이나 운영과정에서 학생, 교사, 학부모들의 의견을 수용하고 이것을 상급기관의 방침과 조화를 이루도록 조종할 책임을 갖게 되는 것이다.

학교 교육과정 개발에서 교장의 역할 가운데 가장 두드러진 특징은 독단적인 의사결정자가 아닌 교육과정 개발의 지원·조장자의 역할을 담당해야 한다는 것이다. 교장은 학교조직의 위계화된 구조 속에서 관리자로서 기능하는 것이 아니라, 교육과정의 입안과 실행에 있어서 교사를 동반자로 간주하고, 가능한 한 다양한 인사의 참여를 보장함으로써 지도성을 발휘하도록 노력해야 한다(Oliva, 2001).

단위학교의 교육과정 개발에 있어서 지도성은 참여자들을 지원하는 분위기 속에서 찾아진다. 특히 학교 내부의 인사인 교사가 교육과정을 개발할 수 있도록 하기 위해 교장은 교육과정 개발에 참여하는 교사들의 시간표를 융통성 있게 조정해 주고, 보상 체제의 확립, 참여자들의 개인적 불만사항을 적극적으로 고려하며, 개발에 필요한 제반 인적·물적 자원을 제공하는 데에 중요한 역할을 담당해야 한다.

Schwab(1983)은 학교중심 교육과정 개발에 있어서 교장의 역할에 대해서 종합적인 견해를 제시하였는데, 학교중심 교육과정 개발의 문제를 다루는 위원회의 의장으로 활동해서는 안 된다고 하였다. 새로운 프로그램에 대한 교장의 지식과 승인은 효과적인 변화에 결정적이므로 교수와 학습에 영향을 주는 여러 가지 요인들에 대한 철저한 지식이 있어야 할 것이다. 반면 의장으로서의 봉사는 집단의 의장은 교육전문가가 아니라 관리자로 행동해야 하는 위험을 수반하게 된다는 것이다. Schwab의 견해에 따르면, 교육과정 집단의 조정자는 상급기관이 아니라 집단 구성원 중의 하나인 교사로서 인식되어야 한다는 것이다.

(2) 교사

종래의 교육과정 개발 작업은 특별하게 훈련받은 전문가에 의해 실행된 상당히 전문적 활동이었고, 교사는 단지 주변적 역할을 수행하는 과정이었다. 교사는 전문적 개발팀의 작업에 참여하도록 권장되었으나 대부분 제한된 업무 분담이나 한정된 기간 동안 개발 작업에서 보조자적인 성격을 가지고 참여하였다.

그러나 학교중심 교육과정 개발운동이 일어나면서 교육과정 개발의 보조자, 중앙에서 개발된 교육과정이나 지식의 전달자, 단순한 수업의 실행자보다는 학습자의 자발적, 창의적 학습이 이루어질 수 있는 환경조성자로서의 역할이 증대되고 있다. 환경조성자로서의 역할에는 진단자, 중재자, 관계형성자 등과 같은 다양한 역할이 포함되겠지만, 무엇보다도 학습자의 특성과 수준을 고려한 교육과정을 개발·운영하는 역할이 강조되고 있다.

교사가 교육과정 결정에 참여하는 분권화된 체제에서는 교사 역할에 대한 재개념화를 요구한다. 즉, 교사는 단순히 교육과정을 실행하는 사람이 아니라 개발에도 적극 참여하며, 외부에서 개발된 교육과정을 능동적으로 수정하여 활용하는 전문가로서의 역할을 하게 된다.

현재 단위학교에서 교육과정을 개발할 때 교사는 앞에서 밝힌 바와 같이 세 가지 활동, 즉 교육과정 내용의 자체 개발, 수정·보완 그리고 선택으로 구분할 수 있는데 교사는 전체 내용을 개발하거나 혹은 다양한 내용 중에서 일부를 선정하게 되고, 주제와 활동의 계열을 수정·보완하여 다루게 될 내용의 범위와 깊이를 결정하게 된다.

내용의 자체 개발 작업: 이 경우 교사는 일반적으로 교육과정이나 독립된 특정 단원을 동료들과 함께 개발하고 자신의 학급에서 활용함으로써 특정 학습자 집단에 적합한 활동을 마련하게 된다. 학교 교육과정 개발의 가장 핵심적인 활동이라 볼 수 있는 교육과정 자체 개발에서 무엇보다도 고려해야 할 점은 국가나 지역의 교육과정보다 학습자의 흥미나 관심, 그들이 느끼는 문제 등 학습자의 요구나 특성을 보다 적절하게 고려해야 한다.

수정·보완 작업: 이 과정에서 일차적인 교사의 역할은 적당한 수의 주제를 선택하고, 학교의 여건에 적합하도록 교육과정을 계획하고 학습자와 함께 필요한 자원을 수집하는 것이다. 내용의 수정·보완에 학습자를 참여시키는 이유는 학습자들을 위한 학습활동을 그들이 전생애를 통해서 반복하는 개인적 능력, 사회적 능력, 환경의 영향에 대처하는 능력으로 범주화되는 영속적인 삶의 상황에 근거하여 구성하기 위함이다.

　내용 선택의 작업: 이는 학교단위 교육과정 개발의 가장 일반적인 활동이며, 교사 역할의 대부분이 이에 속한다. 여기에는 선택 지침의 개발, 지침에 따른 작업, 내용의 우선순위에 대해 동료들과 함께 논의, 가치판단, 내용결정 등을 하는 것이 포함된다.

　학교 교육과정 개발을 위한 교사의 조직과 결정방식은 학교가 위치한 지역, 즉 대도시, 중·소도시, 농·어촌, 산간벽지 등과 그리고 학교의 규모에 따라 다양할 수 있을 것이다. 학교가 대규모인 경우 교육과정 개발 작업이 비록 전체 교사들의 참여 속에서 이루어진다 하더라도 작업을 체계적으로 수행하기 위해서는 일부 교사가 주도적인 역할을 담당하는 결정방식의 형태를 가질 것이다. 반면에 소규모 학교의 경우는 전체 교사의 자율적인 관계 속에서 교육과정 작업을 수행할 것으로 여겨진다. 따라서 교사의 조직형태 결정방식은 학교의 내·외적 상황에 따라 다양성을 가지게 될 것이다.

　교사가 학교 교육과정 개발에서 주도적인 역할을 하여야 한다는 주장에 대해 Hargreaves(1989)는 교육과정 개발에 있어 교사의 참여를 신중하게 고려해야 한다고 주장하고 있다. 그는 교사들이 현재 지향적, 보수적, 개인주의적이며, 장기계획을 싫어하고, 일상생활에 있어 다른 사람들과 계속적으로 협력을 해야 하는 협동적 구성원의 측면에서 소극적이며 흔히 전체 학교의 의사결정에 참여하는 데 저항한다는 것이다.

　그러나 Hargreaves와 같은 학자의 주장이 있다 하더라도 학교 교육과정 개발에 있어 교사참여는 필수적이다. 그 이유는 교사 전문성 제고의 일환으로서 교육과정 개발에서의 교사참여의 중요성이 부각되고 있다는 점과 교육과정 개발의 한 중요한 측면으로서 특히 교육과정 시행에서의 교사의 위상이 중요하게 부각되어야 할 필요성을 들 수 있다. 교육과정과 관련하여 교사참여는 교실에서 실행되는 교육과정의 주역으로서의 역할을 수행하게 되는 것이다.

최호성(1995)은 교사를 단순한 실천가로만 한정하는 우리 교육계의 왜곡된 신념을 이론과 실천의 양분법에 비추어 비판한 바 있다. 그는 교육계의 자화상을 대학 교육기관을 중심으로 한 '이론적 연구자 집단'과 초·중등 교육기관을 중심으로 한 '교육 실천가 집단'이라는 이분법적 도식으로 보았다. 대학의 교수를 중심으로 한 전문 연구가들은 현장교사들의 교육에 대한 문제의식을 가볍게 여기고, 현장교사들은 교수들의 이론 지향적, 현학적·추상적 연구 성과들이 교육실제 개선에 무기력하다는 점을 들어 큰 관심을 보이지 않았다고 지적하였다.

그러나 분권화된 교육과정 결정 체제에서는 이와 같은 양분법적 구분이 허용되지 않는다. 교사들은 외부에서 개발된 교육과정을 피동적으로 전달하는 역할에 머물러 있을 수가 없다. 교육현장의 실천적 문제에 대한 해결책을 탐구해 내어야 하는 연구자로서의 자아상을 정립하고, 교육과정 개발자로서 역할을 담당해야 한다.

교사에게 있어 수업은 끊임없는 의사결정 혹은 행위 선택의 과정이다. 따라서 이와 같은 학교중심 교육과정의 개발 경험은 교사들로 하여금 참다운 교육의 본질적 의미를 깨닫게 하고 전문가적 성장을 위해 스스로 노력하며, 그런 과정에서 자긍심을 갖게 하는 효과를 가져다줄 것이다. 학교중심 교육과정은 교사 집단이 학교 교육과정의 총체적 관리, 즉 연구-편성-운영-평가의 '주체'가 된다는 점에서 중요한 의의가 있기 때문이다(김춘일, 1993). 교사에 의하여 주도된 교육과정 개발은 교사로 하여금 자신이 하는 일에 대하여 전문적 보상을 받게 해 주며, 직무에 좀 더 만족할 수 있게 해 준다. 전문성은 자기가 하는 일에 스스로 결정할 수 있고, 그 결과에 책임을 질 수 있을 때 촉진된다(김인식, 박영무, 이원희, 최호성, 강현석, 최병옥, 박창언, 박찬혁,

1998). 교사가 전문가적 역할을 담당할 수 있게 하기 위해서는 자기의 교육관을 바탕으로 교사수준에서 교육과정을 개발하고 운영할 수 있도록 좀 더 많은 지원과 안내가 병행되어야 할 것이다.

(3) 학생

학교 교육과정 개발, 적용 및 실행과 관련된 모든 인사가 교육과정 입안에 참여해야 할 필요가 있다는 것을 인정한다면 학생들을 결코 무시할 수 없다. 지금까지 학생들은 자기들이 배우려고 하는 것이 무엇인가에 관해서 혹은 심지어는 내용을 결정하는 데 대해서 거의 영향을 미치지 못하였다. 근래에 와서 교육과정 개발이나 개선과정에서의 학생참여에 대한 관심이 높아지고 있다.

교육과정 개발에 학습자가 참여해야 하는 이유는 학생은 학부모와 마찬가지로 교육수요자라는 점, 학생이 관심을 가지는 교육내용을 학습할 때는 학습동기가 높아진다는 점, 학생이 자신의 학습과정을 결정하는 데 고려된다면 학교생활의 자율적 활동이나 학습태도가 증진될 수 있다는 점을 들 수 있다.

학교 교육과정 개발과 관련된 학생 참여방식은 적극적인 의사결정, 제한된 의사결정, 정보의 제공으로 구분하기도 한다(Skilbeck, 1984). 어떤 방식을 취하든 학생이 교육과정의 의사결정에 참여한다는 것은 그들의 참여가 적극적일수록 자신의 성장에 더 효과적이라는 가정을 전제한다. 교육과정의 구성에서 이러한 생각을 수용한다면 교육과정은 교사와 학습자의 계획이라고 여겨지는 과정 속에서 교사와 학생의 균형적인 상호작용을 통해 개발되어야 한다. 이렇게 교육과정이 구성되기 위해서는 학습자가 학습경험의 계획과 전개에 참여할 기회가 있어야 한다.

적극적인 의사결정자로서 학생은 자신의 요구, 흥미, 능력에 근거하여 자신의 교육적 경험에 관련된 사항의 의사결정에 참여할 권리를 갖고 있다는 것에 근거하고 있다. 학생은 자신이 참여하고 싶은 활동을 결정하고, 그 활동의 지속 정도 그리고 개인으로서 참여할 것인가 또는 집단의 성원으로서 참여할 것인가를 결정함으로써 이러한 권리를 행사할 수 있을 것이다. 학습자가 적극적인 의사결정권을 행사할 수 있는 범위는 위원회의 성원으로서나 재량활동이나 특별활동 그리고 선택과목에 초점을 두는 경향이 있다.

제한된 의사결정자로서 학생의 역할은 교사와 함께 또는 교사의 지도 속에서 역할을 수행하고, 역할의 범위도 학습상황에서 과제나 연구 과제를 수정, 관리하는 범위 내에서 이루어진다. 따라서 여기서의 활동수준은 대체로 학급장면에 한정되고, 학습과정 속에서 그 역할을 수행한다.

정보제공자로서 학생은 스스로가 어떤 과제에 대해서, 그 과제가 자신들이 원하는 방식대로 이루어지도록 직접적인 의사결정권을 행사하기보다는 다른 인사에 의해 그렇게 될 수 있도록 간접적으로 수행하는 역할을 의미한다. 교육과정이 학생 자신의 흥미, 요구, 가치, 사고와 행동을 참작하여 구성되도록 내용 선호도에 관한 의견 제시 등을 통해 자신의 역할을 하기도 한다.

교육과정 개발에 있어서의 학생참여는 '즉흥적 요구' '미성숙한 의견' '개인적 요구'라는 한계점을 갖고 있는 것이 사실이다. 이러한 한계점 때문에 그들의 참여는 개발과정에서 혼란을 야기할 수 있다. 따라서 교육과정 개발이나 운영과정에 학생들이 참여할 때는 교사들의 적극적이고 교육적인 지도와 조언을 필요로 한다. 교육자들은 학생들이 참여해야 할 분야와 역할에 대한 사전 목록을 작성하고 그들의 능력이나 경험 시간을 고려하여 교육과정 개발과정에서 학생들의 요구나 필요가 충분히 반영될 수 있도록 해야 할 것이다. 또한 교육자들은 학생들의 참여를 그들의 권리로 여길 뿐만 아니라 효율적인 교육과정 개발에 있어서 꼭 필요한 수단으로 받아들여야 할 것이다. 잘 계획된 학생들의 참여는 그 자체만으로 의미 있는 학습, 즉 의사결정, 의사소통기술, 비판적 사고, 창의력, 반대의견에 대한 관용, 합리적 사고방식 등을 촉진시키는 기회를 제공하게 될 것이다.

(4) 학부모

학부모는 아동교육에 큰 관심을 가지고 학교와 늘 접촉하고 있는 지역사회의 하위집단을 구성하고 있다. 학부모는 학교활동의 의사결정 참여에 있어서 학교 관리자나 교사와는 다른 면모를 보인다. 교직원들은 학교 프로그램을 지원하는 데 있어서는 부모의 보다 많은 참여를 원하지만, 학교생활에 관한 의사결정에 있어서는 부모의 참여를 크게 바라지 않는 경향이 있다.

학부모가 교육과정 개발에 참여해야 하는 이유를 March(1992)는 다음과 같이 설명하고 있다.

첫째, 학교 교육과정을 계획하고 시행하는 데 있어 학부모의 기능, 재능, 관심이 교사의 그것과 더불어 활용된다면 학교환경은 매우 풍요로워질 것이다.

둘째, 만약 학생이 가정에서 학부모에 의해 적극적으로 지원되고 강화된다면 학교에서 학생의 학습수준은 향상될 것이다.

셋째, 만약 학부모가 학교교육에 대한 직접적인 경험을 갖게 된다면 그들은 학교의 복잡성을 잘 이해하고 올바르게 평가할 것이다.

넷째, 학부모는 그들 아동에 대해 법적인 그리고 장기적인 책임을 진다. 그러므로 그들의 삶에 대한 기회에 영향을 미치는 결정에 발언권을 가져야 한다.

다섯째, 학부모의 참여는 교사, 학부모, 학생 간의 공동 목적의 발달을 촉진시킨다.

여섯째, 교육에 관련된 이익집단의 수를 증가시킴으로써 모든 학생의 이익이 고려될 수 있는 가능성은 커진다.

일곱째, 공유된 의사결정은 학부모가 학교에 대하여 법적인 행동을 취하는 횟수를 감소시킬 것이다.

여덟째, 학교가 강력한 정체감을 발달시킬 더 많은 기회가 있다.

앞에서 언급한 바와 같이 학부모의 교육과정 개발의 참여는 주로 지원자적 역할을 한다고 볼 수 있다. 예를 들면, 학부모는 값비싼 교육자료의 기증으로 새로운 교과목의 개설을 가능하게 하거나 현장학습에 적합한 장소를 제공함으로써, 교육과정 구성과 실행에 영향력을 행사한다. 그리고 학교나 교실 밖의 실제 세계를 탐구하도록 학습자를 조장한다는 점에 비추어 볼 때, 학부모의 지원자적 역할은 학교교육의 중요한 기능을 담당한다고 볼 수 있다.

한편 학부모는 학교의 프로그램 운영에 저항세력으로서의 역할을 하기도 한다. 학부모는 학교가 편성·운영하고자 하는 특정 교과목이나 프로그램에 대해 압력집단으로 기능함으로써 학교의 교육내용에 영향을 미친다. 그럼에도 불구하고 학교 교육과정 개발과 과정에 학부모의 참여가 바람직한 이유는 학교와 지역사회 간의 관계형성과 교육과정을 심화시키는 데 귀중한 자원이라는 점에서 학부모가 교육과정에 관한 인지의 정도가 높아질수록 교육과정 변화에 더 지원적이 된다는 점 때문이다.

(5) 지역사회 인사

교육과정 문제에 있어서 비전문가라고 할 수 있는 지역사회 인사들의 역할은 아직도 미약하다. 지역사회 인사 대부분은 아마 학교에 관한 일반적인 용어들에 관심을 갖고 있다 하더라도 실제로 교육과정 개발에 능동적으로 종사하게 된다는 데에는 관심을 갖고 있지 않다. 또한 이들 대부분은 교육과정 내용, 교육과정 설계 혹은 교육과정 개발모형에 관해서는 거의 지식을 갖고 있지 않다.

그러나 교육과정 개발과 관련된 지역사회 인사들의 소망이나 요구 등은 다양한 경로를 통해 전달될 수 있다. 교육과정 개발과정에서의 각종 요구조사나 지역사회 인사들의 공식·비공식 모임에서의 학교교육에 대한 논의, 학교 운영위원회의 위원으로서의 활동 등을 통해 학교 교육과정 결정시에 고려해야 할 내용들을 직간접적으로 전달하게 된다.

또한 지역사회 내에 존재하거나 지역사회를 대표하는 기관이나 단체의 학교 교육과정과 관련된 다양한 의사표시는 학교에 압력을 행사할 수 있는 보다 강력한 방식이다. 어떤 교육체제에 있어서 지역사회는 관련된 결정을 하는 데 참여하면서, 자문역할을 할 수 있는 합법적인 권한이 부여되기도 한다. 지역사회, 지역조직 또는 국가 지원단체의 지부조직, 하위집단의 요구를 대표하는 환경단체를 비롯한 각종 단체나 종교기관, 상업, 산업 및 농업 단체 등도 학교 프로그램에 있어 어떤 내용들을 포함하도록 압력을 행사할 수 있다.

비록 비전문가 집단이라고 할 수 있는 지역사회 인사들이 교육과정 개발에 능동적으로 참여하기는 어렵다 하더라도 그들의 학교교육에 대한 각종 요구사항을 반영하거나 학교 교육과정을 지역 사정에 맞게 조정하고, 지역사회의 각종 자료들을 교육과정에 활용함으로써 학교 교육과정 운영의 효율성을 극대화하도록 하여야 한다.

3) 우리나라의 학교중심 교육과정

우리나라 학교 교육과정은 제6차 교육과정 이후부터 지금까지 국가수준, 지역수준, 학교수준으로 나뉘어져 각 수준 간의 상호 관련 속에 개발되고 있다. 즉, 국가수준 교육과정이 전국 초등학교에서 편성 · 운영하여야 할 교육목표, 내용, 방법, 운영, 평가에 관한 국가수준의 일반적인 기준 및 기본 지침이 되는 것이라면, 지역수준 교육과정은 관내 초등학교가 학교 교육과정을 편성 · 운영할 때 준거로 삼도록 하기 위하여 국가수준 교육과정을 그 지역의 특수성과 실정에 알맞게 조정하는 지침적인 성격을 띤 것이라고 할 수 있다.

학교 교육과정은 국가수준의 교육과정 기준과 시 · 도 교육과정 편성 · 운영 지침과 시 · 군 교육청의 실천중심 장학자료를 근거로 관내 학교가 위치한 지역의 특수성과 학교의 실정 및 실태에 알맞게 각 학교별로 마련한 학교교육 프로그램이다. 따라서 각 단위학교에서는 앞에서 제시한 교육과정 편성 · 운영 절차를 따라 각 학교의 독특한 특성을 고려하여 특색 있는 교육과정을 편성하여 운영하려고 노력하고 있으나, 대부분 학교에서는 국가수준 교육과정에 예시한 체제의 틀을 벗어나지 못하고 있는 실정이다.

끝으로 우리나라에서의 학교중심 교육과정 개발 사례를 국가수준 교육과정 지침에 나와 있는 학교 교육과정 기본 체제와 현재 초등학교에서 계획 · 운영하고 있는 학교 교육과정을 전체적으로 분석 · 종합한 사례 그리고 단위학교의 실제 교육과정 편성 · 운영 체제를 중심으로 다음과 같이 논의해 보고자 한다.

최근 우리나라 교육에서 관심의 영역이 되어 온 학교중심 교육과정 개발에 대해 일부에서는 교사의 교육과정 구성능력, 인력과 시간 투입에 따른 경제적인 문제, 개발된 교육과정의 질적인 면, 교사가 주도한 개발상의 한계, 평가 기준의 취약성, 핵심적이고 공통적인 지식의 반영 미흡, 지원구조의 결여, 교원의 인사 이동과 업무 과중, 교사와 행정가 간의 역할 분담 등의 문제를 제기하기도 한다.

그러나 한편으로는 학교 교육과정 문제에 대한 학교의 자율권 확대, 교사의 교육과정에 대한 책무성과 전문직으로서의 위상 정립, 지역 및 학습자 요구 반영, 개발된 교육과정에 대한 효과적인 점검과 통제, 학부모, 지역사회 인사의 참여를 통한 유의미한 교육과정 구성, 중앙집권적 교육과정의 취약성 보완, 지역사회 유대 강화 등의 장점을 강조하면서 학교중심 교육과정을 옹호하고 지지하는 견해를 가진 측도 상당 부분이 있다.

교육과정 개발에 대한 중앙집권적 모형과 학교중심 모형 모두 각각 장단점을 가지고 교육과정 개발활동에 어느 정도 공헌한다는 점을 인식하고 어느 한 가지 특정 모형을 거부하는 것이 아니라 양자 간의 절충과 균형을 맞추도록 노력해야 되겠다.

　앞으로 학교중심 교육과정 개발을 위해서는 학교 교육과정에 대한 확고한 신념을 정립하고, 학교 교육과정 개발을 담당하고 연구할 교직원이나 행정가들에 대한 연수기회를 확대하며, 학교 교육과정 개발에 대한 기초 이론, 방법 등에 대한 이론적 연구의 확대·심화, 교육과정을 연구·전개할 인적 자원의 효율적인 조직과 제도적·행정적·재정적 지원 체제 구축, 학부모와 지역 주민을 포함한 학교 교육과정 편성·운영위원회의 상설 기구화, 끊임 없는 평가를 통한 교육과정의 개선 등에 대해 부단한 연구와 노력을 기울임으로써 학교 교육과정이 효율적으로 개발·운영되도록 해야겠다.

chapter **11**

구성주의

1. 구성주의와 교수-학습 이론

1) 구성주의 교육과정

구성주의에 입각한 교육과정은 Eisner(1994)가 주장하는 창의적 교육과정이자 현장교사가 주도하는 실천적(Schwab, 1973) 교육과정이다. 구성주의는 미국의회 자문기구인 기술평가소(OTA)가 교육백서에서 미래교육을 이끌어갈 이론으로 소개할 정도로 현재 지구촌의 교육 이론 및 실천에 강한 영향을 미치고 있는 이론이다. 우리나라에서도 구성주의에 관한 많은 학술적 논의 및 연구가 이루어졌으며, 이에 구성주의는 우리나라 제7차 교육과정의 인식론적 바탕이 되고 있다. 구성주의 교육은 지금까지 전통적인 교수-학습 방법의 패러다임 전환으로 조명 받고 있다. 따라서 이 장에서는 구성주의 교육이 도래하기까지의 교육의 역사를 먼저 간략하게 살펴보고자 한다.

교육은 단지 학생들과 그들의 가정을 위해 봉사할 뿐만 아니라 국가의 사회적, 정치적, 경제적 필요를 충족시켜 주는 역할을 하기 때문에 많은 교육자들이 교육의 목적, 과정, 구조 등을 시대에 따라 각각 달리 정의하려 노력해 왔다. 학생들의 학습과 성취에 관한 철학, 신념 그리고 전문지식에 따라 견해의 정도 차이가 다양한 가운데, 교육자들은 사회적, 정치적, 경제적 추세에 의해 영향을 받아 왔으나, 그들 나름대로의 세계관과 그들에게 익숙한 학습 형태와 경험에 의해 교수-학습 이론을 형성해 왔다.

교육과정 자료가 아동들의 실생활에서 얻어지고, 학습자의 특성, 적성, 관심, 성취수준뿐만 아니라 학부모의 요구 및 지역사회의 여러 특성이 고루 반영된다. 따라서 교육이 일어나는 현장에서 교육과정이 개발된다. 현장에서 학습자들에게 맞게 교사들이 개발한 교육과정이기 때문에 당연히 수준별, 능력별 교육과정이 운영된다. 그렇기 때문에 한번 편성한 교육과정도 필요에 따라 언제든지 학습현장에서 변조(alteration) 또는 개정(revision)할 수 있다.

교실수업은 교육이 어떻게 정의되느냐에 따라 달라진다. 즉, 교육이 교사나 학부모들에게 어떻게 인식되느냐에 따라 교실수업의 형태가 결정된다. 이와 같이 교실수업과 밀접한 관련을 갖고 있는 교육의 정의는 시대에 따라서 다양한 차이가 있으나 일반적으로 크게 세 유형으로 요약할 수 있다.

첫째, 지식과 문화의 전수활동

- 암기를 통해 권장된 지식을 학습하며, 그 지식은 진리이며 변하지 않는다고 간주한다.
- 학습전략은 지식의 근원으로서의 교사와 지식의 수용자로서의 학생들에게 초점을 맞춘다.
- 교사의 권위에 대한 복종을 강조한다.
- 중요한 학습목적을 민주사회에 참여할 수 있는 인간 육성에 두지만, 교실에서는 학생들에게 민주주의적 과정에 대한 경험이 주어지지 못하거

나 반영되지 못한다.

둘째, 인간 행동의 의도적인 변화활동

- 학습이란 큰 덩어리의 지식이 작은 조각으로 나누어졌을 때 또 학생들이 성공적으로 수행해서 보상이 주어졌을 때 일어난다.
- 학생들의 행동은 측정 · 진단 · 예측이 가능하다는 전제 아래 직접교수 전략이 지배적이다.
- 교실수업의 궁극적인 목적은 정해진 학습목표나 학습목적을 성취하기 위한 행동을 규정한다.

셋째, 인간의 자아실현을 돕는 활동

- 학생들은 그들의 개인적 가치, 신념, 경험으로부터 의미를 형성하거나 지식을 구성한다.
- 자신의 경험으로부터 얻어진 개별적인 인지구조와 능력의 발달이 교수-학습 이론의 기초가 된다.
- 전통적인 사고와는 달리 지식은 학습자 내부에 존재한다고 믿는다.
- 학습의 사회적 특성을 강조한다.
- 학습자들 간의 협동적인 탐구가 교수-학습 활동의 중추적 역할을 한다.
- 복합적인 학습결과를 기대하고 권유한다.
- 평가 또한 단순한 정답만을 기대하지 않고 해답을 찾아가는 과정에 중점을 둔다.
- 인간의 성장을 필수적으로 간주한다.

　앞의 세 가지 유형 중에서 지식과 문화의 전수활동으로서의 교육은 전통적인 교수방법이며, 현재 교실의 수업 모습을 결정짓는 역할을 수행해 왔다. 교육을 지식과 문화의 전수활동으로 볼 때, 교수-학습은 학습자에게 능동적 삶을 살아가도록 하는 것이 아니라 습득된 지식에 따라 수동적 삶을 살아가도록 강조하게 된다. 두 번째 유형인 인간 활동의 의도적인 변화활동으로서의 교육은 행동주의 접근에 가깝다. 행동주의 접근에 따른 수업은 학습자 행동이 수업의 결과로서 변화되었는지에 중점을 두면서 학습자를 전통주의 수업과 마찬가지로 객관적인 수업내용으로 채워 나가야 할 대상으로 보는 것이다. 마지막 유형인 인간의 자아실현을 돕는 활동으로서 교육은 앞의 두 가지 유형과 달리 학습자의 내면을 빈 공간으로 보는 것이 아니라, 학습자의 독특한 경험과 사전 지식으로 구성되어 있는 것으로 가정하고 이를 존중하는 교육형태를 가지고 있다. 이런 형태의 수업은 최근 새로운 교수-학습 시도 중 가장 지배적인 패러다임을 형성하고 있어서 구성주의 교육철학에 부합한다고 할 수 있다.

최근 학교현장이나 교육학계에서는 지식의 본질과 성장과정에 대한 하나의 이론체계인 구성주의 관점이 상당히 주목을 받고 있으며, 이와 관련한 여러 실천적 제안들이 제시되고 있다. 구성주의 이론은 급격한 사회변화에 대응하기 위해 기존의 전통적인 교수-학습 이론에 대한 대안적인 패러다임으로 등장하였다.

2) '좋은 수업'으로서의 구성주의 교수-학습

구성주의 교육철학에 기반한 수업은 앎과 삶이 소원해지고 앎이 추상적인 것에서 벗어나지 못하는 현실 속에서 학생과 교사가 개입할 수 있는 여지가 없는 수업을 다시 교육과 인간이 서로 발전하고 공유할 수 있는 길로 되돌리자는 기본적인 원리에서 나온 것이다. 즉, 구성주의 교수-학습은 다름 아닌 학생을 위한 '좋은 수업'을 하자는 단순한 원리에 부합하는 것이다.

Zemelman과 Daniels 그리고 Hyde(1993)의 『가장 좋은 수업(Best Practice)』은 구성주의 교사들의 수업에 관한 가장 구체적인 실례를 보여 주고 있다.

이 책은 일선 교육현장과 대학 연구소, 교육단체 등이 추천한 가장 훌륭한 수업들을 조사하여 분석 · 종합함으로써 〈표 11-1〉과 같이 '좋은 수업'에서 줄어드는 것과 늘어나는 것을 정리하여 보여 주고 있다.

표 11-1 좋은 수업의 특성

교수-학습에서 줄어드는 것	교수-학습에서 늘어나는 것
• 강의와 같은 전체 수업, 교사 지시 중심수업 • 수업 시간의 아동의 수동성: 좌석에 앉아 있기, 정보 듣기, 정보 받기 그리고 정보 외우기 • 수업 시간에 침묵을 장려하기 • 학습지, 시험지, 연습지 등을 하는 수업 시간 • 교과서나 권장 도서 읽는 데 보내는 시간 • 모든 교과 영역의 많은 학습량을 교사가 간단히 다루기(수박 겉핥기식 수업) • 어떤 사실이나 사항을 단순 암기하기 • 성적이나 학업 경쟁을 강조하기 • 능력별 그룹을 만들거나 능력별 이름 붙이기 • 특별 프로그램을 대용하기 • 표준화 검사에 의존하거나 사용하기	• 경험적, 귀납적, 실제적 학습 • 수업 시간의 아동의 능동성: 모든 아동이 학습에 참여하면서 나오는 소음, 만들고, 이야기하고, 협동하는 움직임 • 고등 사고력의 강조: 중심 개념과 원리 배우기 • 원서(original), 원저(real), 전집(whole books) 또는 산문 문학(nonfiction)을 읽는 시간 • 학습의 과정(계획, 정리, 관찰, 평가)에 대한 아동의 책임 • 학습자 자신이 직접 책을 선택하거나, 짝을 정하거나, 연구 과제를 결정하는 것 • 민주주의 원칙을 학교에서 모범 보이기 또는 행하기 • 아동 개개인의 정의적인 요구나 다양한 인식 양식에 관심을 갖기 • 교실을 독립된 작은 사회로 만들기 위한 협동(cooperative) 또는 합동(collaborative) 활동 • 능력이 다양한 아동들을 같은 그룹에 배치해 그 속에서 개인의 요구를 충족시키는 활동하기 • 일반 학급에서의 특별 지도 • 교사, 학부모, 학교 직원들의 다양하고 협동적인 역할 • 교사들의 관찰로 얻어진 질적 또는 일화(anecdotal) 형태의 기술적 평가(descriptive evaluation)의 의존

Zemelman과 Daniels 그리고 Hyde(1993)가 말하는 좋은 수업의 공통점을 구성주의 수업의 기본 원리로 재정립하면 다음과 같이 정리될 수 있다.

- 학생들은 그들의 개인적 가치, 신념, 경험으로부터 의미를 형성하거나 지식을 구성한다.
- 자신의 경험으로부터 얻어진 개별적인 인지구조와 능력의 발달이 교수-학습 이론의 기초가 된다.
- 전통적인 사고와는 달리 지식은 학습자 내부에 존재한다고 믿음
- 학습의 사회적 특성을 강조한다.
- 학습자들 간의 협동적인 탐구가 교수-학습 활동의 중추적 역할을 함
- 복합적인 학습결과를 기대하고 권유한다.
- 평가 또한 단순한 정답만을 기대하지 않고 해답을 찾아가는 과정에 중점을 둔다.
- 인간의 성장을 필수적으로 간주한다.

이 원리에 기초한 구성주의 교사들은 성공적인 학교생활의 출발점은 학습자들의 관심사, 흥미 그리고 그들의 질문들로부터 학습내용이 도출되어야 한다고 믿는다. 교사는 아동들로 하여금 자신들이 갖고 있는 의문점, 자신들이 풀기 어려운 문제, 자신들의 수업목적(goals) 등을 작성하도록 하고, 이러한 주제들을 아동들이 탐구하고 경험을 넓힐 수 있도록 조직한다. 아동들이 작성한 교육과정에 교사는 사회에서 요구하는 기능, 지식, 개념들을 체계적으로 관련시킨다. 학습자중심의 수업은 교사가 수동적으로 아동들의 학습활동을 지켜보는 것이 아니다. 아동의 발달단계에 따른 성장을 지켜보면서 그들이 택하지 않을 영역까지 잘 알고 있으며, 아동들이 경험을 넓힐 수 있도록 안내한다. 또한 교사 자신의 흥미나 관심사 등을 교실에 가져와 아동들과 나누어 가지며, 아동들의 수준에서 그 아이디어를 탐구할 수 있도

록 돕는다. 즉, 구성주의 수업에서 아동들은 객관적으로 자신의 삶과 분리되어 외부에서 존재하는 지식을 일방적으로 습득하는 것이 아니라, 아동들이 전체적이고 실질적인 그들의 생활문제를 교실로 가져오고, 그것들을 중심으로 교사와 함께 교육과정을 구성하게 된다.

구성주의 수업에서 교사는 아동들이 자신이 처한 상황에서 주어진 내용들을 토대로 자신의 인지체계를 재창조하고 재발명하는 것을 믿는다. 그렇기 때문에 교사는 아동들이 갖고 있는 사고력을 신장시키려고 노력한다. 구성주의 교사들은 안전하고 교류가 많은 사회에서는 경험, 몰입(immersion), 참여(engagement)가 중요 요소라는 것을 알고 있다. 아동들에게는 읽기, 쓰기, 셈하기, 실험하기 등과 같은 활동을 할 시간이 필요하다. 그들은 자신들의 사고활동을 되돌아보고, 머리에 떠오르는 아이디어나 가설들을 동료들과 나누어 가지도록 권장되어야 한다. 실수나 순간적인 착오도 가질 필요가 있다. 이러한 실수나 착오는 학습을 보다 강화시키기 때문이다. 단지 그 실수나 착오를 아동 스스로가 인식할 수 있는 시간이 필요하다. 학습의 이러한 근본적인 속성 때문에 교사가 어떤 규칙이나 기능, 사실 등을 제공한다고 학습이 이루어지는 것은 아니다. 따라서 구성주의 교사들은 자신들의 역할이 아동들에게 직접적으로 말을 하거나 가르치는 것이 아니라, 아동들 자신이 스스로 자신의 이해를 구성할 수 있는 풍부한 환경을 만들어 주는 것이라고 믿는다.

2. 구성주의와 지식의 이해

사람이 무엇을 알게 되는 과정, 다시 말해 지식을 획득하는 과정에 대해서는 크게 두 가지 대립되는 견해가 있다. 우선 그 하나는 지식은 그것을 갖고자 하는 인간이 있든 없든 간에 객관적으로 존재하며, 따라서 지식을 획득하는 과정은 물체 덩어리를 가지듯 객관적 지식체를 갖는 일이라는 견해다. 우리는 이러한 견해를 '객관주의 지식관' 이라고 부른다.

이에 비하여 객관주의 지식관을 거부하는 학자들은 물체 덩어리와 같은 객관적인 지식체는 있을 수가 없으며, 지식은 알고자 하는 사람이 만들어 가는 것이라고 주장한다. 지식을 획득하는 과정은 지식을 갖고자 하는 사람이 능동적으로 그것을 만들어 구성하는 과정이라는 것으로 이러한 관점을 '구성주의 지식관' 이라 부른다.

1) 객관주의 지식관

지식은 개인의 경험과는 무관하게 객관적으로 존재한다는 객관주의(objectivism)와 개개인의 경험을 바탕으로 개인 내에서 창출된다고 보는 구성주의(constructivism)로 나누어진다. 객관주의란 주관에 비해 객관을 존중하는 입장으로서 인간의 내부는 하얀 백지와 같은 상태에서 학습을 통해 점차적으로 지식이 채워진다는 것이다. 따라서 객관주의에서 말하는 지식은 다음과 같이 정리할 수 있다.

첫째, 지식은 인식의 주체와 독립되어 외부에 존재한다.
둘째, 지식 구성은 외부의 지식을 발견 또는 수용하여 체계적으로 구조화함으로써 이루어진다.
셋째, 지식은 개인의 부단한 반복적인 암기를 통해 단기기억에서 장기기억으로 저장된다.

객관주의 입장에서 지식은 독립적으로 그리고 객관적으로 존재하는 실제다. 주어진 지식을 어떻게 이해하고 의미를 부여하느냐 하는 것은 학습자 개개인에 따라 다를 수 있다. 그러나 객관주의 입장에서 학습자는 객관적으로 존재하는 지식을 '완전히' 이해할 필요가 있다. 결국 학습자의 역할은 지식을 효과적으로 전달받고 축적하는 것이다. 이 과정에서 지식은 일방적인 방향으로 이동하게 되며, 학생은 수동적으로 지식을 습득하게 된다.

2) 구성주의 지식관

구성주의자들은 지식은 사전 경험을 바탕으로 개인이 구성한다고 믿는다. 따라서 경험이 다른 두 사람은 똑같은 지식을 가질 수 없다는 것이다. Dewey는 학습자 자신들에게 의미 있고 그들에게 중요한 경험을 제공하는 상황에서 지식과 아이디어가 창출된다고 하였다. 이러한 상황은 서로가 정보 교환을 하면서 함께 지식을 만들어 가는 교실과 같은 사회적인 맥락에서 일어난다고 하였다. 또한 "새로운 학교교육의 기본 원칙은 학습자가 이미 가지고 있는 경험과 함께 이루어져야 한다."라고 강조하면서 학습자의 사전 지식과 경험이 새로운 지식의 의미 부여나 구성에 관여하는 내적 과정을 주장하였다. 따라서 구성주의에서 말하는 지식은 다음과 같이 정리할 수 있다.

첫째, 지식은 기존 경험으로부터 개개인의 마음속에서 구성된다.
둘째, 지식 구성은 자신이 속한 사회의 구성원들에 의해 영향을 받는다.
셋째, 지식은 역동적이며, 개인적 · 사회적 · 합리적으로 창출된다.

서양의 경우 지식이란 구성되는 것이라는 주장이 본격적으로 대두된 것은 18세기 이후이며 그 이론적 입장 또한 다양하다. 서양에서의 구성주의란 포괄적이고 다의적인 개념이며, 다음과 같은 공통된 특징을 가진다.

첫째, 인식은 피동적인 지각활동이 아니다.
둘째, 지식은 인식 주체에 의하여 능동적으로 구성된다.

셋째, 구성으로서의 인식은 느낌이나 의미 부여를 넘어서는 실재와 관련한 것이다.

구성으로서의 인식이 단순한 주관적인 느낌이나 의미 부여를 넘어서는 실재의 구성이기 때문에 구성된 실재는 우리의 마음속에 있지 않다. 그렇다고 하여 실재의 구성이 요술의 손으로 없던 물건을 만드는 것이 아니기 때문에 객관의 세계에 있는 것만도 아니다. 구성주의 입장에 보면 인식 주체와 인식 객체의 엄격한 경계와 구분은 무의미하다. 인식활동으로서 구성의 대상이자 내용이 되는 실재는 인식 주체와 인식 객체 모두에 걸쳐 있는 차원의 것이다.

경험론적 인지구성주의자들은 인간의 인식활동은 생물학적으로 '구성'적일 수밖에 없다고 주장한다. 다시 말해, 인지의 토대로서 신경체계는 자기생산적인 폐쇄체계이자 더 나아가 자기 지시적(self-referencial) 활동체계라는 것이다. 유기체의 한 부분으로서 신경체계는 폐쇄체계이기 때문에 그어떤 정보 차원의 것도 입력 및 출력을 하지 않는다. 외부자극은 신경상의 구성성분들 간에 상대적인 차이만을 가져올 뿐, 외부자극이 무엇이며 어떤 의미가 있느냐 하는 것은 전적으로 폐쇄된 신경체계에 의하여 결정된다. 신경체계는 이벽되는 정보를 수용하기보다는 오히려 인지과정 속에서 처리하는 정보를 내재적 법칙에 따라 스스로 생성하는 것이다.

인식이 피동적인 지각활동이 아니라는 것은 신경생리학적 연구 결과에서도 확인된다. 인간의 중추신경계 담당 신경세포(뉴런)는 감각계, 운동계 담당 신경세포보다 십만 배 높다. 반면 저등척추동물의 중추신경계 담당 세포는 3배가 높다. 여타 동물과 비교할 때 인간의 뇌는 여타 신경에 비하여 매우 발달해 있으며, 이것은 인간의 경우 일차적인 감각적 지각보다는 지각내용을 비교하고 평가하며 의미를 부여하는 기관이 더욱 발달하였음을 의미한다. 즉, 인지체계가 자기지시적이라는 것을 알 수 있다. 인간에 있어서는 오랜 진화의 과정 속에서 감각기관의 능력을 증가시켜 환경을 더욱 정확하게 파악하려고 하는 대신, 내재적인 평가체계를 더욱 강화하고 효과적으로 활용하는 길을 택한 것이다.

이 같은 인간 두뇌의 폐쇄적인 자기지시성은 복잡한 환경에 대처하는 두뇌활동의 바탕이 된다. 만약 인간의 두뇌가 외부세계의 자극을 수용·지각하는 일을 중심으로 한 열린체계라면 끊임없이 몰려오는 외부자극에 파묻혀서 어떤 지각활동도 할 수 없게 되기 때문에 뇌는 외부자극으로부터 스스로를 격리하고 자신의 내부 기준에 따라 자극을 선별·처리하여 인지체계를 구성한다. 즉, 지식의 구성은 인식 주체가 능동적으로 외부의 지식을 수용화하여 체계화함으로써 이루어진다.

이런 맥락에서 볼 때 인간은 경험과 관련이 없는 대상이나 경험에 앞서는 대상을 가질 수 없다. 한 유기체에 의해서 지각된 대상은 유기체들이 특유의 방식에 따라 신경신호들을 조율하여 구성한 것에 지나지 않는다. 물론 사물을 구성한다는 것이 사물을 물리적·화학적으로 생산해 낸다는 것은 아니다. 다시 말해, 구성주의자에 의하면 인지란 감각기관을 통하여 전해진 단순 자극을 폐쇄적 인지체계인 두뇌가 내적 요건을 근거로 해석과 의미를 부여하여 실재를 구성해 가는 일이다. 의미를 부여받지 못한 사물은 없는 것이나 마찬가지인 것이다. 즉, 인식의 주체와 독립되어 외부에 존재하는 사물은 지식으로서 의미가 없다.

3. 구성주의의 분류

구성적 인식이 궁극적으로는 개인적 활동이지만, 동시에 구성은 사회적 활동이기도 하다. 우선 구성활동은 타인으로부터 영향을 받기도 하고 주기도 하는 사회적 공간 아래에서 이루어진다. 구성은 가상의 관념 세계가 아닌 실재하는 사회적 공간, 사회적 맥락 속에서 이루어지는 것이다. 더욱이 구성으로서의 인식은 사회적 합의물인 언어체계 속에서 언어를 가지고 이루어지는 바, 구성적 인식활동에는 사회문화적 속성이 반영될 수밖에 없다.

구성활동이 사회적 맥락의 영향을 받는다고 하더라도 구성적 인식은 어디까지나 개인적 활동이다. 구성은 개인이 가진 정신(mind)이 개별적으로 이루어 내는 개별적 활동인 것이다. 이 같이 개인적 차원과 사회적 차원 모두를 가지고 있는 구성으로서 인식활동에 있어서 개인적 차원을 부각하여 강조하는 입장을 우리는 인지적 구성주의라고 하고 교육학 영역에서 그 대표적 사상가로서 Piaget를 들며, 사회적 차원을 부각하여 강조하는 입장을 사회적 구성주의라 하고 그 대표적 사상가로 Vygotsky를 든다.

1) 인지적 구성주의

구성주의에 의하면, 개개인은 자기의 인식 범주에 의해서 해석하고 행동한다(Glasersfeld, 1995). 이 이론은 다른 여러 인지론적 접근에서처럼 어떤 사건이 단순히 원래 형태 그 자체로서 개인에게 나타난다고 보지 않고, 개인이 자신의 인지구조 체계에 의해서 경험을 형성한다고 본다. 그러므로 개개인은 독창적이고 역동적이라고 구성주의자들은 주장한다. 사람들은 어떤 상황에 단순히 수동적으로 행동하는 것이 아니라 자기들의 행동을 자기가 생각하고 제재하려고 하는 방향으로 변화를 주려고 능동적으로 행동한다.

인지적 구성주의는 지식의 형성과정에서 개인의 개별적인 인지적 구성에 초점을 두며, 상대적으로 사회문화적 측면에는 큰 비중을 두지 않는다. 이들은 Piaget의 발생적 인식론, 민속방법론, 상징적 상호작용론 등의 인지적 계보를 따른다(Fosnot, 2001). Piaget를 비롯하여, Glasersfeld(1995)와 Fosnot(2001)과 구성주의적 수업 설계자들이 이러한 인지적 구성주의를 따른다. 어떠한 지식도 객관적 세계의 단순한 묘사는 아니라는 사실을 일찍이 깨달

았던 Piaget는 생물학에서 사용하는 '적응' 개념을 인지 주체의 개념 구조와 그의 경험적 세계와의 관계를 이해하기 위한 단서로 보고 자신의 발생적 인식론(genetic epistemology)에 적용하였다. 즉, 지식이란 객관적 사물, 상황, 사건들의 묘사 정도에 의해서가 아니라, 주관적 경험을 통해 인지구조 속에 이미 구성되어 있던 개념과 행위와의 관계를 형성함으로써 생겨나는 것으로 보았다(Fosnot, 2001). 기존의 구조나 이해력을 토대로 경험을 조직하는 '동화(assimilation)'의 기제와 기존의 도식으로는 해결하기 어려운 새로운 경험에 대해 기존의 사고를 반성적으로 조정하는 '조절(accommodation)'이라는 기제를 통한 역동적이고 능동적인 자기규제 과정을 통해 지식의 구성 과정을 설명하였다.

Piaget의 이론은 교육학에 다양한 방식으로 받아들여졌는데, 인식 주체의 적극성은 배우는 사람의 주도적 역할로, 학습을 위한 발달의 선행 문제는 학습 준비도의 개념으로, 지적인 갈등을 스스로 해결하고자 하는 인식 주체의 본래적 능력과 성향은 내적인 동기의 강조로 연결되었다. 또한 평가대상으로서의 총체적인 지식의 구조, 최적의 학습을 가능하게 하는 환경의 조성과 교사의 원조적 역할, 사고 없는 언어 획득의 위험성 등이 강조되기도 하였다(김지현, 1998).

(1) 기본 관점

- 유아는 스스로 세계에 대한 폭넓은 이해를 구성하는 작은 과학자다.
- 학습은 인지적 재구성의 과정으로 학습에서 중요한 것은 인지적 혼란 상태를 일으키는 것이다.
- 상징을 자신의 생각을 표현하거나 의사소통하는 도구로 본다.
- 대화를 상호 적응과 의미 협상의 과정으로 본다.
- 인지발달이 언어의 발달에 선행한다고 본다.

(2) Piaget의 언어와 사고의 관계

- Piaget는 사고가 언어를 결정한다는 입장을 취한다.
- Piaget 감각운동기 말에 생기는 표상능력이 그림이나 심상과 같은 다른 형태의 표상뿐만 아니라, 언어의 발달도 가능하게 만든다고 보았다.
- 그는 언어의 발달로 인해 사고가 발달한다기보다는, 언어의 발달이 인지발달에 의존하고 또 인지발달을 기다린다고 본다.

(3) 자기지향적 대화에 관한 견해

- Piaget는 아동들의 자기지향적 대화를 자기중심적(Egocentric) 언어라고 불렀다.
- 자기중심적 언어는 듣는 이의 요구나 관심을 고려하지 않고, 자신과 중요한 것들에 대해 이야기하는 것을 의미한다.
- 자기중심적 언어를 유아가 타인의 관점에서 세상을 보지 못한다는 것에 대한 증거로 보았다.
- 인지발달이 언어의 발달에 선행하는 것으로 보기 때문에 자기중심적 언어의 원인을 인지적 미성숙으로 보고 있다.

Piaget의 이론에 기초를 두어 발전한 급진적 구성주의는 다음과 같은 기본적인 원리를 제시하고 있다(Glasersfeld, 1995).

첫째, 지식은 감각을 통하거나 의사소통에 의해 수동적으로 받아들여지는 것이 아니다.

둘째, 지식은 인식 주체에 의해서 능동적으로 구성된다.

셋째, 인식의 기능은 적응적이며, 생물학적인 용어로 적합성 또는 존속가능성을 지향하는 경향을 지닌다.

넷째, 인식은 주체로 하여금 경험 세계를 조직하는 데 도움을 주는 것이지, 결코 객관적인 존재론적 실재를 발견하는 것을 돕는 것이 아니다.

　급진적 구성주의는 실재와의 상응성(correspondence)에 대한 기존의 객관주의 인식론의 아이디어가 적합성(fitness)의 아이디어로 대체된다는 점을 강조한다. 어떤 지식이 경험적 실재의 제한 범위 내에서 잘 들어맞고 그러한 제한 요소들과 충돌하지 않으면 우수한 지식으로 간주된다는 것이다. 이러한 급진적 구성주의의 관점은 객관적인 실재를 상징하고 인간이 그러한 실재에 접할 수 있으며, 학문의 발달과정을 그러한 실재의 발견과 축적의 과정으로 간주하는 객관주의 인식론의 논리와 정면으로 배치되는 것임은 사실이다. 한편 인지적 구성주의의 관점은 사회적 상호관계를 통해 인지적 평형 상태가 깨어질 수 있고, 그 결과 보다 높은 수준의 새로운 구조를 지니게 되는 촉진요인이 된다고 보고 있다는 점에서 사회적인 관계의 중요성을 배제하지는 않고 있으나, 사회적 상호작용이 개인의 인지발달에 절대적인 영향을 미치는 것으로 보는 사회문화적 구성주의 입장과는 상당한 차이가 있다고 평가되고 있다.

2) 사회적 구성주의

　사회적 구성주의를 주장하는 학자들은 우리가 경험하는 세계에 물리적, 인식론적 구조가 존재한다고 믿되, 그 구조는 한 공동체 내에서 이루어지는 인식에 의해 영향을 받는다고 한다. 즉, 사회적인 인식이 지식에 모종의 제약을 가하게 되고 또 제약을 당하게 된다. 한 공동체 내의 개인이 자신의 환경에 대한 개인적인 지식과 이론을 구축한다. 따라서 한 개인이 어떤 지식을 구성하느냐는 그 개인이 사회 구성원들을 어떻게 생각하느냐에 달려 있다. 그러나 대체적으로 각 개인은 자신이 구성한 지식을 다른 사람의 견해에 비추어 검증하고, 다른 사람의 사고에 호소함으로써 그들을 설득할 기회를 가지며, 궁극적으로 공동체 내의 타인을 설득하게 되는 변증법적 과정을 거친다. 이러한 과정에서 지식이 구성된다고 믿는다. 사회적 구성주의가 개인은 사회적 관점에 따라 실재를 구성하고 해석한다고 보지만, 합리적 구성주의는 개인적 관점에 따라 새롭게 구성한다는 것이다. 즉, 개인의 세계는 각 개인의 마음이 창조하는 것이다. 이 점에 있어서 극단적 구성주의와 일치하지만 객관적인 사실 지식이 존재한다는 것을 인정하는 것에 차이가 있다. 그러나 학습의 주체는 학습자이며, 무엇을 학습할 것인가, 어떻게 학습할 것인가는 개인이 가지고 있는 기존 지식에 의존하게 된다.

또 존재론적 가정에 의해 학습자를 지식의 생산자 또는 구성자로 보는 입장과 지식의 이해자 또는 해석자로 보는 입장으로 나누어진다. 학습자를 지식의 생산자로 보는 관점은 공유하는 실재가 없기 때문에 객관적인 지식은 있을 수 없고 따라서 지식과 정보를 학습자에게 제시하는 일은 있을 수 없는 것이며, 학습자는 현상을 직접 접하면서 스스로 지식을 구성한다고 주장한다. 여기서 지식을 구성한다는 것은 여러 가지 현상을 통해서 이미 우리가 알고 있는 지식과 똑같은 것을 찾아낸다는 식의 발견학습을 의미하는 것이 아니다. 어떤 현상을 접했을 때 그 현상을 이해하거나 설명하고자 하는 과정에서 자신에게 의미 있는 지식을 만들어 낸다는 것이다.

(1) Vygotsky의 사회적 구성주의 기본 관점

- 유아의 지식 · 생각 · 태도는 타인과의 상호작용을 통하여 발달한다.
- 학습은 실천공동체로의 문화적 동화로 근접발달영역 개념에 의거해 관련 분야의 지식이 좀 더 많은 사람과의 사회적 관계를 통한 학습이 증진된다.
- 상징어는 이미 확립된 의미나 실천공동체의 지적 유산의 전달체다.
- 대화는 상대방으로부터의 지속적인 배움의 과정이다.
- 언어가 인지발달에 결정적이다. 즉, 언어의 발달은 사고발달을 촉진한다.

(2) Vygotsky의 언어와 사고의 관계

- Vygotsky는 언어와 사고는 서로 영향을 미친다는 입장을 취한다.
- 언어와 사고는 독립적으로 발달하기 시작하나 2세경에는 서로 관련되기 시작하여, 그 이후에는 계속해서 서로 영향을 미친다.
- 세상에 대한 아동들의 인지적 이해는 언어에서 점점 더 정확하게 표현되며, 언어는 사고와 활동을 점점 더 효과적으로 지시하게 된다. 궁극적으로 사고의 대부분은 내재화된 언어가 된다.

(3) 자기지향적 대화에 관한 견해

- 자기지향적 대화를 사적 언어(Private speech)로 보고 있다.
- 사적 언어를 자신의 행동과 사고를 안내하기 위하여 자기 자신과 의사소통하는 것으로 본다.
- 사적 언어는 사고의 조절을 돕기 때문에 사용을 격려하여야 한다.
- 특히 어려운 문제를 풀고 있을 때 사적 언어는 도움이 된다.
- 언어의 발달이 사고의 발달을 촉진한다고 보기 때문에 사적 언어는 인지적 미성숙의 표시라기보다는 인지발달에 중요한 역할을 담당하는 것으로 본다.

(4) Vygotsky의 근접발달영역의 이해

사회적 구성주의의 대표학자인 Vygotsky는 지식이 먼저 사회적인 차원에서 구성되고, 이것이 개별적인 인간들의 상호작용을 통하여 개인 안에 내면화됨으로써 재구성된다고 보았다. 인지 이론가들이 사고를 개인 내에 위치한 개념적 과정으로 분석하는 반면, 사회문화적 이론가들은 사회적 행위 내에 있는 개인을 분석의 단위로 본다.

후자의 관점에서 일차적인 문제는 문화적으로 조직된 행위와 사회적 상호작용에 참여하는 것이 어떻게 심리적인 발달에 영향을 미치는지를 설명하는 것이다. 이러한 맥락에서 Vygotsky는 학습에 있어서 모순과 평형의 역할을 규명하고자 했던 Piaget와는 달리, 대인 간의 상호작용에 많은 관심을 기울였다. 내적 언어의 역할뿐만 아니라, 성인과 대화를 나누고, 질문하며, 설명하고, 의미를 협의하는 동안 학습에 미치는 그들의 역할에 관심을 가지고 "가장 효과적인 학습은 성인이 아동의 잠재적인 수행수준을 함께 끌어 줄 때 이루어진다."라고 주장하였다.

Vygotsky의 관점에서는 지적 발달을 가져오는 상호작용의 과정적 본질은 갈등이 아니라, 간주관성(intersubjectivity)에 기초하는 협동이라고 할 수 있다. 특히 더 발달된 사람과 아동 간의 상호작용을 통한 '내면화(internalization)'에 초점을 두어 개인의 지적 발달을 설명하였다. 이로 인해 그의 이론은 다른 사람의 적극적인 개입과 역할의 중요, 비계(scaffolding) 설정의 과정과 그 효과, 인지적 도제 제도, 적절한 주변적 참여(legitimate peripheral participation), 근접발달영역과 관련한 교사의 수업방법, 역동적 평가이론, 혼합 연령집단의 효과 등과 관련하여 교육학계에 소개되었다(김지현, 1998).

[그림 11-1]에서 알 수 있듯이 근접발달영역(zone of proximal development)은 독자적으로 문제를 해결함으로써 결정되는 실제적 발달수준과 성인의 안내나 보다 능력 있는 또래들과 협동하여 문제를 해결함으로써 결정되는 잠재적 발달수준 간의 거리를 지칭한다.

1단계는 유능한 타인의 도움을 받아 과제를 수행하는 단계다. 이 단계에서 학생은 독립적으로 과제를 수행할 수 없기 때문에 유능한 타인인 교사나 동료 등의 도움을 필요로 하는 순종이나 모방의 단계라고 볼 수 있다. 이때 필요한 도움의 양과 종류는 학생의 연령, 현재 수행도, 과제의 성격에 따라 다르다. 대체로 이 단계의 학생은 무엇을 성취해야 되는지에 대한 이해가 거의 없는 상태에서 시작하지만, 과제를 수행하는 동안 유능한 타인과의 대화, 질문, 피드백 등의 상호작용을 통해 여러 가지 활동이 서로 어떻게 관련

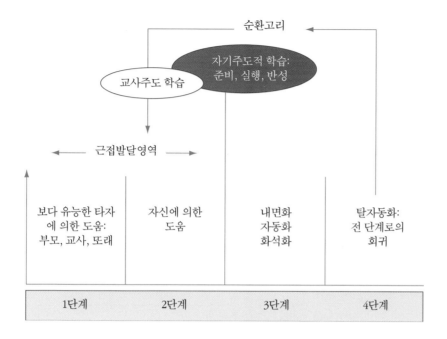

[그림 11-1] 근접발달영역의 단계

되고 그 의미가 무엇인지 이해하게 된다. 이 단계에서 교사는 학생이 과제를 수행하도록 안내하고 도움을 제공하거나, 전이를 위한 새로운 기회를 제공함으로써 학생이 과제 구성의 책임을 갖도록 한다.

2단계는 학생 스스로 과제를 수행하는 단계다. 1단계에서 개인 간 국면에서 해결할 수 있었던 과제를 개인 내 수준에서 다른 중재자의 도움을 받지 않거나 적은 도움으로 과제를 수행할 수 있게 된다. 하지만 아직 이것이 학생 내에서 완전히 발달되어 자동화 또는 내면화되지 않았으며, 학생의 자기주도성이 준비되고 실행되기 시작하는 과도기적 단계라 볼 수 있다.

3단계는 과제 수행이 완전히 발달되어 내면화, 자동화가 이루어지는 단계다. 이 단계에서 학생은 근접발달영역을 벗어나서 과제를 수행하는 데 더 이상 타인의 지속적인 도움이 필요 없이 거의 무의식적으로 과제를 완전하게 수행해 낼 수 있게 된다. 이때 타인의 도움은 오히려 부정적 영향을 줄 수 있으며, 이 단계는 자기통제와 사회적 통제를 벗어나 자기주도적 학습활동이 자유로이 가능한 단계다.

4단계는 새로운 능력의 발달을 위해 반복해서 근접발달영역이 순환되는 탈자동화의 단계다. 새로운 능력을 발달시키기 위해서는 지속적인 근접발

표 11-2   Piaget와 Vygotsky 인지발달이론 비교

구 분	Piaget 인지발달이론	Vygotsky 인지발달이론
공통점	- 발달은 개체와 환경의 상호작용을 통해 일어나는 급격한 변화로 구성된 역동적인 과정 - 학습자를 능동적인 존재로 파악	
구성주의	발달은 개인 내부에 존재	발달의 사회문화적 관계 강조
발달과정	동화, 조절	근접발달영역, 비계 설정
발달단계	인지발달의 보편성 강조(보편적 발달의 4단계 제시)	인지발달의 문화적 특수성 강조
언어	언어는 최소한의 역할	언어는 사고 형성에 필수
교육의 역할	발달이 교육에 선행(학습자의 주체적인 역할 강조)	교육이 발달에 선행(사회문화적 영향 강조)
교수적 합의	- 교육의 주요 과제: 아동(자발적 학습자)이 스스로 능동적으로 다양한 탐색과 발견을 할 수 있도록 도와주는 것 - 아동의 사고는 어른과 다르며 각 발달단계에 따라 독특한 사고를 함 - 교육은 발달수준에 적합하게 실시	- 교사: 아동발달의 촉진자 역할 (지적으로 유능한 사람과 상호작용을 통해 학습)
기여	아동의 인지발달의 가장 포괄적이고 독창적인 이론 정립	사회문화적 특성 강조
비판	- 발달단계도달 연령이 개인의 경험과 문화적 환경에 따라 차이를 보임 - 각 발달단계의 특징이 모든 아동에게 나타나지 않을 수 있음	- 인지발달에 언어의 영향을 지나치게 강조하여 다른 형태의 상징적 기능들의 영향을 제대로 설명하지 못함 - 타인의 역할을 강조하여 능동적 참여자의 조건을 충분히 설명하지 못함

달 영역의 순환과정을 거쳐야 한다. 과제해결을 수행하다가 어려움에 봉착하게 되면 더 능력 있는 다른 사람의 도움을 필요로 하게 된다.

4. 구성주의 교육론

　구성주의 입장에서 보면 교육이란 학습자의 능동적 구성활동을 조성하고, 도와주며, 촉진하는 일이다. 객관적 지식체를 학습자의 머릿속에 집어넣는 일을 교육이라고 보는 객관주의 입장과는 명백히 다른 것이다. 구성주의를 교육학적으로 전개할 때, 수업현장에서 학습자는 지식의 피동적인 수용자가 아니다. 학습자를 피동적인 수용자로 보는 입장은 객관주의 입장이다. 인식이 곧 구성이라는 맥락에서 볼 때, 학습자는 인식대상을 구성하여 인식하는 능동적이고 창의적인 존재인 것이다. 구성주의 입장에서 교사는 전문가이자 권위자로서 자처하며 학습자에게 정보 지식을 전달하는 사람이 아니다. 구성주의적 교사는 학습자의 능동적이고 창의적인 구성활동을 도와주는 조력자이자 안내자다.

　구성주의 입장에서의 교육과정 또한 학생이 답습해야 할 주어진 주행 코스이거나 수용하여 머릿속에 집어넣어야 할 지식의 덩어리가 아니다. 이것은 객관주의 입장이다. 구성주의에서 교육과정은 학습자가 교사의 도움을 받아 엮어 가야 할 아이디어 네트워크다. 학습자가 능동적으로 구성하여 가는 인식의 네트워크가 곧 교육과정이 되는 것이다. 그렇기 때문에 구성주의 관점에서의 교육과정은 결코 고정된 것일 수 없다. 설령 국가수준 교육과정과 같은 규정된 형식적 교육과정이 주어진다 하더라도 그것은 학습자에 의하여 재구성된다. 구성주의 맥락에서는 교육과정이 전통적인 객관주의에서 달라지는 것만큼 수업관도 달라진다. 구성주의적 수업 원리는 여섯 가지로 정리된다.

(1) 능동적 참여의 원리

구성주의적 수업에서 가장 중요한 것은 강한 학습동기를 바탕으로 한 학습자의 능동적인 수업 참여다. 구성주의에서 인식이란 능동적 구성이기 때문이다. 따라서 학습자의 능동적인 수업 참여를 유도하기 위한 여러 가지 전략이 있어야 하는 바, 그 전략의 시발점은 수업 계획 수립단계에서부터 학습자를 참여시키는 것이다. 수업목표, 수업내용, 수업의 전개방법 등의 결정에 학습자의 의사가 반영되면 학습동기가 강하게 일어나 학습자의 능동적인 수업 참여가 이루어진다.

(2) 유의미적 관련성의 원리

사람은 자기의 실제 생활과 관련된 일에 대해서는 더 큰 의미를 부여하고, 흥미를 가지고 적극적으로 그 일에 임한다. 이것은 학습활동에서도 마찬가지다. 학습자는 관념적이고 추상적인 것의 학습보다 자기의 실제 생활과 관련된 일에 대한 학습에 더욱 큰 의미를 부여하여, 적극적이고 능동적으로 그 일에 임한다. 따라서 유의미적 학습이 이루어질 수 있도록 수업을 실생활과 연관 지어 전개하는 것이 구성주의 수업의 원리다.

(3) 아이디어 활성화의 원리

구성주의에서의 교육내용은 객관적 지식 덩어리가 아니라, 학습자가 엮어 가야 할 아이디어 네트워크다. 따라서 구성주의 수업에서는 학습자가 자신의 아이디어를 창출하고 검증하며, 검증된 아이디어를 발전시키는 일이 중요하다. 학습자의 창의적 아이디어 발산이 권장되고 창출된 아이디어가 활성화되는 형태로 전개되는 것이 구성주의 수업의 원리인 것이다.

(4) 협동적 상호작용의 원리

구성적 인식활동은 사회적 상호작용 속에서 이루어지는 사회적 활동이다. 그리고 사회적 구성주의자 Vygotsky의 근접발달영역 이론에 의하면 구성적 인식활동은 타인과의 협동적 활동, 특히 전문가의 도움을 받는 형태의 협동적 활동을 할 때 더욱 촉진된다. 이러한 맥락에서 보면 수업은 학습자들 간 및 학습자와 교사의 협동적 상호작용을 촉진할 수 있는 형태로 전개되어야 한다는 것이 구성주의 수업의 원리다.

(5) 풍부한 학습환경 원리

구성적 인식활동은 환경과의 지속적인 상호작용 속에서 일어나는 바, 구성적 인식활동의 한 부분을 이루고 있는 이 환경이 곧 학습환경이 된다. 그리고 이러한 학습환경은 풍부할수록 구성적 인식이 촉진되기 때문에 이 학습환경에는 활자인쇄매체물에 더하여 실제 사물 및 시설, 더 나아가 최근에 발전한 디지털 매체물도 포함되어야 하며, 오히려 디지털 매체물의 활용은 더욱 권장되어야 한다. 풍부하고 다양한 환경을 활용하는 수업의 전개, 이것이 구성주의 수업의 또 다른 원리다.

(6) 비정형화의 원리

20세기 중반 이전의 고전적 구성주의는 구성적 인식결과의 객관성 및 보편성에 비중을 두었다. 하지만 최근 교육학계에서 거론되는 급진적 구성주의(radical constructivism)로 불리는 현대적 구성주의는 개인의 능동적 구성활동에 비중을 두어 오히려 인식결과의 상대성이 강조된다. 따라서 능동적 구성결과의 상대성만큼이나 구성적 인식에 이르는 과정과 구성주의적 수업형태 또한 다양할 수밖에 없다. 학습자의 성향 및 능력, 학습내용, 수업의 진척 상황, 구비되어 있는 학습환경에 따라 수업형태는 달라지는 것이다. 이같이 수업형태를 정형화하지 않는 것이 구성주의 수업의 원리다.

구성주의 교육에 있어서 평가는 수업결과에 대한 수업형태를 단순하게 정형화하지 않는 것이 구성주의 수업의 원리다. 구성주의 교육에 있어서 평가는 수업결과에 대한 단순한 수치의 변화보다는 교수–학습 과정에 있어서 학습자 내의 변화에 초점을 맞춘다. 이에 구성주의적 평가는 수업과정의 마지막에 이루어지는 수업결과에 대한 활동이 아니라, 수업의 전 과정에서 지속적으로 이루어지는 학습 수행과정에 대한 평가활동이다. 또한 구성주의적 평가에서는 교사에 의하여 평가가 이루어지기도 하지만, 수업의 주체가 학생이므로 학습자 스스로 하는 자기평가가 중요하며, 아울러 학생 간의 평가 또한 강조된다. 구성주의적 평가에서는 교사에 의하여 일방적으로 이루어지는 평가가 적절하지 못한 것이다. 아울러 평가결과는 학습목표의 성취 여부뿐만 아니라 교육과정은 물론 수업방법을 반성적으로 검증하는 자료가 된다. 이 같이 구성주의적 맥락에서의 평가는 교사의 일방적인 일이 아니라, 교사와 학생이 상호작용하는 가운데 수업의 전 과정에서 이루어지는 활동이다.

5. 구성주의 교육의 문제점

구성주의의 교육학적 전개에 대한 이 같은 긍정적인 논의에도 불구하고 구성주의와 그 교육학적 전개에 대한 비판 또한 제기되고 있다. 구성주의 교육은 다음과 같은 문제점을 갖는다.

첫째, 학생마다 다른 구성적 인식활동을 보장해야 하므로, 구성주의 교육론에 입각해서는 학교교육의 교육과정(educational process)을 체계화하기 어렵다. 계획적이고 체계적이어야 하는 학교교육에 도입 · 전개하기가 어렵다는 것이다.

둘째, 체계적인 교육활동이 어려우므로 학생들의 기초 학력이 낮아질 가능성이 크다.

셋째, 학습자 스스로 교육목표를 정하고, 교육 내용과 방법을 선정해야 하는 바, 자기주도적 학습능력이 부족한 학생은 이 일을 제대로 수행할 수가 없다. 자기주도적 학습능력이 부족한 학생에게는 적절하지 못한 교육이론이다.

구성주의가 가진 이 같은 문제점에도 불구하고 구성주의 교육관은 다음의 두 가지 이유로 학습자중심의 교육, 정보화 시대의 교육을 지향하는 우리나라 제7차 교육과정의 인식론적 바탕이 되었다.

첫째, 구성주의는 학습자중심의 교육과정에 적합한 인식론이다. 인식이란 피동적 수용이 아닌 능동적 구성이라는 구성주의에 입각해서 보면 교육은 학습자가 능동적으로 지식을 구성하는 일인 것이다.

둘째, 인식이란 능동적 구성이며, 특히 실재를 구성하여 인식하는 것이라는 구성주의 관점은 디지털 정보화에 매우 적합한 인식론이다. 다시 말해, 지식의 담지체로서 완결 고정된 형태로 학습자에게 제시되는 인쇄 텍스트와는 달리 디지털 정보화 시대의 중심 텍스트가 될 하이퍼텍스트는 독자, 다시 말해 학습자에 의하여 능동적으로 구성되는 텍스트다. 하이퍼 텍스트에 있어서는 컴퓨터 유저(user)가 곧 저자이며, 텍스트 내용은 고정된 중심 내용이나 시작도 끝도 없이 매번 독자/저자에 의하여 새롭게 능동적으로 구성되는 것이다. 구성주의적 인식론은 같은 디지털 매체양식이라고 하더라도 하이퍼 텍스트보다 곧 보편화될 가상현실(virtual reality)에 더욱 잘 들어맞는다. 가상현실이야말로 인식자는 비록 가상현실 공학시스템의 도움을 받기는 하지만 사물을 구성하며 인식한다. 에너지를 담고 있는 물체로서의 실제 사물이 아닌 정보만으로 이루어지는 가상 사물이기는 하지만, 인식자는 가상현실 속에서 사물을 구성하는 동시에 인식하는 과정을 수행하는 것이다.

chapter **12**

다문화교육의 이해

1. 다문화 사회

현대사회가 안고 있는 정치·사회적 문제는 민족과 국가 공동체 사이의 공존 문제와 관련이 있다. 단일 민족의 국가 공동체를 유지하던 한국 사회도 세계화로 인한 인구 이동의 대폭적인 증가와 정보통신으로 인한 국가 간 경계가 허물어지는 패러다임 변환 시기에 놓이게 되었다. 이러한 변화로 인해 나라 밖으로는 정치와 경제, 문화 관련 정보를 빠르게 공유할 수 있게 되었고, 나라 안으로는 경제 성장으로 인한 외국인 노동자의 유입 증가와 농·어촌 국제결혼 가정이 늘어남에 따라 우리나라도 다양한 인종과 민족이 공존하는 다문화 사회로 변화하고 있다.

전통적인 단일 민족 국가에서 다문화 사회로 변화된 한국 사회는 다양한 측면에서 사회갈등의 혼란 요소가 노출되고 있다. 특히 교육의 측면에서 가장 문제시되는 것은 다문화 가정의 자녀다. 한국 사회의 다문화 가족의 많은 부모들이 부모로서 자녀를 돌보고 기르는 일에 많은 어려움을 겪고 있다. 결혼 이주 여성들은 보통의 한국 어머니들에게 기대되는 어머니의 역할을 수행해야 함과 동시에 자녀를 지도함으로써 어려움을 느낄 수밖에 없는 실정이다. '다민족, 다언어, 다문화' 현상으로 인해 새로운 문제로 떠오른 다문화 가정의 자녀 교육 문제는 '그들의 문제'가 아닌 '우리의 과제'로, 이들의 실태를 정확하게 파악하여 그들의 교육 소외 해소를 위한 진단과 처방에서 나아가, 우리 사회의 조화로운 발전을 위한 교육정책의 개발과 시행에 노력을 기울여야 할 시점에 놓여 있다.

2. 다문화교육

1) 다문화교육의 역사적 배경

전통적인 다문화 · 다민족 국가인 미국은 이민정책과 사회통합 방안으로 다양한 다문화정책을 시도해 왔다. 미국은 1970년대에 폭주하는 이민의 물결 속에서 다양한 소수민족 공동체들과의 생존을 위해 동화주의(assimilation)와 용광로(melting pot) 이론과 같이 단일 문화를 추구하는 사회통합 모델을 사용하였다. 동화주의란 비주류 소수민족들이 자신의 고유한 문화적 정체성을 포기하고 미국 사회의 주류적 가치관과 정체성을 받아들일 것을 미국 주류사회에 동화되기를 강조하는 이론이다. 이민자들은 주류사회가 다수를 차지하는 커다란 용광로에 섞여져 자신의 민족적 · 문화적 고유성을 잃고 단일한 성격의 국민으로 융해되게 된다. 즉, '용광로'가 의미하듯이 용광로 이론에 기초한 정책은 여러 나라 이민자들의 문화를 미국 사회라는 하나의 거대한 용광로에 녹여 새로운 미국 사회의 동질적 문화를 창출하는 것을 의미한다.

그러나 현실적으로 동화주의에 기반한 용광로 이론은 다양한 문화가 용

광로에 녹여져 문화적 다양성이 고루 반영된 새로운 미국 시민문화가 창출
되는 것이 아니라 기존의 백인 주류문화에 여타 소수문화가 녹여지는 것,
즉 소멸되는 것을 의미한다. 이민자들은 백인 위주의 주류사회의 문화를 받
아들이는 것이 미국 사회에 적응해 나갈 수 있는 유일한 방법이었다. 이 과
정에서 미국 사회의 학교 교육과정은 백인 문화를 중심으로 백인의 관점으
로 구성되는 것이 공식적인 것이며, 소수인종의 관점은 녹아서 소멸되어야
할 것이므로 배제되었다.

동화주의에 따른 미국의 정책은 사회와 학교에서 유색인종에 대한 편견
이나 차별을 극복하는 데 기여하지 못하였다. 전통적인 동화주의 정책은 소
수민족들의 언어와 문화를 '우리의(our)' 주류사회와 '다름(otherness)'의
범주에 속한 것으로 가정함으로써, 소수민족의 언어와 문화는 우리의 범주
에서 배제되어야 한다는 논리로 확장되었다. 결국 이 논리는 주류계층으로
대변되는 백인과 주변의 다양한 인종집단의 마찰과 갈등을 지속적으로 야
기시켰다.

2) 1960년대 이후: 문화 다원주의

용광로 이론이 다양한 인종의 문화를 평등하게 용광로에 녹여 미국적 문
화를 창출하는 것을 목표로 하였으나, 실제로는 소수인종의 문화를 백인중
심 문화에 용해시켜 문화적 차별과 인종갈등을 지속시키는 데 기여하였다
는 비판이 제기되면서, 1960년대 이후 미국 사회의 사회통합정책은 동화주
의보다는 각 소수집단의 문화와 정체성을 존중하는 입장의 문화 다원주의
(cultural pluralism)가 강조되기 시작하였다. 미국에서 본격적인 다문화주의
는 1960년대 미국의 시민권운동(Civil Rights Movement)과 관련이 깊다.

1955년 Rosa Parks라는 흑인 여성이 버스 내 흑백 차별조치에 항의해 뒷
좌석으로 가라는 백인 버스 운전사의 지시를 거부하는 사건(Bus Boycott)이

벌어졌다. 이 여성은 인종 차별법인 짐 크로우법 위반 혐의로 체포되었다. 이 사건은 1960년대 아프리카계 미국인들이 그들의 노예 역사 속에서 차별당해 온 권리를 찾기 위하여 시민권운동의 도화선이 되었다. 시민권운동은 피부색의 차이로 인하여 정치, 경제, 교육에서 소외되고 억압당해 온 아프리카계 미국인들의 처절한 투쟁이었다.

이러한 권리투쟁은 미국 내의 멕시코계 미국인, 아시아계 미국인, 푸에르토리코계 미국인 등 비주류 민족에게까지 파급되었으며 이들 민족들 역시 정치, 경제, 교육 기회의 평등을 요구하기 시작하였다. 새로운 다원주의라는 이름으로 펼쳐진 이 운동은 다른 집단들, 예를 들어 여성, 장애인, 동성연애자들까지 그들의 권리와 자격을 주장하도록 자극하는 계기가 되었다. 1980~1990년대는 아시아계, 남미계 미국인과 같은 새로운 특성의 이민자들이 급격하게 상승하는 시기로 미국은 이민정책의 변화를 심각하게 고려해야 하는 부담을 안게 되었다. 새로운 시대의 이러한 사회적 조건은 다문화주의의 의미 형성을 위한 문화정책에 중요한 영향을 주었다.

그 이후에는 다양한 문화적 가치를 존중하고 서로 공존하는 문화적 다원주의, 즉 샐러드 볼 이론(salad bowl theory)으로 변화되었다. '샐러드 볼' 이란, '다양한 이주민이 미국의 문화에 동화되고, 공통의 애국심을 가지게 된 것이 미국이라는 국가다.'는 인식에서 한 단계 업그레이드해서, '각양각색의 사람들이 뒤섞여 있지만, 그 속에서 조화를 이룬 사회'를 의미한다. 즉, '샐러드 볼'이 상징하는 것은 문화적 다원주의다.

3) 샐러드 볼과 다문화교육

차이의 다양성을 인정하는 문화적 다원주의에 기반한 다문화교육은 학습자에게 다양한 문화적, 인종적, 언어적 필요에 부합하는 교육과정을 제공하는 것이라고 할 수 있다(Suzuki, 1984). 다문화교육을 통해 서로 다름을 존중하고 다른 문화에 대한 올바른 판단을 가능하게 하며, 자민족 중심주의와 편견 태도를 극복하고 민족과 인종, 문화 문제에 대한 바른 결정과 비판적인 분석능력을 육성할 수 있다고 볼 수 있다.

　다문화교육에서 학습자의 정체성(identity)은 의미 있는 다문화교육이 현장에서 실천되는 데 있어서 다양하게 고찰될 필요가 있다. 특히 우리나라의 경우 국제결혼 가정에서 태어난 아이들은 정체성에 대한 혼란을 경험하기 쉽다. 아버지와 어머니 사이의 인종적ㆍ민족적ㆍ문화적 차이를 지각하면서 정체감 상실이나 정체감 유예의 고민에 직면하기 쉽다. 또한 주변의 편견이나 차별, 멸시를 경험하면서 심리적, 정신적 충격과 자신감 상실로 이어진다. 다문화교육은 문화적 다양성, 인종적 다양성, 언어적 다양성을 중심으로 세분화하여 살펴볼 수 있다.

　1990년대에는 교육과정에 영향을 미친 문화적 다양성에 대한 문헌이 기하급수적으로 증가하였다. Banks(2002)는 문화적 차이와 교육의 관계를 고찰한 선구자였다. 그는 다문화교육 연구에 대한 안내서를 공동 집필하였고, 과거와 현재의 관점을 개관하였으며, 다문화교육을 위한 정규 교재를 출간하였고, 문화적 다양성이 시민성을 어떻게 재정의하고 있는지에 대한 관점을 제공하였다(Banks, 2007). Sleeter는 인종, 계층, 성의 차이를 포함한 광의의 의미로 다문화교육을 이해할 것을 주장하였다(Sleeter & Grant, 2007). 문화적 다양성을 인식하는 것이 알 만하고 공유할 만한 가치가 있는 것에 대해 어떻게 영향을 미치는가 하는 것은 1990년대에 중요한 논쟁거리였다. 그래서 몇몇 연구자들은 다문화교육과정의 특징을 고찰하였다. 인종 개념은 신체적이고 사회적으로 사람들의 계층을 규정한 개념(흑인종, 황인종, 홍인종 또는 갈색인종)으로 그래서 지배적인 사회집단(백인)과 구별되는 개념으로 존재하고 있다. 문화와 민족이 대부분 스스로 결정한 공동체 내에서 만들어지는 개념인 반면에, 인종은 경제적ㆍ정치적ㆍ사회적 목적으로 적용된 신체적 차이에 의해 존재한다.

초창기에 소수민족 어린이들에게 소위 '용광로'로 비유되는 '동화정책'에 입각한 표준 영어교육을 하였다. 그리하여 막대한 예산을 들여 영어 특별교육까지 시키게 되었으나, 수십 년 동안 실시해 온 단일 언어교육의 결과가 실패로 나타났다. 소수민족 어린이들이 상당수 학교를 중퇴하고 사회에 나가 문제아가 되었다. 개개 학생의 입장에서 보면 자기의 부모로부터 배운 모국어가 학교생활의 출발에서부터 거부당한 셈이기 때문에 학교생활에서 위축되고 공부에 흥미를 잃고, 결과적으로 학업성적이 떨어지고 학업을 중단하게 되었다.

언어 결함론에 바탕을 둔 언어교육에 반기를 들고 일어난 이론이 '언어상 이론'이고 이에 입각하여 제안된 것이 이중언어교육이다. 영어 하나로만 교육하는 것에 대한 한계를 깨닫고, 소수민족의 언어를 사용하여 영어를 가르치거나 소수민족의 언어와 영어를 동시에 가르치는 이중언어교육이 이루어졌다.

즉, 이중언어교육(bilingual education)은 학습자로 하여금 두 개 이상의 언어를 구사할 수 있는 능력을 길러 주는 교육을 말한다. '이중언어'는 복수개념으로 두 개만을 뜻한다기보다는 '두 개 이상'을 뜻한다고 보아야 할 것이다. 이중언어교육을 두 개의 언어로 한정한다고 해도 두 가지의 개념이 내포되어 있다. 하나는 '두 개의 언어능력을 가질 수 있도록 하는 교육'을 말하고, 다른 하나는 목적은 같지만 방법적인 면에서 '두 개의 언어를 통한 교육'이란 뜻도 내포하고 있다. 즉, 이중언어를 가르치는 교육이냐, 이중언어로 가르치는 교육이냐의 구분이다.

3. 다문화교육의 이론적 체계

다문화교육을 실행하기 위해서는 문화적 다양성을 이해하고 존중하는 문화교육과 편견감소 교육뿐만 아니라 교육과정 개혁을 통한 인식의 변환이 중요한 요소다. 인식이 변화되기 위해서는 주류사회의 입장으로 대변되어 왔던 전통적인 교육과정을 소수집단의 입장에서도 바라볼 수 있도록 교육과정을 변화하는 것이 필요하다. 다문화교육과정 개혁을 위해서는 교육과정을 변형하는 데 수단이 되는 모형이 요구된다.

1) Banks의 다문화교육 4단계 접근법

다문화교육의 대표적인 학자 Banks(2002)는 "다문화교육은 교육철학이자 교육개혁운동으로, 교육기관의 구조를 바꾸어 학생들에게 평등한 교육기회를 제공하는 것"이라고 정의하였다. Banks가 의미하는 교육기관의 구조는 물리적인 구조가 아닌 교육과정의 변화를 의미한다. 즉, 교육과정과 교수자료, 교수-학습 방법, 교사의 태도, 학교의 목표와 문화를 포함한 전체적인 변화 속에서(Banks, 2007) 다양한 성별과 언어, 사회계층, 인종에 속한 사람들이 동등하고 평등한 교육경험을 할 수 있도록 교육과정이 개편되는 것을 의미한다.

Banks(2002)의 기여적 접근법(Contributions Approach), 부가적 접근법(Additive Approach), 전환적 접근법(Transformation Approach), 사회적 활동 접근법(Social Action Approach)의 4단계는 다문화 내용을 교육과정으로 융합하기 위한 모형으로 국내에 가장 많이 알려져 있는 모형이다.

1단계인 기여적 접근법은 소수집단의 영웅이나 축제 등의 단편적인 요소에 중점을 둔다. 또한 문화적 전통, 음식, 음악 등과 같은 낮은 수준의 접근법을 사용하고, 의미, 영향, 중요성 등에 대해서는 다루지 않는다. 이러한 접근법의 중요한 특성은 전통적이고 민족중심적인 교육과정의 기본 구조, 목표, 특성 등을 변화시키지 않는다는 것이다. 기여적 접근법의 장점은 빠르고 위협적이지 않는 방식으로 교사들이 교육과정에 다문화적 요소를 부

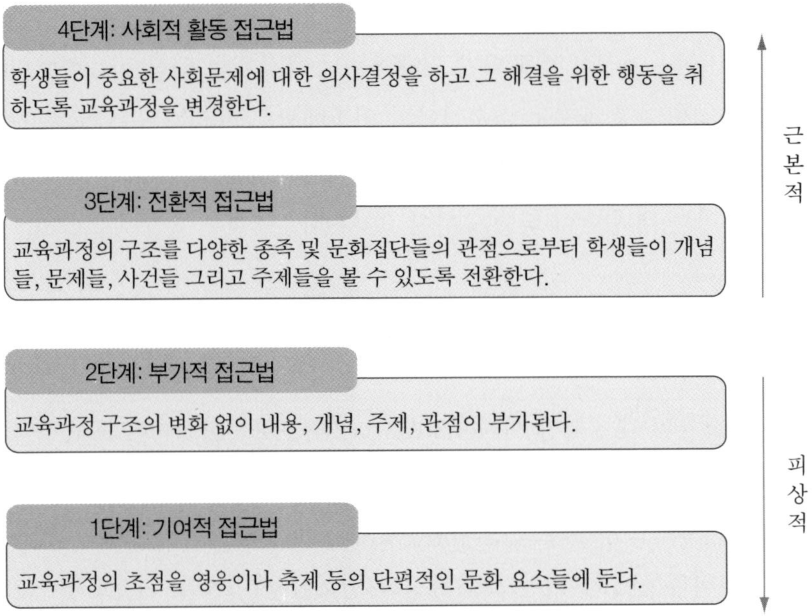

4단계: 사회적 활동 접근법
학생들이 중요한 사회문제에 대한 의사결정을 하고 그 해결을 위한 행동을 취하도록 교육과정을 변경한다.

3단계: 전환적 접근법
교육과정의 구조를 다양한 종족 및 문화집단들의 관점으로부터 학생들이 개념들, 문제들, 사건들 그리고 주제들을 볼 수 있도록 전환한다.

근본적

2단계: 부가적 접근법
교육과정 구조의 변화 없이 내용, 개념, 주제, 관점이 부가된다.

1단계: 기여적 접근법
교육과정의 초점을 영웅이나 축제 등의 단편적인 문화 요소들에 둔다.

피상적

[그림 12-1] Banks의 다문화교육 4단계

가할 수 있으며, 다양한 집단에 대한 지식이 없어도 교육과정을 실행할 수 있다는 것이다. 그리하여 대부분의 학교에서 가장 많이 사용되고 있는 접근법이다. 반면 단점으로는 민족문화에 대해 피상적으로 이해할 수 있다는 위험이 있으며, 교육과정과 융합할 때 주류사회의 기준이 영웅, 문화, 축제를 선택하는 기준이 될 수 있다는 것이다. 그래서 주류문화에서 받아들여지는 위협적이지 않은 영웅들을 선택함으로써 소수집단 학생들에 대한 고정관념을 더욱 정형화할 수도 있다.

2단계인 부가적 접근법은 소수집단의 내용, 개념, 주제, 관점이 전체적인 교육과정 구조의 변화 없이 교육과정 속에 부가된다. 예를 들면, 교사가 소수집단의 주제와 관련된 교재, 단원, 강좌를 교육과정 속에 부가하는 방식이다. 부가적 접근법의 장점은 현존하는 교육과정 속으로 자연스럽게 통합되어서 가르칠 수 있다는 것이다. 그러나 단점으로는 학생들이 다양한 관점에서 소수집단을 이해하지 못하여 주류문화와 소수문화가 어떻게 연관되었는지 인식하지 못한다는 점이다. 또한 소수집단의 문화가 주류문화와 융합하지 못하고 주변에 머물러 있다는 생각을 고착화하는 경향이 있다.

　3단계인 전환적 접근법은 두 가지 형태의 변화가 일어난다. 하나는 학생들이 소수집단의 관점에서 개념, 문제, 사건, 주제를 볼 수 있도록 교육과정 구조가 바뀌는 것으로 기본 가정, 목표, 교육과정의 구조가 변화하는 점이 앞의 두 단계와 다르다. 전환적 접근법의 장점은 학생들이 주류문화와 소수집단 문화를 균형적인 관점에서 볼 수 있다는 것과 소수집단이 그들의 문화, 신화, 관점을 학교 교육과정에서 경험하여 권한 부여를 할 수 있도록 돕는다는 점이다. 그러나 단점은 다양한 집단의 관점에서 쓰인 교재 개발, 실제적인 교육과정 개혁, 현직교사 프로그램 개발 등을 필요로 한다는 점이다. 그러므로 기관에서 이 접근법을 실행하기 위해서는 교사를 포함한 직원들의 교육도 함께 이루어져야 한다.

　4단계인 사회적 활동 접근법에서 교사는 학생들이 중요한 사회문제를 해결하기 위한 행동을 취하도록 의사결정을 도와주어야 하며, 학생들은 사회를 변화시키는 데 자발적으로 참여할 수 있도록 지식, 가치, 기술을 습득해야 한다. 그러므로 가치 분석, 의사결정, 문제해결, 사회적 활동 기술을 통한 자기진단이 이 접근법의 중심적인 가치다. 예를 들면, 편견이나 차별과 관련된 문제를 파악하였다면, 학생은 인종 간의 관계를 향상시킬 수 있는 전략과 계획을 수립해야 한다. 이 접근법의 장점은 학생들이 사고, 가치 분석, 의사결정 기술, 자료 수집과 분석 기능, 사회적 활동 기술을 향상시켜, 다양한 집단의 사람들과 함께 일할 수 있는 능력과 정치적 효능감을 향상시킬 수 있다. 단점은 교육과정 설계와 자료 개발에 많은 시간과 열정이 소비되며, 실제로 제시된 문제가 논란을 일으킬 수 있다는 점이다. 또한 학생들이 어떤 사회문제를 해결하는 데 의미 있는 행동을 취하기 어려울 수가 있기 때문에 교육학자들이 가장 적게 선택하는 접근법이다.

Banks는 다문화교육과정 개혁에 대한 접근법을 계층적 구조로 설명하였다. 1단계와 2단계인 기여적 접근법과 부가적 접근법은 다른 문화를 가진 사람들의 행동을 설명하는 데 주류문화의 규정과 가치를 고수하는 반면, 3단계와 4단계는 교육과정 개혁에 있어 주류문화의 규정과 가치를 벗어나서 각자의 문화를 존중하는 보다 높은 수준의 개혁을 의미한다(장인실, 2003). 대부분 미국의 초·중등학교와 대학교의 다문화교육도 구조를 변화시키지 않고 교육과정에 개념, 내용, 강의를 부가하는 2단계의 부가적 접근법 수준에 머물러 있다. 한국의 다문화교육은 시작하는 단계인 기여적 접근법 수준으로 다른 나라의 명절, 영웅, 음식 등을 소개하는 수준이라 할 수 있다.

2) Baker의 교육과정 설계모형

다문화 사회는 기존의 교사들에게 요구되던 자질 이외에 문화적·인종적으로 다양한 학생들을 가르치기 위한 특별한 자질을 요구한다. Banks(2002)에 따르면 다문화 사회에 적합한 교사는 민주적인 태도와 가치를 지닌 교사로, 민족 연구에 대한 개념과 민족 정체성을 갖고 다양한 관점으로 사회를 관망할 수 있는 능력을 교실에서 보여 줄 수 있어야 한다. 그러므로 교사 교육기관은 교육 프로그램을 통해 예비교사와 현직교사가 다문화 사회에 필요한 것을 배울 수 있도록 설계되어야 한다. 다문화적 감각을 가진 교사가 되기 위해서는 세 가지 중요 요소인 다문화적인 지식, 태도, 기술을 배양할 수 있도록 교사 교육과정이 프로그램 되어야 한다(Gay, 2000).

Baker(1983)는 지식, 태도, 기술이 포함되도록 고안된 교사 훈련모형을 [그림 12-2]와 같이 제안하였다. Baker의 교사 훈련모형은 획득, 발전, 개입의 세 단계로 나뉘는데, 이러한 단계는 대부분의 교사 훈련 기관에서 교육과정을 조직하는 방식과 일치한다.

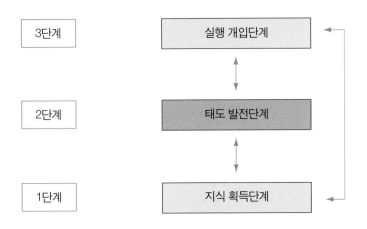

3단계 — 실행 개입단계

2단계 — 태도 발전단계

1단계 — 지식 획득단계

[그림 12-2] Baker의 교육과정 설계모형

획득단계는 인문 · 사회 · 교양 강좌를 제공하는 것과 유사하고, 두 번째 단계인 발전단계는 학생들이 다문화 관점을 가질 수 있도록 심리학적 기초 강좌를 제공하는 것에 비유할 수 있다. 개입단계는 교사 훈련 기관에서 제공되는 방법론적 강좌에 비유되며, 교육 사회학 강좌에 적용하여 보면 저서, 컴퓨터, 여러 종류의 수업 보조 기구, 학습경험이 어떻게 수업에 적용되는가와 관련된다. 학생들이 다문화교육이 중요하다는 인식과 지식을 가지고 있어야만 개입을 위한 계획을 세우게 된다. 그러므로 교사교육 프로그램에서 방법론적 강좌나 실제적인 경험은 주로 마지막 단계에 필요하다.

3) Bennett의 다문화 교육과정 개발모형

Bennett(2007)은 지금까지 다문화교육과정 연구 경향을 네 가지 범주로 나누어 설명한다. 평등교육(equity pedagogy), 교육과정 개혁(curriculum revision), 다문화적 능력(multicultural competency), 사회정의(societal equity)를 향한 교육으로 분류하였다. 이러한 주장은 Banks(2002)의 정의인 "다문화교육은 교육철학이자 교육개혁운동으로 교육기관의 구조를 바꾸는 것이

중요한 목표다."라는 주장과 Grant(1993)의 "다문화교육은 학교와 다른 교
육기관에서 발생하는 과정으로 모든 교과와 교육과정과 관련이 있다."라는
주장을 포괄하고 있다고 할 수 있다(장인실, 2008).

Bennett(2007)은 다문화교육은 민주주의(democracy), 평등(equity), 인권
(human rights), 사회정의(social justice)의 핵심 원리를 기반해야 한다고 보고
다문화교육의 이론과 연구는 [그림 12-3]의 네 가지 영역으로 나누어질 필요
가 있으며 네 가지 영역 모두 다문화의 핵심 원리에 부합해야 함을 강조한다.

- 평등교육: 학습, 지식, 인지발달에 대해 모든 학생이 공평하고 평등한 접
  근기회를 가져야 한다. 이에 해당하는 다문화 연구 주제는 학교와 교실
  분위기, 학생 성취, 교수와 학습의 문화적 스타일에 관한 연구를 포함
  한다.
- 교육과정 개혁: 학교교육은 비주류권 학생의 문화와 역사를 단순히 소개
  하는 것이 아니라 그들의(their) 지식이 아닌 우리의(our) 공식적인 지식
  의 일부가 되도록 교육과정을 변화시켜 나가야 한다. 이에 해당하는 연
  구는 교육과정이론에 관한 연구, 교재, 미디어, 교육자료에 존재하는

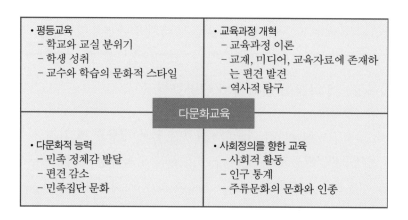

[그림 12-3] 다문화교육의 연구 경향

편견을 발견하는 연구, 역사적 탐구에 관한 연구가 있다.

- 다문화적 능력: 서로 다른 인종과 문화권의 사람들을 수용하고, 대화하고, 소통하는 데 필요한 기술과 지식을 가지고 다원화된 사회의 일원으로서 능력을 개발하는 것을 의미한다. 여기에 해당하는 연구 주제는 민족 정체감 발달, 편견 감소, 민족집단 문화에 대한 이해에 관한 것이다.
- 사회정의를 위한 교육: 학생들이 불평등한 사회 경제 정책의 이슈들을 논의하고 방송매체에 잘못 알려진 소수인들의 편견과 선입관에 도전하며, 사회변화를 위한 대리인(agents)이 될 수 있도록 돕는 교육이다. 이는 편견을 해소하기 위한 다양한 사회적 활동까지 포함한다.

교육과정은 학교의 보호 아래 학습자들이 갖는 공용을 구체적으로 제시하여 주고 있다. 이러한 정의에 따르면 다문화 교육과정은 교사의 가치나 기대, 학생의 동료 집단화, 학교 규정 등과 같은 잠재적 교육과정 중의 하나다. 그러므로 다문화교육과정은 모든 학생들이 가지고 있는 가치, 문화적 형식, 지식, 인식과도 연관된다. Bennett의 모형은 다문화교육의 핵심 가치를 인간 존엄과 권리에 대한 존중, 문화적 다양성에 대한 인정과 존중, 세계사회에 대한 책임감, 지구 보존으로 제시하고 있으며, 다문화 교육과정을 위한 설계모형을 다문화적 역사관점 개발, 문화적 인식 강화, 문화 간 이해 능력 강화, 인종·성별 등의 편견과 차별에 대항하기, 지구상황과 세계적 역학관계 인식, 사회적 행동 기술 향상의 6단계 목표로 제시하고 있다(Bennett, 2007).

첫째, 다문화적 역사관점 개발에서의 중요한 목적은 주류사회가 가지고 있는 편견을 바로잡아 줄 수 있는 다양한 역사적 관점을 갖는 것이다.

둘째, 자신이 가지고 있는 문화적 인식은 보편적으로 공유되는 관점이 아니라는 것을 인식하고, 다른 국가나 민족집단이 가지고 있는 것과는 다르다는 것을 이해하는 것이 중요하다.

셋째, 문화 간 이해능력은 의도적인 의사소통인 언어, 신호, 무의식적인 암시인 몸짓, 자신과는 다른 문화 형식을 해석할 수 있는 능력이다.

넷째, 인종, 성별 등의 차별에 대항하기는 자기와 다른 인종이나 문화가 열등하다는 편견이나 오해에 근거한 부정적인 태도와 행동을 줄이는 것을 의미한다.

다섯째, 지구상황과 세계적 역학관계 인식은 세계의 상황, 경향, 발전에 대한 지식을 이해하는 것이다.

여섯째, 사회적 행동 기술은 인간 복지와 미래, 지구를 위협하는 중요한 문제를 해결하는 데 필요한 지식, 태도, 행동을 포함하며, 사고는 세계적으로 하지만 행동은 지역적으로 하는 것을 강조한다.

4) Ford와 Harris의 다문화교육 4단계 접근법

Ford와 Harris(1999)는 Banks(2002)의 모형과 Bloom(1956)의 분류법에 기초하여 실제적으로 교실에서 교사들이 교육과정을 개발하고 평가할 때 사용 가능한 구체화된 기본 틀을 제시하였다. 이들은 다문화 내용(multicultural content)을 교육과정에 포함시키는 방법을 4단계로 제시한다.

Bloom(1956)의 분류법은 사고의 6단계로 이루어져 우리나라의 초·중등 학교에서도 널리 이용되는 개념이다. 6단계는 다시 하위 수준인 지식, 이해, 적용의 단계와 상위 수준인 분석, 평가, 창조의 두 단계로 나뉜다. 하위 수준은 단순 암기나 학습의 제한된 전이만이 일어나고, 사실을 가르치거나 기억하며 제한된 방식으로 배운 것을 적용하는 단계다. 이러한 단계에서는 학생들이 학습을 주도적으로 이끌어 가거나 상상력을 신장할 기회가 거의 없는 수렴적 사고의 수준을 보인다. 상위 수준에서는 자신이 배운 것을 탐구하고 관찰하며, 비판하여 종합하는 것을 배우게 되는데, 이러한 방법은 학생중심적인 접근법으로 학생들로 하여금 문제에 대하여 예견하고, 가정하며, 창조적으로 생각하도록 하는 확산적 사고를 신장시킨다. 그러므로 다문화적 감각을 가진 교사나 소수자 학생에 대하여 높은 기대를 가진 교사는 상위 수준 방식으로 이들 학생들을 가르치려 노력한다.

Ford와 Harris(1999)는 Bloom과 Banks의 모형을 근거로 하여 각 단계의 영역별로 학생들이 이루어야 할 교육목표를 제시하고 있다. 이 준거 틀은 학급 교육과정 개발에 있어서 구체적인 내용에 근거하여 교육과정을 개발하는 데 사용될 수 있고, 다문화교육과 관련하여 학생들을 평가할 수 있는 실제적인 평가의 준거 틀로 사용할 수 있다. Ford와 Harris(1999)의 준거 틀은 〈표 12-1〉에 제시되었다.

Ford와 Harris(1999)는 다문화교육 내용을 학급 교육과정 속으로 융합할 수 있는 구체적인 준거 틀을 제시한다. 이 준거 틀은 교사가 교실에서 교육과정을 설계할 때 각 수준에 대한 기술과 정의를 포함하여 목표와 평가준거를 구체적으로 제시하여 준다. 예를 들면, 다문화적 음악 주제에 관하여 학습할 때, 지식-기여적 수준에서는 노예집단에서 유행했던 노래를 세 개 이상 말하는 것이 목표이고, 분석-부가적 접근법에서는 노래에 나타난 주요 생각과 내용을 설명할 수 있어야 한다. 또한 분석-전환적 수준에서는 학생들 자신이 노예가 된다는 것을 상상하여 그때의 감정을 음악으로 표현할 수 있어야 하고, 종합-사회적 활동접근법에서는 다문화 노래를 연극으로 전환할 수 있는 것이 교육목표다.

| 표 12-1 | Ford와 Harris의 다문화교육 4단계 접근 준거 틀(KCAASE) |

지 식 (Knowledge)	이 해 (Comprehension)	적 용 (Application)	분 석 (Analysis)	종 합 (Synthesis)	평 가 (Evaluation)
1단계: 기여적 접근법					
학생들은 문화적 유물, 사건, 집단, 다른 문화적 요소 등에 대하여 안다.	학생들은 문화적 유물, 집단 등에 대한 정보를 이해할 수 있다.	학생들은 문화적 유물, 사건 등에서 배운 정보를 적용할 수 있다.	학생들은 문화적 유물, 집단 등의 정보를 비교할 수 있다.	학생들은 문화적 유물, 집단 등의 정보로부터 새로운 사실을 창조할 수 있다.	학생들은 문화적 유물, 집단 등에 근거한 지식과 사실을 평가할 수 있다.
2단계: 부가적 접근법					
학생들은 문화적 집단에 대한 개념과 논지를 안다.	학생들은 문화적 개념과 논지를 이해할 수 있다.	학생들은 문화적 개념과 논지에 대해 배운 정보를 적용할 수 있다.	학생들은 중요한 문화적 개념과 논지를 분석할 수 있다.	학생들은 문화적 개념과 논지에 대한 중요한 정보를 종합할 수 있다.	학생들은 문화적 개념과 논지를 비판할 수 있다.
3단계: 전환적 접근법					
학생들은 중요한 문화적 요소, 집단 등의 정보가 주어지고, 다른 관점에서 정보를 이해할 수 있다.	학생들은 중요한 문화적 개념, 논지 등의 이해를 다른 관점에서 보여 줄 수 있다.	학생들은 중요한 개념, 논지 등의 이해를 다른 관점에서 적용할 수 있다.	학생들은 중요한 문화적 개념, 논지 등을 한 가지 관점 이상에서 점검할 수 있다.	학생들은 새로운 관점이나 다른 집단에 대한 관점에 근거하여 결과물을 창조할 수 있다.	학생들은 중요한 문화적 개념, 논지를 다른 관점에서 평가하고 판단할 수 있다.
4단계: 사회 활동적 접근법					
학생들은 문화적 유물 등의 정보에 근거하여 사회적 활동을 위한 제언을 할 수 있다.	학생들은 중요한 개념, 논지의 이해에 근거하여 사회적 활동에 대한 제언을 할 수 있다.	학생들은 중요한 사회적·문화적 문제의 이해를 적용할 수 있다. 이러한 문제에 대한 행동을 취하도록 제언을 할 수 있다.	학생들은 사회적·문화적 문제를 다른 관점에서 분석할 수 있다. 이러한 문제를 행동에 옮길 수 있다.	학생들은 사회적·문화적 문제를 해결할 행동계획을 할 수 있다. 학생들은 중요한 사회적 변화를 추구한다.	학생들은 중요한 사회적·문화적 문제를 비판하고 국가적·세계적 변화를 추구한다.

4. 우리나라 다문화교육의 미래

　우리나라에서 주류가 아닌 다문화인들은 배타적인 사회 분위기 속에서 인정받거나 존중받지 못한 채 차가운 시선 속에 소외받아 왔다. 우리 사회는 자민족 중심주의와 인종 차별주의, 문화 우월주의로 우리보다 어려운 형편에 있는 나라와 그 나라의 문화와 국민을 우리보다 못한 그들(other)로 생각하는 성향이 강해 저개발국 출신의 이주자들에 대한 편견과 차별을 계속해 왔다. 외국인 근로자, 북한 이탈주민과 같은 다문화 사회 성원들은 한국에 건너와 살면서 우선 이질적인 언어와 문화를 배우고 익혀야 하는 과제에 직면한다. 그들은 문화적 보수성과 타문화에 대한 배타성이 강한 한국인과 한국 사회로부터 수용받거나 존중받지 못한 채 가정과 이웃, 학교, 직장에서 무시당하거나 차별당하며 살아가는 경우가 대부분이다. 이러한 상황은 학교 안에 있는 다문화 가정 자녀가 더욱 심각하다. 즉, 이들의 경우 심리적·사회적·문화적·경제적·교육적 차원에서의 부적응과 소외가 가중되어, 학업중단 문제가 심각하게 자리 잡고 있는 추세다.

　외국인 근로자의 자녀들은 기본적인 공교육의 혜택도 받지 못하는 경우가 대부분이며, 또래들과 다른 외모와 언어로 따돌림을 당해 열등감과 소외감을 느끼고 학교생활에 적응하지 못해 대안학교나 재한 외국인 학교로 전학하는 경우도 종종 발생하고 있다. 다문화 가정 자녀의 경제적 지위 역시 22%가 실업상태이고, 취업자의 경우 2%만이 사무직에 종사하며, 나머지 대다수는 3D업종에 종사하면서 겨우 생계를 이어 가고 있어 이들은 결국 사회의 저소득층을 형성하며 고착될 것으로 예견된다.

　자신의 정체성과 관련된 문화적 배경을 멸시받고 차별받는 열등시민이 존재하는 한 한국 사회는 건강한 사회가 될 수 없고 사회적 기반도 안정적으로 유지될 수 없다. 다문화 시대의 사회적 성숙도는 '다름' 과 '차이' 를 이해하고 사회적 약자로서의 소수집단을 다원적 · 관용적으로 받아들이는 것으로 미루어 짐작할 수 있다. 사회적 약자인 소수집단에 대한 사회문제의 방지 및 해결을 위한 대안 중 하나는 교사의 역할이다. 교사 스스로 자신의 선입관을 도전하고 자신의 교실에서 나타나는 불평등의 크고 작은 모습들을 인식하고 바꾸어 나가야 할 것이다.

참고문헌

곽병선(1987). 교육과정. 서울: 배영사.

곽병철(1987). 제5차 고등학교 교육과정 총론 개정시안의 연구개발, 한국교육개발원, 연구보고서, 87(7).

교육과학기술부(2000). 제7차 교육과정 개요.

교육과학기술부(2007). 2007년 개정 교육과정.

교육과학기술부(2008). 중학교 교육과정 해설 Ⅰ, Ⅱ, Ⅲ, Ⅳ.

교육과학기술부(2009). 2009년 개정 교육과정.

교육부(1992). 제6차 초등학교, 중학교, 고등학교 교육과정.

교육부(1998). 교육부 고시 제1998-10호에 따른 유치원 교육과정 해설. 서울: 대한교과서주식회사.

교육인적자원부(2001a). 수준별 교육과정 편성 · 운영의 실제.

교육인적자원부(2001b). 재량활동 교육과정 편성 · 운영의 실제.

국가교육과학기술자문회의 교육과정특별위원회(2009). 미래형 교육과정의 구조와 실효화 방안.

김대현, 김석우(2005). 교육과정 및 교육평가(개정 2판). 서울: 학지사.

김수천(2003). 교육과정과 교과. 서울: 교육과학사.

김승천(1999). 교육과정학에서의 교과의 위치. 교육과정연구, 17(2).

김아영, 김대현(2006). Schwab의 숙의 이론의 쟁점에 관한 연구. 교육사상연구, 20, 43-60.

김영천(2009). 교육과정 I. 서울: 아카데미프레스.

김원희, 김대현 공역(1987). 교육과 지식의 가치. 서울: 배영사.

김인식, 박영무, 이원희, 최호성, 강현석, 최병옥, 박창언, 박찬혁 공역(2004). 신교육 목표분류학. 서울: 교육과학사.

김재춘(2005). 듀이의 "교과의 심리화"와 "교과의 진보적 조직" 논의가 교육내용의 선정 및 조직에 주는 시사점 탐색. 교육과정연구, 23(2).

김종서, 이영덕, 이홍우, 황정규(1997). 교육과정과 교육평가. 서울: 교육과학사.

김지현(1998). 피아제와 비고츠키 이론의 쟁점에 관한 교육학적 해석. 교육원리연구, 3(1), 197-238, 교육권리연구회.

김춘일(1993). 교육개혁과 교육과정-교육과정의 제1차적 개혁과제. 학교중심 교육 과정의 의의와 개발 운영을 위한 과제. 교육과정연구, 12(0).

김호권, 이돈희, 이홍우(1982). 현대교육과정론. 서울: 교육출판사.

노선숙 외(2003). 지식기반사회의 수학·정보과학 교육과정개발 기초연구. 서울: 이 화여자대학교 출판부.

대한교육연합회(1973). 한국교육과정사 연구. 서울: 교학연구사.

박도순, 홍후조(2002). 교육과정과 교육평가. 서울: 문음사.

박병선 외(1996). 교육과정 2000 연구 개발: 초·중등학교 교육과정 체제 구조안. 서울: 한국 교육개발원.

박철홍 역(2002). 아동과 교육과정 경험과 교육. 서울: 문음사.

박충일(1999). 사회적 구성주의와 교실대화: 아동의 지식구성에 대한 함의. 진주산업 대논문집, 38, 277-294.

부산광역시 교육청(2004). 교육비전.

소경희(2006). 학교 지식의 변화 요구에 따른 대안적 교육과정 설계 방향 탐색. 교육 과정연구, 24(3), 39-59.

손충기(2000). 대학교수의 교육업적 평가모형 개발을 위한 기초 연구. 고등교육연구, 11(1).

신옥순(1998). 구성주의와 교육. 인천교육대학교 교육논총, 15, 207-221.

양미경(2002). 교육과정의 성격에 대한 구성주의 관점의 시사. 교육과정연구, 20(1), 1-26.

유봉호(1992). 한국교육과정사 연구. 서울: 교학연구사.

윤건영, 이남인, 황기숙, 하정혜, 김형철, 양정석, 육근성, 허남길, 조석영, 김상희, 강 현주(2010). 중학교 도덕 1 교사용 지도서. 서울: 중앙교육진흥연구소.

이경섭 감역(1987). 최신교육과정. 서울: 교육과학사.

이경진(2005). '실행'을 중심으로 본 교육과정의 의미와 교사의 역할. 교육과정연구, 23(3), 57-80.

이경환(1997). 제7차 교육과정 개정의 배경과 방향. 교육진흥, 여름, 6-17.

이규환 역(1986). 자본주의와 학교 교육. 서울: 사계절.

이삼형, 김중신, 김성룡, 김창원, 정재찬, 최지현, 김현, 오학진, 이목윤(2010). 중학교 국어 1-2. 서울: 도서출판 디딤돌.

이영덕(1969). 교육의 과정. 서울: 배영사.

이영덕(1991). 교육과정과 수업의 탐구. 서울: 교육과학사.

이종승 편역(1987). Tyler의 교육과정과 수업의 기본 원리. 서울: 교육과학사.

이종승(1987). Tyler의 교육과정과 수업의 기본원리. 서울: 교육과학사.

이홍우(1977). 교육과정탐구. 서울: 박영사.

이홍우(1988). 지식의 구조. 서울: 배영사.

이홍우, 조영태 공역(2003). 윤리학과 교육(수정판). 서울: 교육과학사.

장인실(2003). 다문화 교육(Multicultural)이 한국교사 교육과정 개혁에 주는 시사점. 교육과정연구, 21(3).

장인실(2008). 다문화 교육을 위한 교사 교육 교육과정 모형 탐구. 초등교육연구, 21(2), 281-305, 한국초등교육과학회.

정미경(2000). 수준별 수업과 교육기회의 평등화 문제. 교육과정연구, 18(1), 275-297.

정영근(2000). 학교교육의 현실과 학교교육학-한국의 교육이론과 학교교육의 문제. 학생생활연구(학생지도연구), 13(0).

조경원, 이기숙, 오욱환, 이귀윤, 오은경(1990). 교육학의 이해. 서울: 이화여자대학교 출판부.

조난심(2010). 학교 교육과정 자율화 정책의 성과 및 과제. 이명박 정부 2년 교육경쟁력 강화: 성과와 과제, 61-92.

중앙교육진흥연구소(2010). 중학교 도덕 1 교사용 지도서.

진영은, 조인진(2001). 교과교육의 이해. 서울: 학지사.

최병모 외 공역(1987). 사회과 교수법과 교재연구. 서울: 교육과학사.

최호성(1995). 세계화와 경남교육의 발전과제: 세계화와 교사혁신 "- 연구자로서의 교사". 교육이론과 실천, 5(0).

최호성(1996). 학교중심 교육과정의 과제와 전망. 교육과정연구, 14(1).

최호성, 강현석, 이원희, 박창언, 이순옥, 김무정, 유제순 공역(2007). 교육과정 설계의 이론과 실제. 서울: 시그마프레스.

함수곤(1994). 교육과정의 편성. 서울: 대한교과서주식회사.

허경철(2002). 학교 교육과정 평가의 철학: 무엇을 어떻게 할 것인가? 교육과정연구,
    20(2).

허경철(2003). 국가수준의 교육과정 개정방식의 개선방안 탐구. 교육과정연구, 21(3),
    1-25.

허숙, 박승배 공역(2004). 교육과정과 목적. 서울: 교육과학사.

홍후조(1999). 국가수준 교육과정 개발 패러다임의 전환(1). 교육과정연구, 17(2), 209-
    234.

홍후조(2002). 교육과정의 이해와 개발. 서울: 문음사.

홍후조(2011). 알기 쉬운 교육과정. 서울: 학지사.

황규호(1995). 학교단위 교육과정의 개발과 운영. 교육과정연구, 13(0).

Aikin, W. M. (1942). *The story of the eight-year study with conclusions and
    recommendation*. NY: Harper & Brothers.

Allkin, M. C. (1969). *Evaluation theory development, UCLA CSE evaluation
    comment, No. 2*, 2-7

Apple, M. W. (1979). *Ideology and curriculum*. Boston: Routledge

Armstrong, D. G. (1994). *Developing and documenting the curriculum*. Boston:
    Allyn and Bacon.

Baker, G. C. (1983). *Planning and organizing for multicultural instruction*.
    Reading, MA: Addison-Wesley.

Banks, J. A. (1988). Approaches to multicultural curriculum reform. *Multicultural
    leader. 1*(2).

Banks, J. A. (2002). *An introduction to multicultural education* (3rd ed.).
    Boston: Allyn and Bacon.

Banks, J. A. (2007). *Educating citizens in a multicultural society* (2nd ed.). New
    York: Teachers College Press.

Barnett-Misrahi, C., & Trueba, H. T. (Eds.) (1979). *Bilingual multicultural
    education and the professional: from theory to practice*. New York:
    Newbury House Publishers.

Bennett, C. I. (2007). *Comprehensive multicultural education* (6th ed.). Boston:

Pearson. Cooper, R., & Slavin, R. E. (2001). *Cooperative learning programs and multicultural education: improving intergroup relations.* In F. Salili & R. Hoosain, (Eds.), *Multicultural education: issues, politics and practices.* Greenwich: Information Age publishing.

Bloom, B. S. (Ed.) (1956). *Taxonomy of educational objectives.* New York: Longman.

Bobbitt, F. (1918). *Curriculum.* Boston: Houghton Mifflin.

Bobbitt, F. (1924). *How to make a curriculum.* Boston: Houghton Mifflin.

Brady, C. (1992). *Curriculum development.* NY: Prentice-Hall.

Broudy, H. S. (1983). *A Common curriculum in aesthetic and fine arts.* In G. Fenstermacher & J. Goodlad (Eds.), *Individual differences and the common curriculum.* Chicago: University of Chicago Press.

Bruner, J. (1960). *The process of education.* New York: Vintage Books.

Bruner, J. (1966). *Toward a theory of instruction.* Belknap Press.

Connelly, F. M., & Ben-Peretz, M. (1980). "Teachers' roles in the using and doing of research and curriculum development", *Journal of curriculum studies, 21*(2), 95-17.

Cuban, L. (1984). *How teacher taught: constancy and change in american classroom,* 1980-1980. NY: Longman.

Dearden, R. F. (1974). *Needs in education,* In Dearden, R. F., Hirst, P. H., & peters, R. S. (Eds.). *A critique of education of school programs* (3th ed.). New York: McGraw-Hill.

Deng, Z. (2009). The formation of a school subject and the nature of curriculum content: an analysis of liberal studies in Hong Kong. *Journal of curriculum studies, 41*(5), 585-604.

Dewey, J. (1900). *The school and society.* University of Chicago Press.

Dewey, J. (1902). *The child and the curriculum.* Chicago: University of Chicago Press.

Dewey, J. (1916). *Democracy and education.* New York: Macmillan.

Dewey, J. (1938). *Experience and education.* New York: Macmillan.

Doll, R. C. (1995). *Curriculum improvement: decision making and process.* Boston: Allyn and Bacon.

Eisner, E. W. (1994). *The educational imagination* (2nd ed.). New York: Macmillan Flinders.

Flinders, D. J., Noddings, N., & Thornton, S. J. (1986). The null curriculum: its theoretical basis and practical implications. *Curriculum inquiry, 6*(1), 33–42.

Ford, D. Y., & Harris, J. J. III. (1999). *Multicultural gifted education.* New York: Teachers College Press.

Foshay, A. W. (1991). *Spiral curriculum.* In the international encyclopedia of curriculum by Lewy, A. (Ed.). Oxford: Pergamon Press.

Fosnot, C. T. (2001). *Constructivism: theory, perspectives, and practice.* Teachers College Press.

Gay, G. (1984). *A synthesis of scholarship in multicultural education.* Urban Education Monograph.

Gay, G. (2000). *Culturally responsive teaching.* New York: Teachers College Press.

Glasersfeld, E. von (1995). *Radical constructivism: a way of knowing and learning.* London: The Falmer Press.

Glatthorn, A. A. (1987). *Curriculum renewal.* Alexandria, VA: ASCD.

Gollnick, D. M., & Chinn, P. C. (2006). *Multicultural education in a pluralistic society* (7th ed.). Upper saddle River, NJ: Pearson.

Goodlad, J. (1984). *A place called school.* New York: McGraw–Hill.

Goodson, I. (1983). *School subjects and curriculum change.* Routledge Kegan & Paul.

Grant, L. (1993). *Race and schooling of young girls.* In J. Wrigley (Ed.). Education and gender equality (91–114). London: Falmer Press.

Hammond, R. L. (1973). *Evaluation at the local level.* In B. R. Sanders, & J. R. Sanders, Educational eualuation: theory and practice. Belment, CA: Wadsworth.

Hargreaves, A. (1989). *Curriculum and assessment reform.* Open University Press.

Hauenstein, A. D. (1998). *A conceptual framework for educational objectives: a holistic approach to traditional taxonomies.* New York: University Press of America.

Hirst, P. H. (1974). *Knowledge and the curriculum*. London: Routledge & Kegan Paul.

Hyman, R. (1973). *Approaches in curriculum*. New Jersey: Prentice-Hall.

Jackson, P. W. (1968). *Life in classroom*. New York: Holt, Rinehart and Winston.

Jacobs, H. H. (Ed.) (1989). *Interdisciplinary curriculum: design and implementation*. ASCD.

Jewett, A. E., & Mullan, M. R. (1977). *Curriculum design purposes and processes in physical education teaching-learning*. Washington, DC: American Alliance for Health, Physical Education and Recreation.

Johnson, D. W., & Johnson, R. T. (2001). *Multicultural education and human relations*. Boston: Allyn and Bacon.

King, A. R., & Brownell, J. A. (1966). *The curriculum and the disciplines of knowledge: a theory of curriculum practice*. New York: John Wiley.

Kliebard, H. M. (1975). *Persistent curriculum issues in historical perspective*. In W. Pina (Ed.), Curriculum theorizing: the reconceptualists by William Pinar (Ed.). California: McCutchan Publishing Corporation.

Kliebard, H. M. (2004). *The struggle for the american curriculum,* 1983-1958. Routledge.

Krathwohl, D. R., Bloom, B. S., & Masia, B. B. (1964). *Taxanomy of educational objectives: book 2 affective domain*. New York: Longman.

Lewy, A. (1991). *National and school-bases curriculum development*. Paris: IIED.

Macdonald, J. B. (1995). *Theory as a prayerful act: collected assys*. New York: Peter Lang.

Mager, R. F. (1975). *Preparing instructional objectives*. Palo Alto: Fearon Publishers.

March, C. (1992). *Key concepts for understanding curriculum*. London: The Falmer Press.

Marsh, C. J., & Willis, G. (2006). *Curriculum: alternative approaches, ongoing issues*. New Jersey: Merrill an imprint of Prentice Hall.

McCarthy, C. (1998). *The uses of culture: canon formation, postcolinial literature, and the multicultural project.* In William F. Pinar (Ed.), Curriculum: Toward New Identities. New York: Garland.

McCutcheon, G. (1995). *Developing the curriculum-soo and group deliberation.* Longman Publishers USA.

McNeil, J. (1995). *Curriculum: the teacher's initiative.* New Jersey: Prentice-Hall Inc.

McNeil, J. D. (2006). *Curriculum: a comprehensive introduction* (6th ed.). Boston: Little, Brown.

Mcraren, P. (1994). *Life in school: an introduction to critical pedagogy in the foundation of education* (2nd ed.). N. Y.: Longman.

Mirel, J. E. (1990). *Progressive school reform in comparative perspective.* In D. N. Plank and R. Ginsberg (Eds.), Southen schools: public education in the urban south. N. Y.: Greenwood.

Nieto, S. (2000). *Affirming diverstiy: the sociopolitical context of multicultural education* (3rd ed.). New Tork: Teachers College Press.

Norton, R. E. (1997). *DACUM handbook, 2nd ed.* Columbus, OH: Ohio State University.

Oliva, P. F. (2001). *Developing the curriculum* (5th ed.). NY: Longman.

Ornstein, A., & Hunkins, F. (1998). *Curriculum: foundations, principle and issues.* MA: Allyn and Bacon.

Pang, V. O. (2001). *Multicultural education: a caring centered, reflective approach.* Boston: McGraw-Hill

Peeke, G. (1994). *Mission & change: institutional misson & its application to the management of further & higher education.* Buckingham: The SRHE & Open University Press

Peters, R. (1966). *Ethics and education.* London: George Allen & Unwin Ltd.

Phenix, P. H. (1964). *Realms of knowledge.* NY: McGraw-Hill.

Piaget, J. (1977). *The development of thought: equilibration of cognitive structures.* New York: Viking.

Pinar, W. F. (1975a). *Currere: toward reconceptualization.* In W. Pina (Ed.), *Curriculum theorizing: the reconceptualists.* California: McCutchan Publishing Corporation.

Pinar, W. F. (1975b). *The method of "currere", paper presented at annual meeting of american research association* (Ed., 104766)

Pinar, W. F., Reynolds, W. M., Slattery, P., & Taubman, P. M. (1995). *Understanding curriculum*. New York: Peter Lang.

Polanyi, M., & Prosch, H. (1975). *Meaning*. Chicago: The University of Chicago Press.

Posner, G. F. (1998). *Models of curriculum planning*. In Beyer, L. E. & Apple, M. W. *The curriculum: problems, politics, and pssibilities*. Albany: State University of New York.

Posner, G. J. (2003). *Analyzing the curriculum* (3rd ed.). New York: McGraw-Hill.

Provus, M. (1969). *The discrepancy evaluation model: an approach to local program improvement and development*. Pittsburgh Public Schools.

Ramsey, P. G. (1982). Multicultural education in early childhood. *Young children, 37*(2).

Ramsey, P. G. (1987). *Teaching and learning in a diverse world: multicultural education for young children*. New Tork: Teachers College Press.

Ramsey, P. G. (2004). *Teaching and learning in a diverse world* (3rd ed.). New York: Teachers College Press.

Raths, L., Harmin, M., & Simon, S. B. (1978). *Values and teaching* (2nd ed.). Columbus, OH: Charles E. Merrill.

Reese, W. J. (1986). *Power and the promise of school reformL grass roots movements during the progressive era*. Boston: Routledge & Kegan Paul.

Reid, W. A. (1988). The institutional context of curriculum deliberation. *Journal of curriculum and supervision, 4*(1), 3-16.

Reid, W. A. (1999). *Curriculum as institution and practice: essays in the deliberative tradition*. Lawrence Erlbaum Associates, Inc

Ryle, G. (1949). *The concept of mind*. London: Macmillan.

Sabar, N. (1983). Towards school-based curriculum development training school curriculum coordinators. *Journal of curriculum studies, 15*(4), 15-28.

Salili, F., & Hoosain, R. (2001). *Multicultural education: history, issues, and practices*. In F. Salili & R. Hoosain (Eds.), Multicultural Education: Issues,

Politics and Practices. Greenwich: Information Age publishing.

Saylor, J. G., & Alexander, W. (1974). *Planning curriculum for schools.* NY: Holt, Rinehart and Winston.

Schwab, J. J. (1969). The practical: a language for curriculum. *School review, 78,* 1-23

Schwab, J. J. (1971). The practical: arts of eclectic. *School review, 79,* 493-542

Schwab, J. J. (1973). The practical: translation into curriculum. *School review, 81,* 501-522

Schwab, J. J. (1983). The practical: something for curriculum professors to do. *Curriculum inquiry, 13*(3), 239-265

Shepherd, G. D. & Ragan, W. B. (1982). *Modern elementary curriculum.* NY: Holt, Rinehart and Winston.

Simpson, E. J. (1966). *The classification of educational objectives, psychootor domain.* Illinois Teacher of Home Economics.

Skilbeck, M. (1984). *School-based curriculum development and teacher education policy.* London: Harper & Row.

Sleeter, C. E., & Grant, C. A. (2007). *Making choices for multicultural education: five approaches to race, Class, and Gender* (5th ed.). Hoboken: Wiley.

Smith, M. S., Fuhrman, S. H., & O'day, J. (1994). *National curriculum standards: are they desirable & feasible?* In the governance of curriculum. Yearbook of the ASCD, 12-29.

Sowell, E. (2000). *Curriculum: an integrative introduction.* Upper Saddle River, NJ: Prentice-Hall.

Stake, R. E. (1967). The countenance of educational evaluation. *Teachers college record, 68.*

Sterba, J. P. (2001). *Three challenges to ethics: environmentalism, feminism, and multiculturalism.* NY: Oxford University Press.

Stufflebeam, D. L. (1971). *Educational evaluation and decision making.* Ithaca, Illionis: Peacock.

Suleimanm, M. F. (2004). *Multiculral education: a blueprint for educators.* In G. S. Goodman & K. Carey, (Eds.), Critical multicultural conversations.

Cresskill, NJ: Hampton Press, Inc.

Suzuki, B. H. (1984). Curriculum transformation for multicultural education. *Education and urban society, 16.*

Taba, H. (1962). *Curriculum development: theory and practice.* Harcourt College Pub.

Tanner, D., & Tanner, L. (2006). *Curriculum development: theory into practice* (4th ed.). New Jersey: Merrill, an imprint of Prentice-Hall.

Tyler, R. W. (1949). *Basic principles of curriculum and instruction.* Chicago: University of Chicago Press.

Tyler, R. W. (1981). *Specific approaches to curriculum development.* In Giroux, H. A. (Ed.). Curriculum & instruction. California: McCutchan Publishing Corporation.

Walker, D. F. (1971). A naturalistic model for curriculum development. *School review, 80,* 51-65.

Walker, D., & Soltis, J. (2004). *Curriculum and aims* (4th ed.). New York: Teachers College Press.

Weinstein, G., & Fantini, M. D. (1970). *Toward humanistic education: a curriculm of affect.* New York: Praeger Publishers.

Westbury, I., & Wilkof, N. J. (1978). *Science, curriculum and liberal education: Schwab's selected essays.* Chicago: University of Chicago Press.

Wiles, J., & Bondi, J. (2010). *Curriculum development: a guide to practice* (8th ed.). Ohio: Merrill Prentice Hall.

Wolf, R. L. (1979). The use of judicial evaluation methods in the formulation of education policy. *Education evalvation and policy analysis, 3,* 19-28.

Yves, A. Y. (1979). *The ten percent experiment in France.* In School Based Curriculum Development by CERI.

Zahorik, M. (1975). Teacher's planning models. *Educational leadership, 33,* 34-159.

Zais, R. S. (1976). *Curriculum: principles and foundations.* New York: Harper and Row.

Zemelman, S., Daniels, H., & Hyde, A. (1993). *Best practice: new standars for teaching and learning in America's schods.* Heinemann.

찾아보기

《인 명》

《내 용》

저자소개

신경희

성균관대학교 교육학 전공 학사
성균관대학교 대학원 교육학 전공 석사
미국 위스콘신 대학교 교육과정 전공 박사
미국 노스웨스턴 대학교 박사후 연구과정
현 남부대학교 교수

교육과정의 이해

2014년 3월 10일 1판 1쇄 발행
2019년 2월 19일 1판 4쇄 발행

지은이 • 신 경 희
펴낸이 • 김 진 환
펴낸곳 • **(주) 학 지 사**

　　　　04031 서울특별시 마포구 양화로 15길 20 마인드월드빌딩 5층

대표전화 • 02) 330-5114 　　 팩스 • 02) 324-2345

등록번호 • 제313-2006-000265호

홈페이지 • http://www.hakjisa.co.kr
페이스북 • https://www.facebook.com/hakjisabook

ISBN 978-89-997-0089-7 93370

정가 17,000원

이 도서의 국립중앙도서관 출판시도서목록(CIP)은 서지정보유통지원시스템
홈페이지(http://seoji.nl.go.kr)와 국가자료공동목록시스템(http://www.nl.go.kr/kolisnet)
에서 이용하실 수 있습니다.
(CIP제어번호: CIP2014005740)

교육문화출판미디어그룹 **학 지 사**

학술논문서비스 **뉴논문** www.newnonmun.com
심리검사연구소 **인싸이트** www.inpsyt.co.kr
원격교육연수원 **카운피아** www.counpia.com
간호보건의학출판 **학지사메디컬** www.hakjisamd.co.kr